# [MusiX]

## Das Kursbuch Musik 1

für den Unterricht an allgemeinbildenden Schulen

von Markus Detterbeck
und Gero Schmidt-Oberländer

**HELBLING**

Innsbruck • Esslingen • Bern-Belp

# [MusiX] Das Kursbuch Musik 1

## Inhaltsverzeichnis


**Kapitel 1: Begegnung mit Musik** ... 4
Mit Musik geht alles besser! ... 6
Wir lernen uns kennen ... 8
Klänge des Alltags ... 10
Auf der Suche nach dem goldenen Notenschlüssel ... 12
Musiker spielen zusammen ... 14

**Kapitel 2: Rund um die Stimme** ... 16
Die Stimme – ein vielfältiges Instrument ... 18
Stimme braucht Training ... 19
Stimmklänge ... 20
Mit Stimme und Instrumenten ... 22
„... wenn es Herbst ist" ... 24

**Kapitel 3: Meet the beat** ... 26
Ein Calypso als Klassensong ... 28
Feel the beat: Puls in der Musik ... 30
Musik braucht Zeit ... 33
Rhythmusbaukasten ... 34
Musik im Takt ... 35
Auf los geht's los: der Auftakt ... 37
Musiklabor 1: Bunte Rhythmusspiele ... 40

Workshop: **Stabspiele** ... 42

**Kapitel 4: Wolfgang Amadeus Superstar** 44
Von Wunderkindern und Stars ... 46
Reisen muss sein! ... 48
Eine Sinfonie als Zeitvertreib ... 50
Die Geschichte einer Entführung ... 52
Mozarts Leben ... 55

**Kapitel 5: Mit Musik erzählen** ... 56
Musik ohne Worte ... 58
Der Klang der Bilder: Bildergeschichten und Comics ... 60
Das Märchen vom gestohlenen Mond ... 62
Der Komponist Carl Orff ... 66

**Kapitel 6: Haste Töne?** ... 68
Melodien machen Laune ... 70
Musik erfinden und aufschreiben ... 72
Töne in Ordnung: Tonleitern ... 74
Maßeinheiten für Tonabstände: Intervalle ... 76
Musiklabor 2: Intervallspiele ... 78
Haste keine Töne? – Brauchste Pausen! ... 79

Workshop: **Klassenmusizieren** ... 82

**Kapitel 7: Musikinstrumente I** ... 84
Kuriose Instrumente ... 86
Besuch vom Planeten Kisum ... 88
Die Familie der Streichinstrumente ... 90
Chefin im Orchester: die Violine ... 92
Instrumenten-Rap ... 94
Ein Instrument für Tastentiger: das Klavier ... 95

**Kapitel 8: Mit drei Klängen durch die Welt** 98
Alles Harmonie? ... 100
Perfekte Harmonie: Dreiklänge ... 101
Musiklabor 3: Dreiklänge ... 102
Dreiklangsbaukasten ... 104
Ein fröhlicher Tanz aus der Unterwelt ... 106

Workshop: **Sprechen über Musik** ... 108

**Kapitel 9: Musik in Form I** ... 110
Gestaltungsprinzipien: Wiederholung – Veränderung – Kontrast ... 112
Bausteine für Melodien: das Motiv ... 113
Beethoven: vom Motiv zur Sinfonie ... 114
Baupläne: Satz und Liedformen ... 116
Ganz vornehm: das Menuett ... 120
Musik mit Wiedererkennungswert: das Rondo ... 122

**Kapitel 10: Let's dance** ... 124
Summer Holiday ... 126
Bausteine für einen Poptanz ... 128

**Kapitel 11: Move and groove** ... 132
Der Traum von der großen weiten Welt ... 134
Die Synkope – eine Störung in der Musik? ... 136
Mit Synkopen zum Groove ... 138
Eine Handvoll Trommeln: das Drumset ... 140

Workshop: **Improvisation** ... 142

**Kapitel 12: Musik mit Programm** ... 144
Soundtracks: musikalische Stimmungsbilder ... 146
Töne malen Bilder: Programmmusik ... 147
Donner und Blitz: Ein Gewitter in der Musik ... 148
Eine Nacht auf dem kahlen Berge ... 150
Instrumente rufen Bilder wach ... 152
6/8-Takt mit Schwung ... 155
Herbstimpressionen ... 156

**Kapitel 13: Farbwechsel: Dur und Moll** ... 158
Farbe für die Musik ... 160
Kleiner Unterschied – große Wirkung ... 162
Eine Hymne zur Entdeckung der Neuen Welt ... 164
Melodien begleiten: Dreiklänge in Dur und Moll ... 166
Ein Friedenslied mit Lichtertanz ... 168
Musiklabor 4: Versetzungszeichen, Dur und Moll ... 170

Workshop: **Line Dance** ... 172

**Kapitel 14: Musikinstrumente II** ... 174
Ordnung muss sein: Sitzordnung im Orchester ... 176
Die Trompete: Instrument der Könige ... 178
Eine Familie stellt sich vor: die Holzblasinstrumente ... 180
Die Klarinette: ein Instrument wie die menschliche Stimme ... 181
Die Band ... 182

**Kapitel 15: Musik in Form II** ... 184
Der Kanon: eine kunstvolle Anweisung ... 186
Die Invention: eine musikalische Tüftelei ... 188
Johann Sebastian Bach: der „Tüftelkünstler" ... 190
Haydn: eine Sinfonie mit Paukenschlag ... 192

**Kapitel 16: Haste tiefe Töne?** ... 194
Kanon mit Bass-Ostinato ... 196
Der Bass-Schlüssel ... 198
Musiklabor 5: tiefe Töne ... 199
Ein Jahrhundert-Hit: der Pachelbel-Kanon ... 200
Das erste Mal verliebt ... 202

Workshop: **Latin** ... 204

**Kapitel 17: Multitalent Leonard Bernstein** 206
Ein lustiger Tanz der Truthähne ... 208
Bernstein – ein musikalisches Universum ... 210
Kleiner Dirigierkurs ... 213

**Kapitel 18: Notenbilder – Tonbilder** ... 214
Zu Papier gebracht: Notation von Musik ... 216
Die Partitur: Herausforderung für Augen und Ohren ... 218
Musik für ein königliches Feuerwerk ... 220

**Kapitel 19: Klänge im Aufbruch** ... 222
Musik mit Alltagsgegenständen ... 224
Klingende Umwelt – Klänge der Umwelt ... 226
Auf der Suche nach neuen Stimmklängen ... 228
Zu Besuch beim Komponisten Dieter Mack ... 230

**Kapitel 20: Fremd und vertraut** ... 232
Heimat und Ferne ... 234
Weltmusikforscher – auf der Suche nach fremden Klängen ... 236
Alien-Songs: Musik als universelle Sprache? ... 238
Musikwelten: meine Musik – deine Musik ... 240
Eyvallah, auf Wiedersehen! ... 242

Quellenverzeichnis ... 244
Verzeichnis der Hörbeispiele ... 245
Verzeichnis zur Multimedia-CD-ROM und DVD ... 247
Personen- und Sachverzeichnis ... 249
Verzeichnis der Lieder, Songs und Spielstücke ... 252
Musiklehre kurz gefasst ... 254


**Symbole:**

- 1 1 Arbeitsaufgabe (differenziert nach Kernstoff und optionalem Stoff)
- schriftliche Arbeitsaufgabe
- Tonbeispiel
- Videobeispiel
- Multimedia-CD-ROM

[Kapitel 1]

# Begegnung mit Musik

Hallo, ich bin MusiX.
Schön, euch kennenzulernen! Ich freue mich darauf, mit euch zusammen Musik zu machen, zu tanzen und viele interessante Dinge aus dem Reich der Musik zu erforschen.

Im Laufe der nächsten Jahre werdet ihr euch auf ganz unterschiedliche Weise mit Musik beschäftigen. Regelmäßiges Training hilft euch dabei, immer besser zu singen und zu musizieren – alleine und gemeinsam. Deshalb habe ich euch vor jedem Kapitel einige Übungen und kreative Spielideen aufgeschrieben, die unterschiedliche Bereiche der Musik behandeln und euch auf die jeweiligen Kapitel einstimmen.

Ihr findet Übungen für
**Körper und Bewegung** – denn euer Körper muss gut in Form und beweglich sein, damit Musik Spaß macht und „in die Beine geht".
**Stimme und Ohren** – denn dies sind eure wichtigsten „Instrumente".
**Rhythmus und Zusammenspiel** – denn nur als Team könnt ihr zusammen tolle Musik machen.

## Körper und Bewegung

### Smiling Faces 1

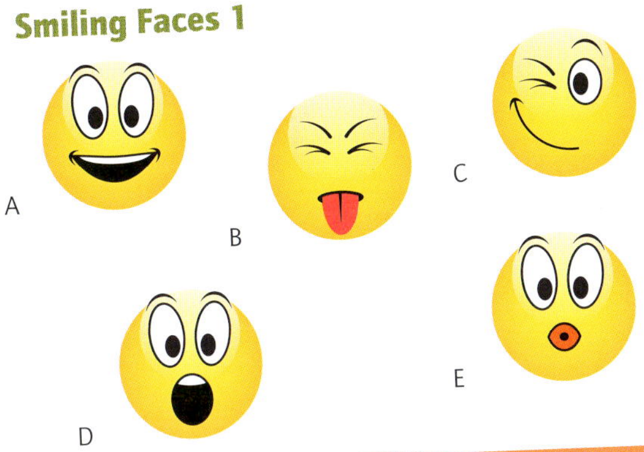


- Ahmt die Smileys nach. Achtet dabei vor allem auf Mund, Augen und Wangen.
- Macht eurem Partner einen der Smileys vor. Kann er erkennen, welches Gesicht ihr ausgewählt habt?
- Bildet zwei Gruppen. Der Spielleiter bestimmt daraus je ein Paar; diese treten gegeneinander an. Zählt bis 3 und macht einen beliebigen Smiley nach. Haben die beiden Spieler den gleichen Smiley gewählt, bekommt deren Gruppe einen Punkt.

## Stimme/Rhythmus

### Einen Groove versenden

A 1, 2

Text u. Musik: M. Detterbeck, G. Schmidt-Oberländer
© Helbling

**Rap-Text zur Partner-Percussion B:**

Hört euch doch den Groove an,
was der tolle Groove kann.

Dieser Groove geht in die Beine,
sicher weißt du, was ich meine:

Diese Drehung, Mannomann,
bringt uns aus der Puste dann.

*(bei der letzten Wiederholung winken und zum nächsten Partner weitergehen:)*
Schön, dich zu sehn, leider
muss ich weitergehn.

## Rhythmus

### Rhythm Walk

dt. Text u. Musik: U. Moritz; Adaption u. engl. Text: M. Detterbeck
© Helbling

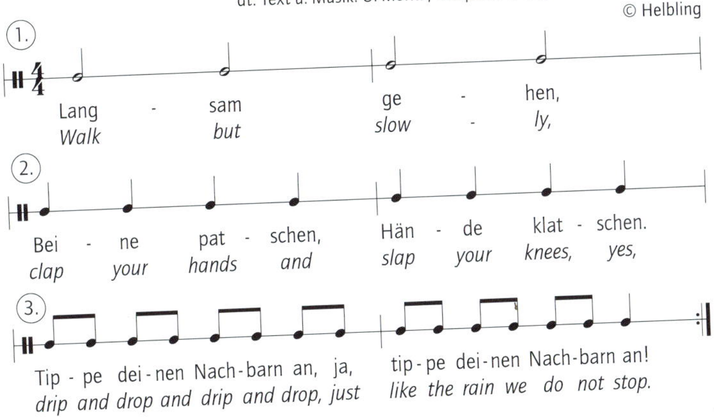


- Sprecht die Patterns und führt die entsprechenden Aktionen aus (gehen, patschen/klatschen, tippen).
- Teilt den Raum in 3 Bereiche: In jedem Bereich wird eines der Patterns ausgeführt. Wechselt zwischen den Bereichen hin und her.
- Bewegt euch durch den Raum und führt eines der drei Patterns aus.
- Geht wie in Zeile 1 und führt zusätzlich eines der beiden anderen Patterns aus.

# Mit Musik geht alles besser!

## Shalala

A 3, 4

Text u. Musik: F. Jirovec
© Helbling

3. Der Fernseher ist hin und im Sparschwein ist kein Geld,
ein T-Shirt hab ich an, das mir gar nicht gefällt,
mein Hamster ist verschwunden und ich frage mich seit Stunden:
Was ist heute los?
Aber plötzlich Musik – geht nicht aus dem Sinn,
ich bin gleich wieder gut gelaunt und singe vor mich hin! Uh!
**Refrain:** Shalalalala, ...

**Begleitung für den Refrain**

Die Begleitung könnt ihr mit Instrumenten spielen oder mit der Stimme ausführen.

# Wir lernen uns kennen

## Bewegungsspiele

**1** **a** Bildet einen Sitzkreis und spielt die Bodypercussion.

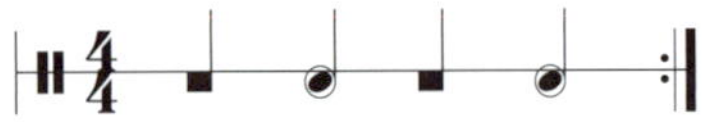

(mit beiden Händen auf Oberschenkeln spielen)

♩ = Faust    ♩ = flache Hand

**b** Sprecht, ohne die Begleitung zu unterbrechen, reihum euren Namen: Einer spricht vor, die anderen wiederholen. Versucht, fantasievoll mit euren Namen umzugehen, ändert z. B. die Tonhöhe, sprecht laut oder leise, kurz oder lang.

**2** Sprecht zur Bodypercussion aus Aufgabe 1a das Stück „Ich und du". Die erste Zeile wird jeweils von einem Solisten gesprochen, alle anderen antworten gemeinsam. A 5

### Ich und du

A 5

Text u. Musik: G. Schmidt-Oberländer


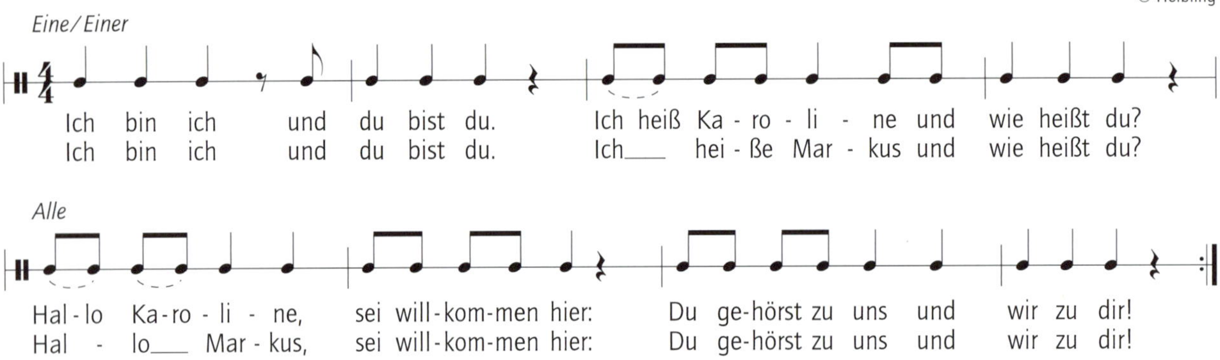

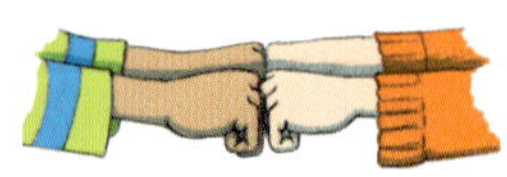

**[ Tipp ]** Ihr könnt in eure Antwort auch andere Texte einbauen, z. B. „Du singst heut mit uns und wir mit dir!".

**3** Geht durch den Raum und sucht euch einen Partner. Begrüßung: Einer spricht die erste Zeile mit seinem Namen. Der Partner antwortet mit der zweiten Zeile. Führt dabei die Handshakes aus. Sucht euch während des Zwischenspiels einen neuen Partner. A 5

## Musikalische Steckbriefe

Wir gehen täglich auf unterschiedliche Weise mit Musik um: Wir hören Musik, wir spielen ein Instrument, wir musizieren zusammen mit Freunden oder in der Familie, wir gehen in ein Konzert ... Davon kann jeder ganz eigene interessante Geschichten erzählen.

Welche Musik hörst du gerne?

Wie lange hörst du täglich Musik?

Welches Instrument spielst du?

Wie oft gehst du ins Konzert?

**4** Erstellt einen musikalischen Steckbrief eures Banknachbarn. Führt dazu ein Interview und notiert die Antworten in euer Arbeitsheft.

**5** **a** Findet euch mit einem anderen Paar zusammen. Stellt reihum euren Partner vor. Gibt es Gemeinsamkeiten? Was findet ihr besonders spannend im Steckbrief eurer Mitschüler?

**b** Gebt eurer Gruppe einen Namen und gestaltet mit euren Ergebnissen ein gemeinsames Plakat.

**c** Hängt alle Plakate im Klassenraum auf. Vergleicht euer Ergebnis mit dem der anderen Gruppen.

## Wer kennt diese Musiker?

Die Steckbriefe beschreiben das musikalische Leben zweier bekannter Personen.

**6** Welche Besonderheiten fallen euch auf? Wo gibt es Gemeinsamkeiten? Wer kennt die Namen der beiden Künstler?

Michal Jackson

Zusammen mit meinen vier Brüdern habe ich schon als Kind Musik gemacht. Unsere Familienband wurde in den 1970er-Jahren sehr populär. Unser Vater war ziemlich ehrgeizig. Auf Talentwettbewerben trieb er uns zu Höchstleistungen an. Später bin ich aus der Band ausgestiegen und habe als Solokünstler Songs komponiert. Mein Album „Thriller" wurde über 100 Millionen Mal verkauft und gilt als das meistverkaufte Musikalbum der Welt.

Bot hofen

Ich wuchs in einer Musikerfamilie auf und lernte früh Klavier spielen. Mein Vater war vom Erfolg des Komponisten Wolfgang Amadeus Mozart begeistert und wollte aus mir auch ein Wunderkind machen. Mit 14 Jahren hatte ich meine erste feste Anstellung als Hoforganist. Als virtuoser Pianist gab ich häufig Konzerte in Wien. Meine große Leidenschaft galt aber der Komposition. Selbst nachdem ich taub wurde, habe ich weiter komponiert.

# Klänge des Alltags

## Wie klingt eigentlich Papier?

**INFO**

**Klangbeschreibung**
- Ein Klang kann laut oder leise sein **(Lautstärke).**
- Ein Klang kann kurz oder lang sein **(Tondauer).**
- Ein Klang kann hoch oder tief sein **(Tonhöhe).**
- Ein Klang kann hell oder dunkel sein **(Klangfarbe).**

Gläser klirren, die Zeitung raschelt, der Wasserhahn tropft – wo immer wir sind, gibt es für unsere Ohren viel zu entdecken. Wir müssen nur genau hinhören.

**1** Bringt von zu Hause verschiedene Gegenstände mit (Flaschen, Gläser, Dosen, Eimer, Papier, Gummibänder usw.).

**a** Probiert aus, welche Klänge sich auf euren Alltagsinstrumenten erzeugen lassen. Hört genau hin: Die lautesten Klänge sind nicht immer die interessantesten.

**b** Versucht, die einzelnen Klänge zu verändern: Schlagt z. B. euer Instrument mit unterschiedlichen Materialien an oder dämpft mit eurer freien Hand das Instrument ab.

**c** Beschreibt, welche Wirkung dies auf den Klang hat. Die Infobox hilft euch dabei.

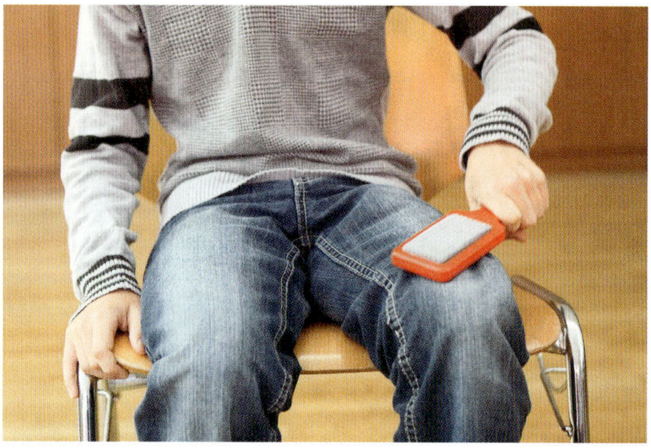

**2** Hört euch die Aufnahmen verschiedener Klänge an und ordnet sie den Bildern zu. Zwei der Klänge sind nicht abgebildet. Wie wurde der Klang wohl erzeugt?

A 6

## Stop and go

Mit euren Alltagsinstrumenten könnt ihr nun ein Musikstück gestalten.

**3** a Spielt die euch bereits bekannte Bodypercussion in regelmäßigem Tempo. Sie bildet den Grundbeat:

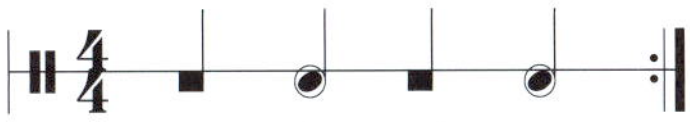

(mit beiden Händen auf Oberschenkeln spielen)

= Faust = flache Hand

A 7

b Bildet zwei Gruppen: Eine Gruppe spielt den Grundbeat weiter, die andere führt folgenden Rhythmus dazu aus:

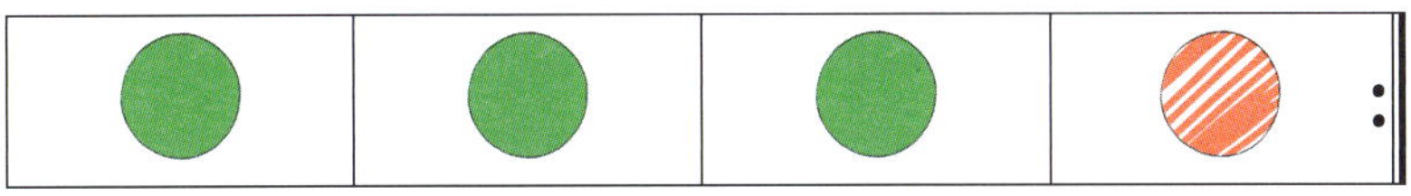

= Klang

= Pause

**4** a Hört euch verschiedene Stop-and-go-Rhythmen an und bringt die Notate in die richtige Reihenfolge.

A 8

**A**

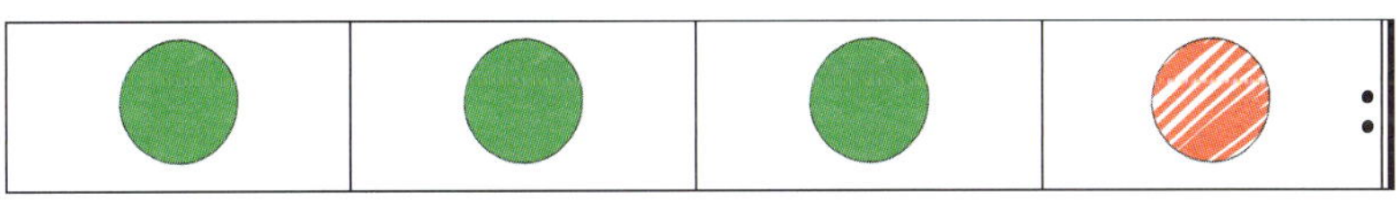

**B**

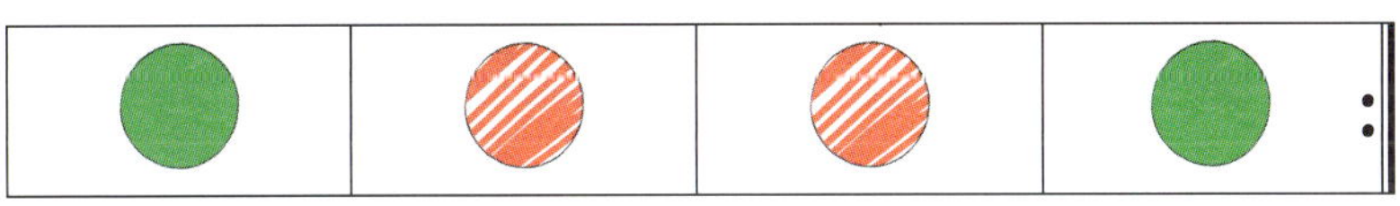

**C**

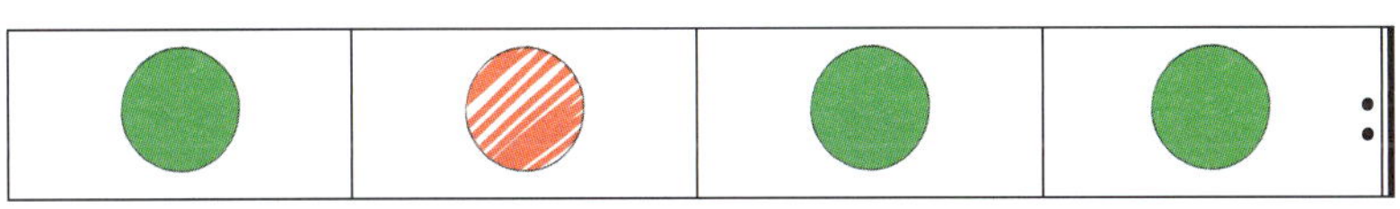

b Spielt diese Rhythmen jeweils in kleinen Gruppen oder alleine zum Grundbeat.

c Hört verschiedene Stop-and-go-Rhythmen und spielt diese in den Pausentakten nach.

A 9

**5** a Erfindet verschiedene Stop-and-go-Rhythmen, notiert sie in eurem Arbeitsheft und führt diese mit euren Alltagsinstrumenten aus.

b Kombiniert einige dieser Rhythmen zu einem Stop-and-go-Groove.

**INFO**

**Grundbeat** oder **Grundschlag** nennt man den Puls der Musik, also ein deutlich wahrnehmbares, gleichmäßig durchlaufendes Tempo.

## Auf der Suche nach dem goldenen Notenschlüssel

Der sagenumwobene goldene Notenschlüssel wurde aus dem Museum gestohlen. Es wird erzählt, dass derjenige, der ihn besitzt, auf seinem Musikinstrument immer fehlerfrei spielt. Musikschnüffelhund Presto soll den goldenen Notenschlüssel wiederfinden. Er nimmt die Fährte des Diebes auf.

**1** Hört euch die Hörgeschichte an und verfolgt genau, an welchen Musizierorten Musikschnüffelhund Presto vorbeikommt.

A 10

**2** Ihr hört noch einmal alle Klangstationen, die Presto auf seinem Weg durch die Stadt kennengelernt hat, aber in anderer Reihenfolge. Wenn ihr die markierten Buchstaben der Reihe nach aufschreibt, kennt ihr die Adresse des Diebes. Die Stunde, die die Bahnhofsuhr anzeigt, verrät euch die Hausnummer.

A 11

- Geigenunterricht in der **M**usikschule
- K**a**ufhausmusik
- Stra**ß**enmusiker
- Orches**t**ermusik im Konzerthaus
- Hochzei**t**smarsch im Standesamt
- Li**e**d in der Schule
- **R**ockband bei einem Open-Air-Konzert
- **O**pernarie im Opernhaus
- O**r**gelmusik in der Kirche
- Bl**a**skapelle im Park
- Ja**z**z-Trio in einer Kneipe
- Chormu**s**ik

# Musiker spielen zusammen

Musiker machen in unterschiedlichen Gruppen gemeinsam Musik. Eine Musikgruppe, in der Musiker zusammen musizieren, nennt man Ensemble. Das Wort kommt aus dem Französischen und heißt soviel wie „gemeinsam, zusammen, miteinander". Es gibt verschiedene Ensembles: So besteht ein Trio aus drei Musikern, ein Quartett aus vier Musikern, ein Quintett aus fünf Musikern usw. Es gibt reine Vokalensembles, reine Instrumentalensembles und gemischte Ensembles. Kleinere Ensembles sind meist solistisch besetzt. Im Gegensatz dazu stehen größere Klangkörper wie beispielsweise ein Chor oder ein Orchester.

**1** Welche Ensembles in eurer Stadt oder Region kennt ihr? Schreibt Namen und Art der Ensembles in eine Tabelle in euer Arbeitsheft.

## Ensembleklang

Jedes Ensemble hat eine eigene „Klangfarbe", je nach Größe, Besetzung oder Art der Musik.

**Jazz-Trio**
In einem Jazz-Trio können unterschiedliche Instrumente mitwirken. Eine beliebte Form des Jazz-Trios ist die Besetzung mit einem Pianisten, einem Bassisten und einem Schlagzeuger.

**2** Ordnet die Hörbeispiele den Bildern der Ensembles zu. A 12–17

**3** Betrachtet die Fotos genauer: Welche Instrumente kennt ihr? Könnt ihr sie benennen? Beschreibt auch die unterschiedliche Atmosphäre der Auftrittsorte. Inwiefern passen die Orte zur Musik, die dort erklingt?

**Streichquartett**
Seit ca. 250 Jahren ist das Streichquartett die bedeutendste Gattung der sogenannten Kammermusik. Hier spielen zwei Geigen (Violinen), eine Bratsche (Viola) und ein Violoncello zusammen.

**Band**
Spielen Musiker im Bereich der populären Musik zusammen, nennt man ihre Musikgruppe meist Band. Es gibt eine Vielzahl an Bands, die in unterschiedlichen Besetzungen und Stilen spielen (Rockband, Punkband, Jazzband ...).

**Orchester**
Man unterscheidet das groß besetzte Sinfonieorchester und das kleiner besetzte Kammerorchester. Im Sinfonieorchester spielen verschiedene Musiker aller Instrumentengruppen zusammen (Streichinstrumente, Blasinstrumente, Schlaginstrumente usw.). Es gibt auch Orchester, die nur aus bestimmten Instrumentengruppen bestehen (z. B. Streichorchester, Blasorchester).

**Big Band**
Eine Big Band ist eine große Jazz-Band, in der die Blasinstrumente mehrfach besetzt sind. Gleichartige Instrumente werden wie im Orchester verschiedenen Gruppen zugeteilt. So unterscheidet man die Rhythmusgruppe (Klavier, Schlagzeug, Kontrabass), die Reed-Section (Holzblasinstrumente: Saxofone, auch Klarinetten oder Querflöten) und die Brass-Section (Blechblasinstrumente: Trompeten oder Posaunen).

**Chor**
Ein Chor ist eine Gemeinschaft von Singenden, in der jede Stimme mehrfach besetzt ist. Chöre kann man durch die Besetzung (Frauen- oder Männerstimmen), die Anzahl der Singenden, die Stilrichtung der Musik, aber auch durch die Aufführungsorte voneinander unterscheiden (z. B. Kirchenchor oder Opernchor).

## [ Das habt ihr gelernt ]

- euren Namen fantasievoll mit der Stimme zu gestalten
- euch mit Handshakes rhythmisch zu begrüßen
- wie man einen musikalischen Steckbrief erstellt
- mit Alltagsgegenständen eigene Rhythmen auszuführen
- die Bezeichnungen für verschiedene Ensembles, z. B. Trio, Big Band oder Sinfonieorchester

[Kapitel 2]

# Rund um die Stimme

Ein arabisches Sprichwort sagt, dass jedes unserer Worte durch drei Tore gehen solle, ehe wir es aussprechen. Am ersten Tor fragt der Pförtner: „Ist es wahr?". Am zweiten Tor heißt es: „Ist es notwendig?", und am dritten Tor lautet die Frage: „Ist es auch freundlich?".

Während wir die ersten beiden Tore auch mit einem geschriebenen Wort passieren könnten, genügt dies für die Frage nach der Freundlichkeit nicht mehr. Denn die Freundlichkeit hört man vor allem im Klang der Stimme. Wir können das mit einem ganz neutralen Satz ausprobieren, den wir ausdruckslos, erbost oder freundlich sprechen: „Der Wetterbericht hat für heute Wolken vorhergesagt."

Unsere Stimme kann aber noch viel mehr. In diesem Kapitel werdet ihr eure Stimme erforschen und noch besser kennenlernen.

## Körper und Bewegung

### Baum-Stand

1) Wurzeln graben sich tief in die Erde. Sie versorgen den Baum mit Nährstoffen.

- festen Stand suchen
- Atem bis in die Zehenspitzen fließen lassen

2) Der Stamm ragt weit in den Himmel. Der Wind wiegt sanft den Baum.

- Wirbelsäule aufrichten
- sanft hin- und herwiegen

3) Äste wachsen rund um den Baumstamm. Die Blätter suchen das Sonnenlicht.

- Hände nach oben strecken
- Finger spreizen

## Stimme

### Töne auf Wanderschaft 1

Bildet zwei Gruppen. Singt einen gemeinsamen Ton.
Ein Dirigent leitet das folgende Tonspiel:

- Eine Gruppe lässt den Ton langsam tiefer oder höher werden, die andere hält ihren Ausgangston.
- Beide Gruppen lassen ihren Ton tiefer oder höher werden. Dann treffen sich die Gruppen wieder beim Ausgangston.

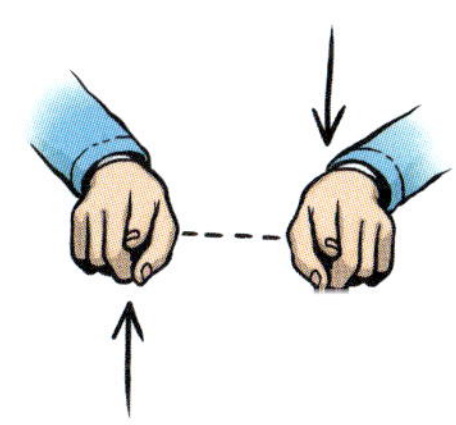

## Stimme

### Smiling Faces 2

A 18

Smileys könnt ihr auch mit Klang verbinden:

- Ahmt die drei Smileys nach, indem ihr im Zeitlupentempo von Gesicht zu Gesicht „gleitet". Nehmt dann die Vokale hinzu.
- Führt den Chant mit verschiedenen Gesichtern aus. Einer von euch macht die Gesichter vor, die anderen imitieren. Besprecht, wie der Klang sich jeweils verändert.

Text u. Musik: M. Detterbeck
© Helbling

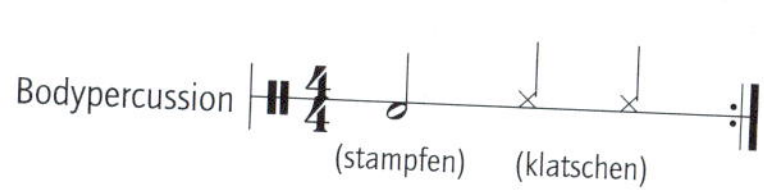

# Die Stimme – ein vielfältiges Instrument

Unsere Stimme ist ein vielfältiges Instrument: Wir können uns mit anderen Menschen unterhalten, schreien oder flüstern, unsere Worte können wütend oder zärtlich klingen. Dabei ist jede Stimme einzigartig. Das nutzen auch Kriminalbeamte bei der Fahndung nach Verbrechern: Der individuelle Stimmklang kann sie überführen.

Die Stimme ist aber auch ein wunderbares Musikinstrument: Wir können singen – hoch oder tief, laut oder leise, kraftvoll oder sanft. Im Gegensatz zu anderen Instrumenten kann man die Stimme jedoch nicht sehen. Die folgenden Übungen helfen euch dabei, eure Stimme besser kennenzulernen.

**WISSEN**

**Stimmlagen**
Singstimmen werden in verschiedene Stimmlagen eingeteilt:

hohe Frauenstimme: Sopran
tiefe Frauenstimme: Alt

hohe Männerstimme: Tenor
tiefe Männerstimme: Bass

## Wie unsere Stimme funktioniert

**1** Ertastet euren Kehlkopf mit den Fingerspitzen. Singt nun auf einer angenehmen Tonhöhe das englische Wort „you". Wechselt dann rasch zwischen hoch und tief. Beschreibt, was ihr mit den Fingern dabei spürt.

**2** Formt eure Hände zu einer Klangschale. Sprecht oder singt nun das Wort „heja", indem ihr langsam von einem zum nächsten Vokal gleitet. Bewegt dabei eure Klangschale etwa 10 cm vor dem Gesicht hin und her. Beschreibt den Klang.

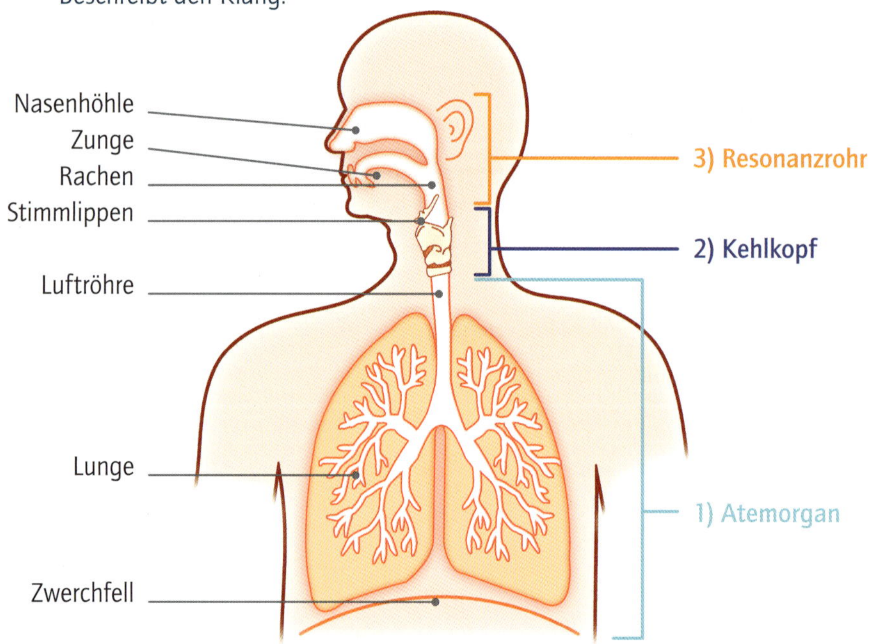


Am Vorgang des Singens sind mehrere Teile des Körpers beteiligt.

1) Das **Atemorgan** (Zwerchfell, Lunge, Luftröhre) liefert die Luft, die zur Tonerzeugung nötig ist.
2) Die Stimmlippen im Inneren des **Kehlkopfes** erzeugen den Ton.
3) Den Klang des erzeugten Tones können wir durch das sogenannte **Resonanzrohr** verändern (Zunge, Rachen, Mund, Nasenhöhle).

## Stimme braucht Training

Schon gewusst? Singen ist mehr als nur eine Stimmbandaktion; es aktiviert den ganzen Körper. Durch das Zusammenspiel der unterschiedlichen Muskeln und einer intensiven Atmung können wir auch Spannungen oder Ärger abbauen.
Singen in der Gruppe zusammen mit Mitschülern und Freunden macht viel Spaß. Nicht nur das: Wissenschaftler belegen, dass Musizieren und insbesondere Singen sogar die Entwicklung des Gehirns fördert und sich damit positiv auf die gesamte Lernfähigkeit auswirkt.
Um die Vielseitigkeit unserer Stimme zu nutzen und ihre Ausdruckskraft weiterzuentwickeln, braucht sie aber regelmäßiges Training.

### Stimmspiele

Diese Bewegungsspiele bringen euren Körper und eure Stimme so richtig in Bewegung.

**1 Körper und Stimme in Bewegung**

**2 Marionette**

Stimmspiel mit Partner: Einer ist eine Marionette, der andere der Marionettenspieler.
Der Marionettenspieler macht mit der Stimme verschiedene Stimmgeräusche vor.
Die Marionette setzt diese in Bewegungen um. Folgende Anregungen geben euch erste Ideen:

- hohe Töne → Hals, Kopf, Körper strecken
- tiefe Töne → in die Knie, auf den Boden
- kurze Töne → hüpfen
- von unten nach oben gleiten (Glissando) → langsam aufrichten

Variante: Der Marionettenspieler gibt Bewegungen vor und die Marionette zeichnet diese stimmlich nach.

# Stimmklänge

## Wenn Wörter klingen

Text u. Musik: R. M. Schafer


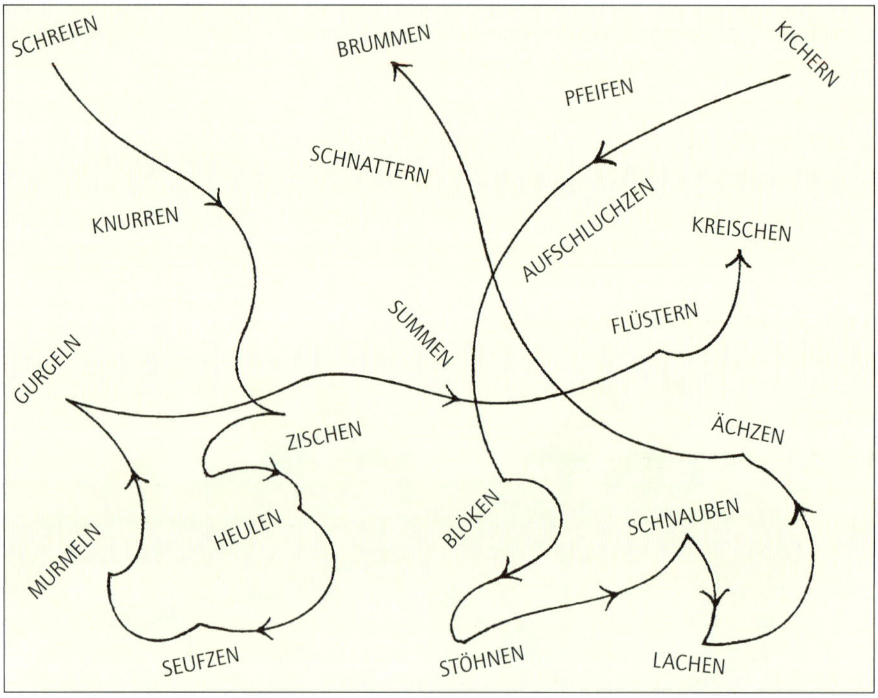


**! WISSEN**

**Merkmale in der Musik**
Die wichtigsten Merkmale (Parameter) in der Musik sind:
**Tonhöhe:** hoch – tief
**Lautstärke:** laut – leise
**Tempo:** langsam – schnell
**Klangfarbe:** hell – dunkel

In seiner Komposition „Wenn Wörter klingen" verwendet Raymond Murray Schafer verschiedene Ausdrucksmöglichkeiten der Stimme.

**1** a Erarbeitet euch die beiden Stimmwege einzeln.
b Einer von euch führt die Klasse durch die verschiedenen Stimmaktionen. Er zeigt mit Gesten an, wer beginnt, wer pausiert, wer seine Aktion laut oder leise ausführt ...

**2** Bildet zwei Gruppen und führt mit zwei Dirigenten die beiden Stimmwege gleichzeitig aus.

**3** Hört euch eine Aufnahme der Komposition an. Beschreibt, welche besonderen Regeln sich die Ausführenden für ihre Interpretation vorgenommen haben.

A 19

## Merkmale-Mischmaschine

**4** Schickt den abgebildeten Stimmrhythmus durch die Merkmale-Mischmaschine: Verändert nacheinander Lautstärke, Tonhöhe und Tempo. Ein Schüler leitet die Maschine durch Gesten an.

**5** Bestimmt drei Schüler, die zusammen die Maschine bilden. Jeder von ihnen steuert sein Merkmal durch eine typische Handbewegung und kann so die Ausführung der Klasse verändern.

**[Tipp]** Verändert erst abwechselnd ein Merkmal, später Kombinationen.

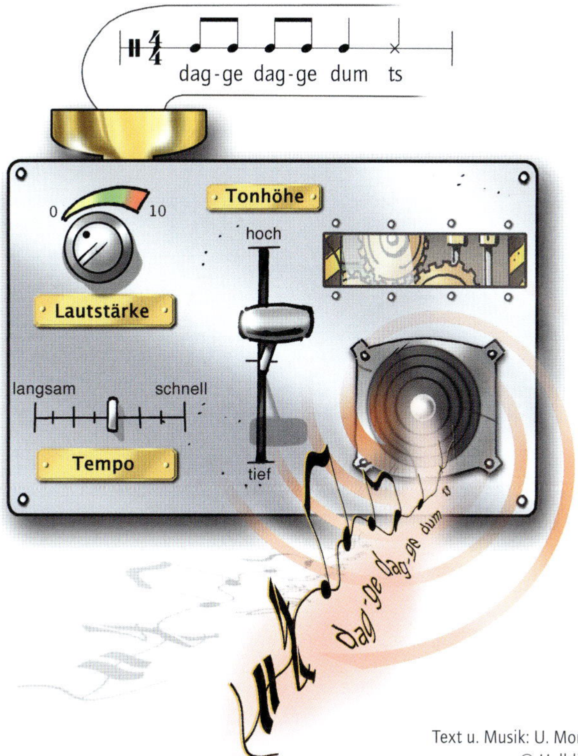


## Ein tierisches Rhythmical

### Ein Schwein

A 20

Text u. Musik: U. Moritz

**6** Erarbeitet euch das Rhythmical. Wenn ihr es sicher beherrscht, könnt ihr bei jedem Durchgang einen neuen Sitzplatz finden.

**7** **a** Schickt das Rhythmical durch die Merkmale-Mischmaschine.
**b** Für Profis: Führt das Rhythmical im Sitzen als Kanon aus.

## Stimm-Schlagzeug

**8** **a** Gestaltet aus den Vocussion-Bausteinen einen abwechslungsreichen Ablauf. Die Bausteine können nacheinander oder gleichzeitig erklingen.
**b** Nutzt das Stimm-Schlagzeug als Begleitung für das Rhythmical.

## Mit Stimme und Instrumenten

### Finster, finster

Text u. Musik: überliefert

**1** **a** Überlegt, wie sich die Stimmung des Liedes beim Sprechen umsetzen lässt. Beachtet dabei, welche Wörter oder Satzteile eine besondere Bedeutung haben. Wie lassen sich diese Besonderheiten mit der Stimme ausdrücken?
**b** Sprecht den Liedtext ausdrucksstark: Verändert beispielsweise Tonhöhe und Lautstärke eurer Sprechstimme.
**c** Ihr könnt das Lied auch als zweistimmigen Sprechkanon gestalten: Sprecht den Text einmal zusammen. Dann beginnt Gruppe 1. Wenn sie mit der zweiten Zeile beginnt, setzt Gruppe 2 ein.

**2** Nehmt nun die Melodie hinzu. Übertragt dabei die beim Sprechen erarbeiteten Ausdrucksmöglichkeiten auf euer Singen.

**3** Profis können das Lied auch im Kanon singen.

### Klänge aus eurem Instrumentenschrank

**4** **a** **Gruppenarbeit:** Jede Gruppe sucht sich eines der abgebildeten Instrumente aus.
**b** Erforscht die Spielmöglichkeiten eures Instruments. Probiert aus, ob ihr laute und leise Töne, hohe und tiefe Töne, schnelle und langsame Ton- oder Klangfolgen, helle und dunkle Töne oder Klänge spielen könnt. Notiert die wichtigsten Besonderheiten, Spiel- und Klangmöglichkeiten in euer Arbeitsheft.
**c** Stellt als Gruppe euer Instrument der Klasse vor. Erklärt die von euch erforschten Besonderheiten und lasst sie erklingen.

- Boomwhackers
- Glocke
- Handtrommel
- Triangel
- Schüttel-Ei
- Cabasa
- Guiro
- Xylofon
- Metallofon
- Holzblock
- Maracas

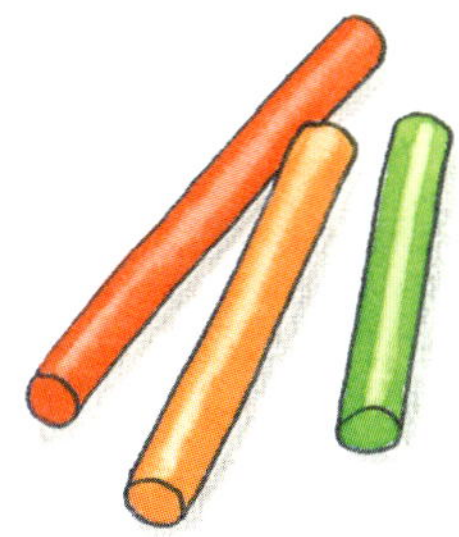

## Eine Begleitung mit Klasseninstrumentarium

Die erforschten Instrumente könnt ihr zur Begleitung des Liedes „Finster, finster“ einsetzen.

**5** Die Begleitung charakterisiert die Tiere und Gespenster mit einem bestimmten Rhythmus. Überlegt, mit welchen Instrumenten ihr die Rhythmen besetzen wollt.

**6** Spielt die Begleitung mit den von euch gewählten Instrumenten zum Lied.

**Begleitung**

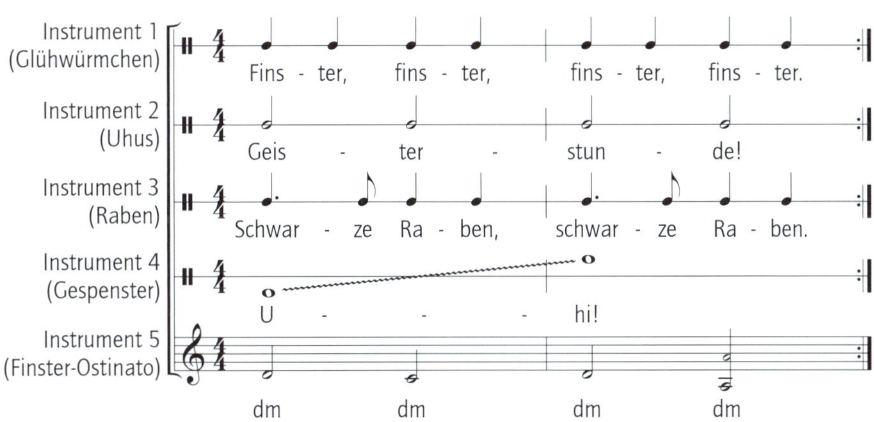

## „... wenn es Herbst ist"

**1** Mit den Übungen aus dem Stimmbildungscomic könnt ihr Stimme und Körper auf das Herbstlied einstimmen.

## Warum kleiden die Bäume sich wohl aus

A 22, 23

Text u. Musik: C. West

**3.** Sturm braust an die Fensterscheiben, 's letzte Mücklein zu vertreiben.
Nur an Heizung und am Ofen werden alle angetroffen.
Nur alle Bäume landauf und landab werfen jetzt im Herbst die Blätter ab.

**4.** Unter Blättern Knospen drängen, kraftvoll sich nach außen zwängen.
Woll'n im Frühling sich entfalten, nur so bleibt der Baum erhalten.
Drum werfen Bäume landauf und landab jetzt im Herbst ihr schönes Laubkleid ab.

## [ Das habt ihr gelernt ]

- wie eure Stimme funktioniert
- wie man die Stimme für das Singen vorbereitet
- welche Merkmale (Parameter) die Musik bestimmen
- mit eurer Stimme zu experimentieren
- ein Rhythmical mit Bewegung auszuführen
- Spielweise und klangliche Möglichkeiten von Klasseninstrumenten zu erforschen
- mit Klasseninstrumenten ein Lied zu begleiten

# [Kapitel 3]

# Meet the beat

*„Es gibt ein großes und doch ganz alltägliches Geheimnis. Alle Menschen haben daran teil, jeder kennt es, aber die wenigsten denken je darüber nach. Die meisten Leute nehmen es einfach so hin und wundern sich kein bisschen darüber. Dieses Geheimnis ist die Zeit."*

So beginnt ein Kapitel in Michael Endes Buch „MOMO oder Die seltsame Geschichte von den Zeit-Dieben und von dem Kind, das den Menschen die gestohlene Zeit zurückbrachte".

Auch Musik braucht dieses Geheimnis, die Zeit. Denn Musik ist in mehrerer Hinsicht kunstvoll sortierte Zeit. Zum einen ist ein Lied oder Musikstück vergänglich und klingt nur im Augenblick. Zum anderen lebt die Musik von der unterschiedlichen Dauer ihrer Töne. Man nennt das in der Musik z. B. Rhythmus.
Wenn wir in diesem Kapitel lernen, mit Beat und Rhythmus Musik zu machen, dann können wir ein Stückchen vom Geheimnis der Zeit für uns entschlüsseln.

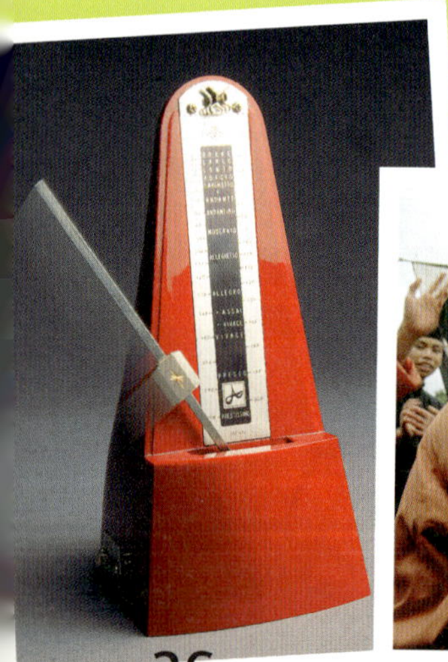

## Rhythmus

### Der verbotene Rhythmus 1

❖ Übt die abgebildeten Rhythmen (mit Rhythmussilben oder Körperklängen).

❖ Bestimmt nun einen der Rhythmen als „verbotenen Rhythmus". Ein Vorspieler macht verschiedene Rhythmen vor, die Klasse imitiert. Der verbotene Rhythmus ist tabu (nicht wiederholen!). Spielregeln: Wenn einer aus der Klasse den Taburhythmus wiederholt, bekommt der Vorspieler einen Punkt. Wenn die ganze Klasse schweigt, erhält die Klasse einen Punkt. Wer zuerst 3 Punkte hat, hat gewonnen.

## Körper und Bewegung/Rhythmus

### The Beat Is Hot

A 24

Text u. Musik: M. Detterbeck, G. Schmidt-Oberländer
© Helbling

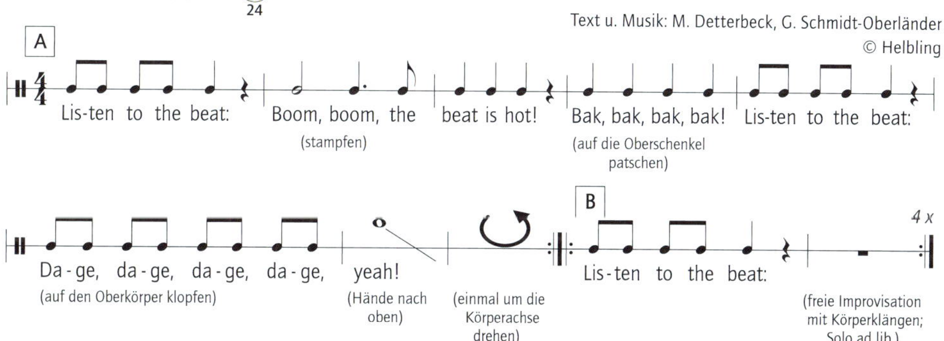


## Stimme

### Geschüttelt und gereimt

A 25

Text u. Musik: M. Detterbeck
© Helbling

2. Es hält ein Floh in Weißenbach, a ram ...,
die Gäste nachts durch Beißen wach, a ram ...!
Oh, oh, und beißt ein Floh,
dann ist man ganz und gar nicht froh!

3. Der Sänger singt am Weiher leise, a ram ...,
doch singt er etwas leierweise, a ram ...!
Oh, oh, das klingt nicht froh,
sodass sogar der Froschchor floh!

❖ Eine kleine Vorsängergruppe singt voraus (Call), alle antworten (Response).

❖ Erfindet weitere lustige Strophen mit Schüttelreimen.

# Ein Calypso als Klassensong

## Let's Meet the Beat!

A 26, 27

Text u. Musik: M. Detterbeck

**Bodypercussion**

### Rhythmus-Ostinato für den Refrain

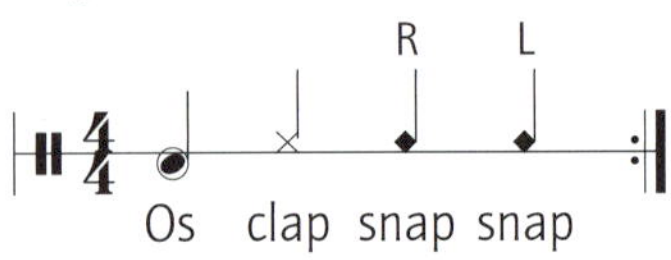


### Rhythmus-Ostinato für die Strophen

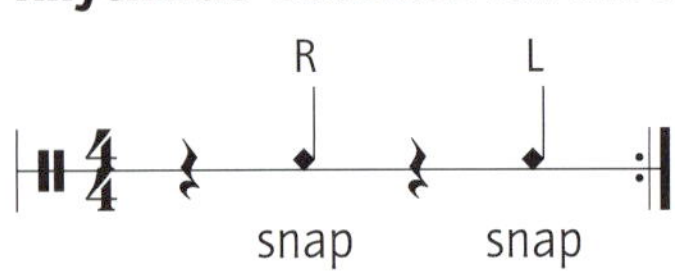


= auf die Oberschenkel patschen (Os)

= klatschen

= schnipsen

**Begleitung für den Refrain**

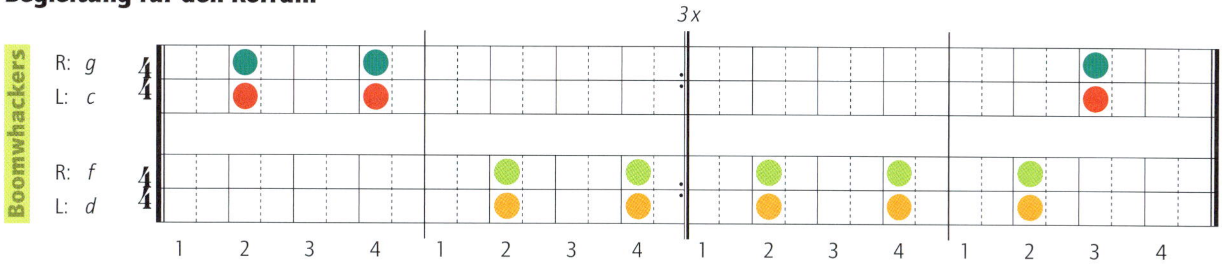

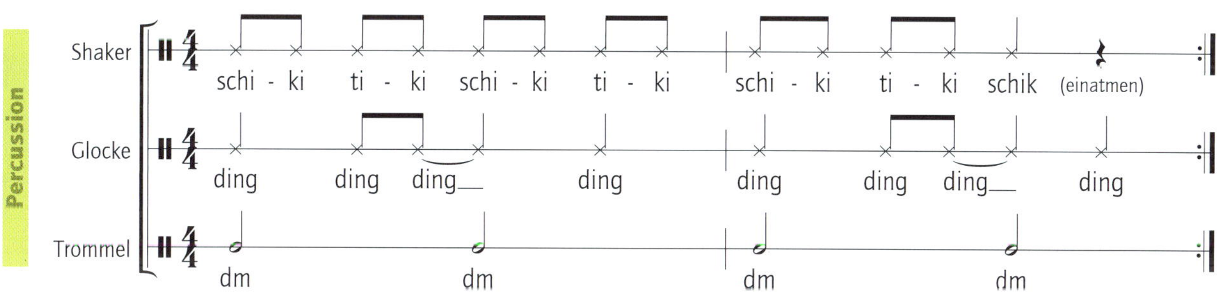


**Begleitung für die Strophen**

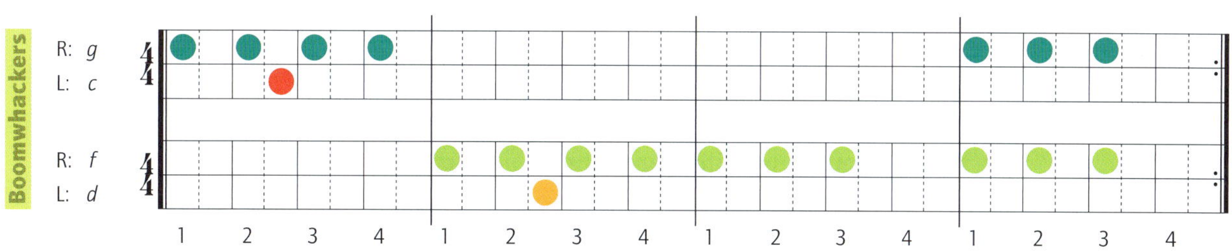

# Feel the beat: Puls in der Musik

Unser Herz schlägt, Uhren ticken, eine Warnleuchte blinkt – um uns herum gibt es viele Vorgänge, die die Zeit in gleichmäßige Abschnitte unterteilen. In der Musik nennen wir dies Grundschlag oder Grundbeat.

**WISSEN**

**Grundschlag/Grundbeat**
Der Grundschlag oder Grundbeat wird oft auch Puls genannt, weil er aus einer Folge von regelmäßigen Schlägen besteht. Wenn wir Musik hören, klopfen wir oft den Grundschlag mit, denn er ist deutlich wahrzunehmen.

## Unterteilungen des Grundschlags

Den Grundschlag kann man in zwei oder drei kleinere Schläge unterteilen.

### Zweierunterteilung

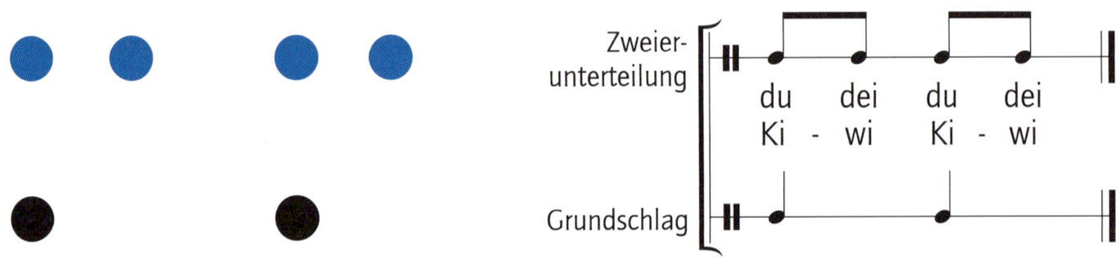


### Dreierunterteilung

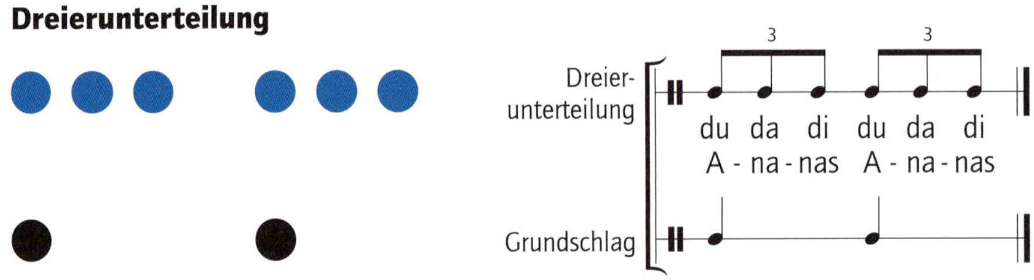


**1** Geht in einem gemeinsamen Puls umher und patscht auf den Oberschenkeln zunächst Zweierunterteilungen, dann Dreierunterteilungen. Einer kann zur Unterstützung auf einer Glocke den Grundschlag mitspielen.

**INFO**

Den Grundschlag sprechen wir mit der Silbe

**du**.

Für die Zweierunterteilung nutzen wir die Silbensprache

**du** dei,

für die Dreierunterteilung

**du** da di.

Die Silbe „du" bezeichnet dabei immer die betonten Zählzeiten, „dei" bzw. „da di" die unbetonten Zählzeiten.

## Zweier oder Dreier?

Fast jede Musik hat einen Grundschlag, der entweder aus Zweier- oder aus Dreierunterteilungen besteht. Die Musik wirkt dadurch jedes Mal anders.

**2** **a** Ihr hört verschiedene Musikausschnitte. Erspürt jeweils den Grundschlag und führt ihn mit den Füßen aus. A 28–32
**b** Bei manchen Musikstücken werdet ihr zu unterschiedlichen Ergebnissen kommen. Woran könnte das liegen?
**c** Bewegt euch zur Musik durch den Raum. Patscht dazu die passenden Zweier- oder Dreierunterteilungen.

## Auf Schatzsuche: Fluch der Karhythmik

Ein Piratenschatz ist seit langer Zeit auf der Pulsato-Insel im Karhythmischen Meer versteckt. Viele Schatzsucher haben bereits ihr Glück versucht, doch der Schatz blieb unentdeckt. Ein rhythmischer Morsecode führt euch zum Versteck. Dabei gelten folgende Spielregeln:

| | Signal | Bewegungsrichtung |
|---|---|---|
| Grundschlag | du | Norden ↑ |
| Zweierunterteilung | du dei | Westen ← |
| Dreierunterteilung | 3<br>du da di | Osten → |

**3** **a** Macht euch zunächst anhand der Übungsroute (rot markiert) mit den Spielregeln vertraut. Hört das Signal und fahrt mit dem Finger die Route nach. A 33

**b** Auf Schatzsuche: Startet nach vier Beats im Quadrat B11. Wenn ihr euch an die Regeln haltet, findet ihr den Ort, an dem der Schatz versteckt ist. A 34–39

**c** Drei schwierigere Schatzwege fordern eure Fähigkeiten als Schatzsucher. A 40–42

**4** Spielt das Spiel mit eurem Banknachbarn. Überlegt, wo euer Schatz versteckt ist, und führt den Partner mit einem entsprechenden Morsecode zum Ziel.

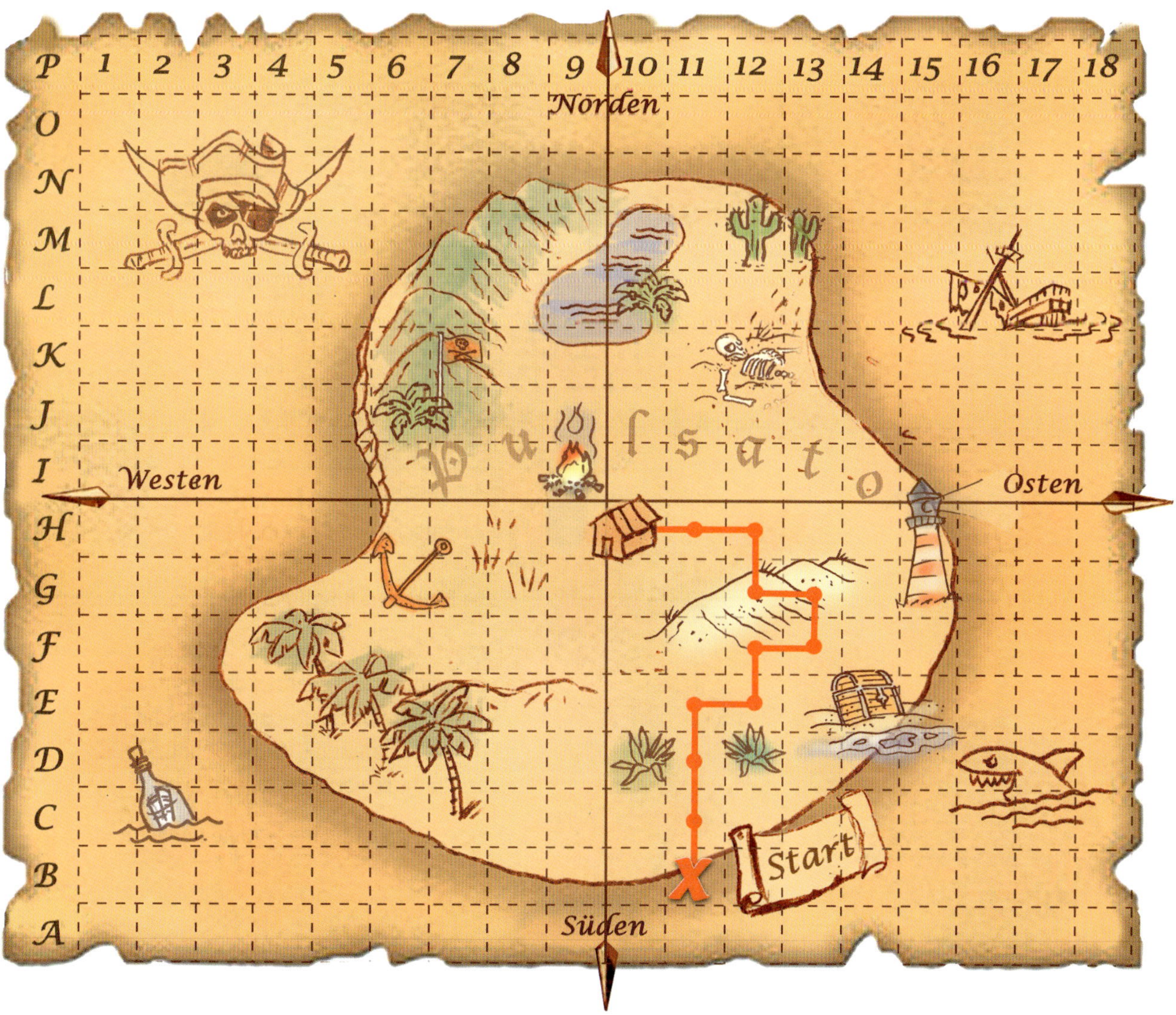

## Ein rhythmischer Muntermacher

### Hallo Leute, aufgewacht!

A 46

Text d. 1. Str.: U. Moritz, Text d. 2. Str.: M. Detterbeck;
Musik: U. Moritz © U. Moritz

= auf die Oberschenkel patschen (Os)
= auf den Oberkörper klopfen (Ok)
= klatschen

**Begleitung**

**5** **Teil A:** Patscht den Grundbeat. Sprecht dazu den Text.
**Teil B:** Führt den Rhythmus mit Körperklängen aus.

**6** **a** Ordnet die verschiedenen Klänge der Vocussion den jeweiligen Instrumenten des Drumsets zu.
**b** Sprecht die Vocussion-Begleitung und imitiert dabei Bass-, Snare- und Hi-Hat-Sound. Nutzt bewusst unterschiedliche Tonhöhen. (A 43–45)

**7** Führt das Stück auf. Eine Gruppe begleitet mit der Vocussion. (A 46)

**8** Erfindet eigene Texte für den Sprechteil. Beginnt jede Strophe mit „Hallo Leute, …“.

# Musik braucht Zeit

## Grundschlag

Der **Grundschlag (= Grundbeat oder Metrum)** gliedert die Zeit in gleichmäßige Abschnitte. Er ist der Puls der Musik.

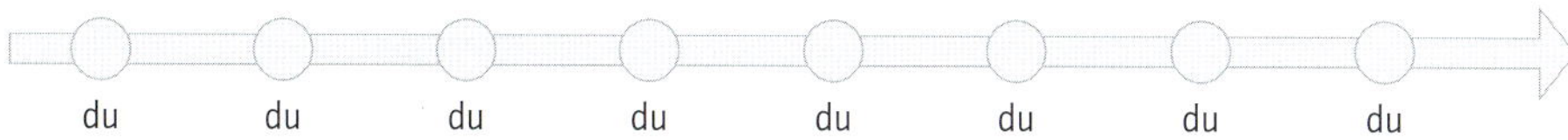

**1** Geht im Grundschlag mit den Füßen am Platz (rechts – links).

## Takt

Durch Betonungen entstehen schwere und leichte Schläge. Wenn diese Schläge regelmäßig aufeinanderfolgen, nennt man dies **Takt.**

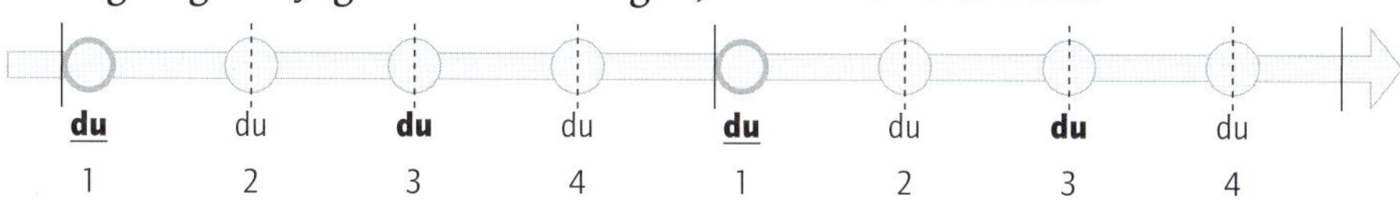

**2** Geht den Grundschlag weiter. Betont den ersten Schritt im Takt, indem ihr ihn nach vorne ausführt.

## Rhythmus

Ein Rhythmus entsteht, wenn die gespielten Töne nicht immer mit dem Grundschlag zusammenfallen.

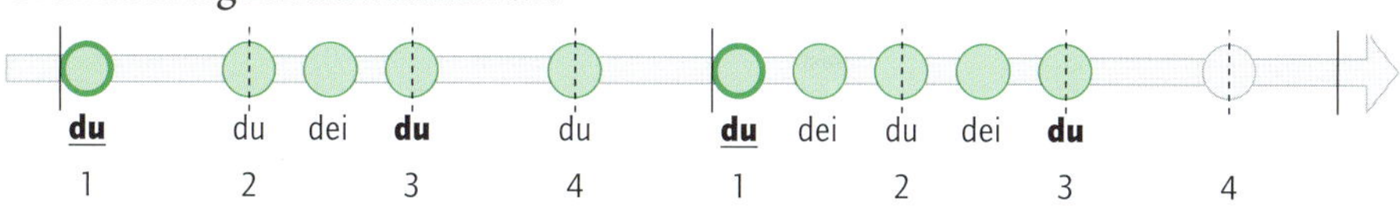

**3** Sprecht und klatscht nun den grün markierten Rhythmus zum Grundschlag in den Füßen.

**4** Führt die folgenden Rhythmen auf gleiche Weise aus:

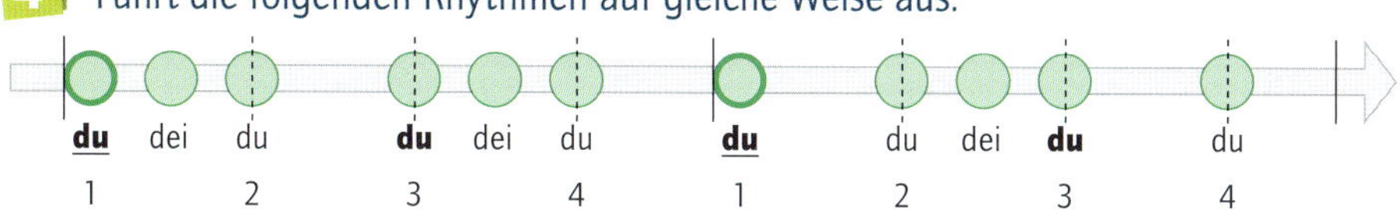


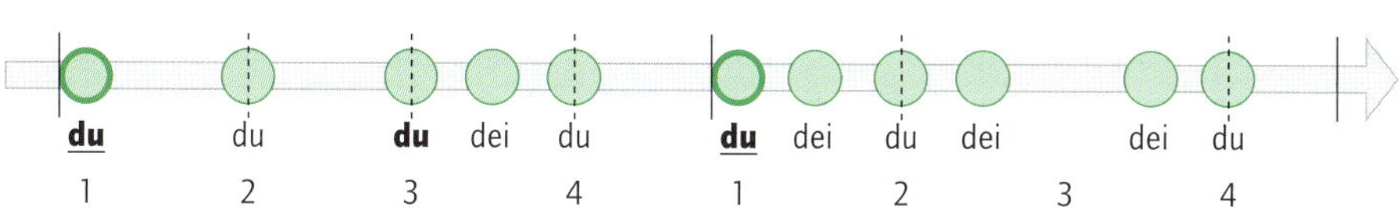


**5** Dies ist ein Rhythmus in Notenschrift. Klatscht ihn. Wo ist er oben notiert?

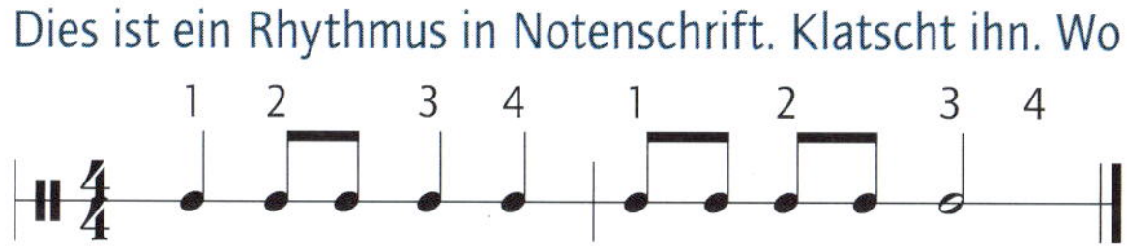

## Rhythmusbaukasten

Ganze Note

Halbe Note

Viertelnote

Achtelnote

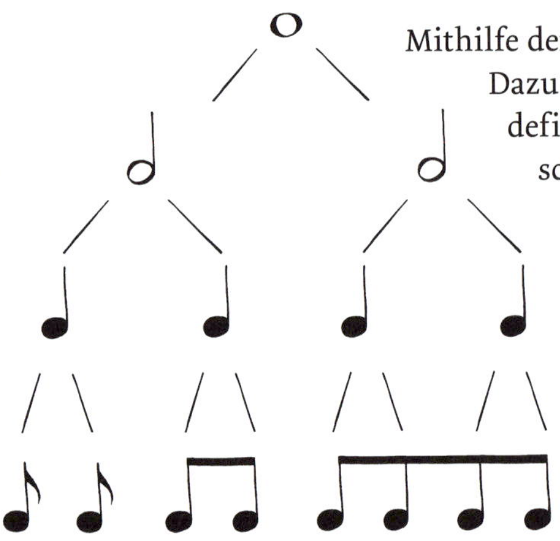

Mithilfe der Notenschrift können wir einen Rhythmus notieren. Dazu müssen wir die Notenlänge (= Klangdauer) genau definieren. Die Abbildung zeigt euch das Verhältnis zwischen den Notenwerten.

Mit dem Rhythmusbaukasten könnt ihr mit Halben, Viertel- und Achtelnoten Rhythmen selber erfinden!

**1** Kombiniert zwei verschiedene Rhythmusbausteine miteinander und führt den entstandenen Rhythmus mit einem Instrument oder mit der Stimme aus. Sprecht mit unserer Silbensprache („du", „du dei"). Verwendet auch andere Tonsilben. Notiert die neuen Rhythmen in euer Arbeitsheft.

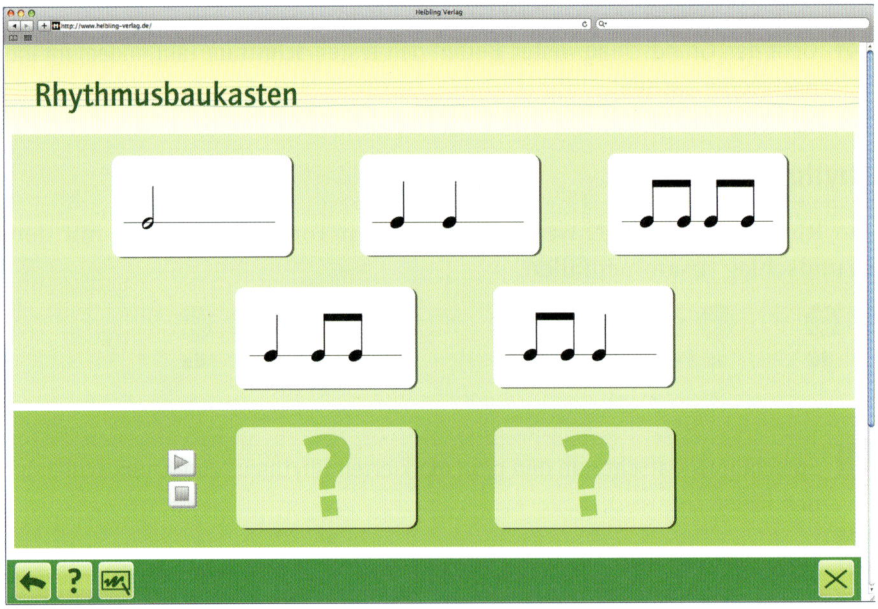


**2** **a** Hört euch eine Samba, einen Rhythmus und Tanz aus Brasilien, an. In den Zwischenspielen gibt euch eine Trillerpfeife einen Rhythmus vor. Imitiert den Trillerpfeifen-Rhythmus im jeweils folgenden Takt mit beliebigen Instrumenten oder der Stimme. (B 1)

**b** Erfindet nun zum Hörbeispiel eigene Zwischenspiele. Einer spielt auf der Trillerpfeife einen der erarbeiteten Rhythmen vor. Die anderen spielen nach. (B 2)

# Musik im Takt

Dirigieren – nicht ganz ungefährlich: Im 17. Jahrhundert hat man häufig den Takt (lat. „tactus" = Schlag) mit einem langen Stock auf den Boden geschlagen. Der französische Musiker und Komponist Jean-Baptiste Lully verletzte sich dabei den Fuß und starb einige Monate später an einer Blutvergiftung.

**! WISSEN**

**Takt und Taktart**
Eine Gruppe von Grundschlägen bezeichnet man als **Takt.** Dabei bestimmt normalerweise die Anzahl der Grundschläge die **Taktart.** Eine Gruppe von vier Viertelnoten nennt man z. B. 4/4-Takt.

## Taktarten erkennen

Anzahl und Notenwert des Grundschlags werden in der Regel durch Zähler und Nenner am Anfang eines Stückes angegeben:

**1** Sucht in diesem Buch Beispiele für verschiedene Taktarten.

**2** Bestimmt die Taktarten der folgenden Melodieausschnitte.

**3** a Hört euch vier kurze Hörbeispiele an. Klopft den Grundschlag mit und achtet darauf, wo jeweils die Schwerpunkte liegen. (B 3–6)
b In welchen Taktarten stehen die Hörbeispiele?
c Taktartenrätsel: Bildet zwei Gruppen (Gruppe 1: 4/4-Takt, Gruppe 2: 3/4-Takt). Beim Hören der Ausschnitte klopft die entsprechende Gruppe den Grundschlag mit. (B 3–6, 44, 47)

## Taktarten anzeigen

Ihr habt bereits gelernt, Musik gestisch anzuleiten und Abläufe zu organisieren. Zum Anzeigen von Takt und Tempo eines Musikstücks benutzen wir „Schlagfiguren". Damit können wir ein Ensemble noch genauer anleiten.

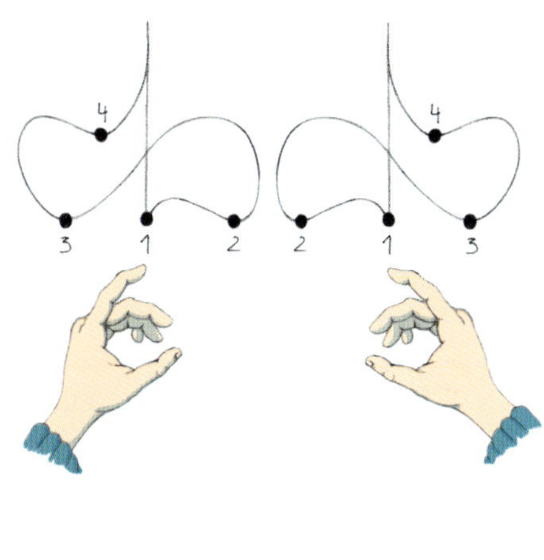


**4** a Übt in langsamem Tempo die Schlagfigur für einen 4/4-Takt. Zählt dabei laut mit. Der Schlag 1 markiert mit seiner Abwärtsbewegung den Beginn des Taktes.
b Dirigiert nun eure Klasse beim Song „Hallo Leute, aufgewacht!" (S. 32).

## Hier kommt die Klasse

B 7, 8

Text u. Musik: R. Filz
© Helbling

**Intro** (4 Takte Bodypercussion)

**Strophe 1**
Hier kommt die Klasse, die ihr alle liebt!
Hier kommt die Klasse, der man stets vergibt!
Hier kommt die Klasse, die alles kann!
*(Begleitgroove stopp)*
Oder denkst du anders? Komm sag's uns Mann, eh!

**Zwischenspiel** (4 Takte Bodyfill)

**Strophe 2**
Wir sind die Klasse mit dem größten Spaß!
Wir sind die Klasse, die noch keiner vergaß!
Wir sind die Klasse, die singen kann!
*(Begleitgroove stopp)*
Oder denkst du anders? Komm sag's uns Mann, eh!

**Zwischenspiel** (4 Takte Bodyfill)

**Strophe 3**
Wir sind bekannt in Stadt und Land!
Wir sind fast nie außer Rand und Band!
Wir ziehen euch in unseren Bann!
*(Begleitgroove stopp)*
Oder denkst du anders? Komm sag's uns Mann, eh!

**Zwischenspiel** (4 Takte Bodyfill)

**Strophe 4**
Hier geht die Klasse, die zusammenhält!
Hier geht die Klasse, die nie zerfällt!
Hier geht die Klasse, die auch feiern kann!
*(Begleitgroove stopp)*
Oder denkst du anders? Komm sag's uns Mann, eh!

### Bodypercussion zu den Strophen

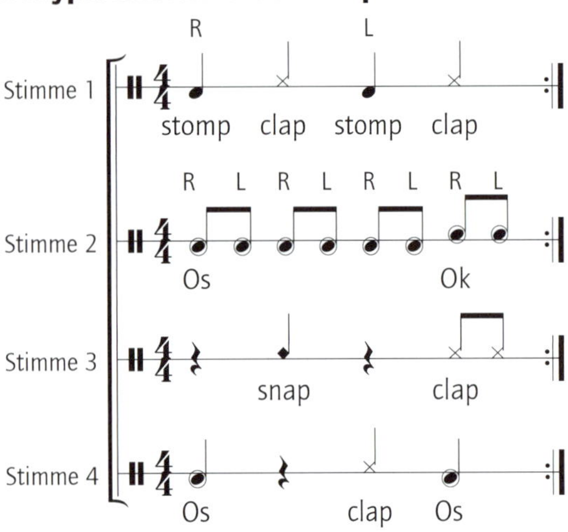


### Bodyfill für das Zwischenspiel

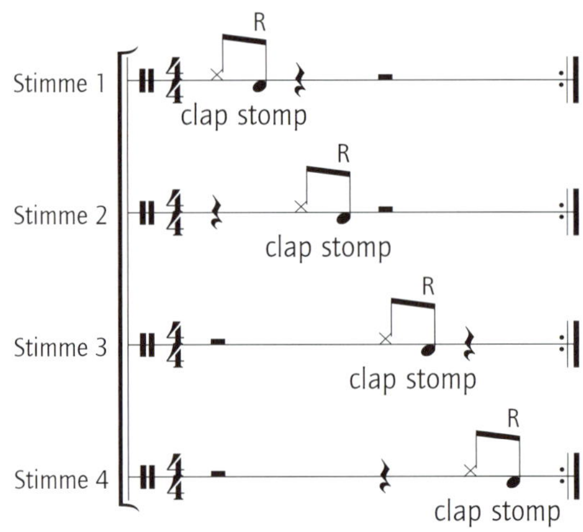


♩ = stampfen; = klatschen; = auf die Oberschenkel patschen (Os); = auf den Oberkörper klopfen (Ok); = schnipsen

**5** **a** Erfindet eine eigene Bodypercussion, mit der ihr den Song begleiten könnt. Notiert das Ergebnis in euer Arbeitsheft.

Beachtet: In einen 4/4-Takt passen z. B.

4 Viertelnoten

2 halbe Noten

8 Achtelnoten

Kombinationen, z. B. 1 halbe Note, 1 Viertelnote und 2 Achtelnoten

**b** Führt euer neu erfundenes Begleitpattern aus. Ein Teil der Klasse begleitet, der andere rappt.

**[ Tipp ]** Durch rollenverteiltes Rappen wird die Aufführung noch wirkungsvoller.

# Auf los geht's los: der Auftakt

Freudig und gespannt sehen Fußballfans dem alljährlichen Bundesliga-Auftakt entgegen. Läuft das erste Spiel der Saison für einen Verein gut, spricht man von einem vielversprechenden Auftakt. Auch in der Musik finden wir zu Beginn von Liedern oder Stücken oft Auftakte.

## Morgengruß

Text u. Musik: M. Detterbeck


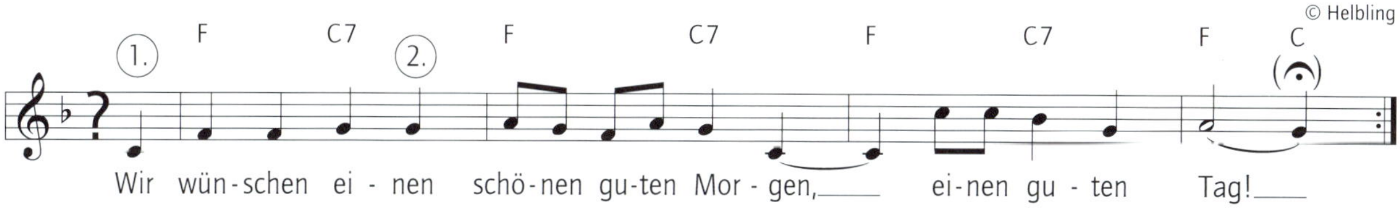


## Volltakt und Auftakt

Beginnt ein Musikstück nicht mit einem Volltakt, sondern mit einem unvollständigen Takt, so nennt man diesen Takt „Auftakt". Ein Auftakt findet sich z. B. in Liedern, die mit einer unbetonten Silbe beginnen („Viel Glück und viel Segen ...", „Happy birthday to you ...").

**1** Sprecht den Text des Morgengrußes und übertreibt die Betonung der Silben. Welche Besonderheit fällt euch am Beginn des Satzes auf?

**2** **a** Untersucht, wie viele Grundschläge das Lied pro Takt hat, und benennt die Taktart.
**b** Welche Takte sind „unvollständig"? Addiert die Notenwerte der beiden „unvollständigen" Takte. Erläutert das Ergebnis.

**3** Sucht in diesem Buch je drei Lieder mit Auftakt bzw. Volltakt.

**4** Ergänzt im Arbeitsheft die folgenden Rhythmen zu zwei vollen Takten.

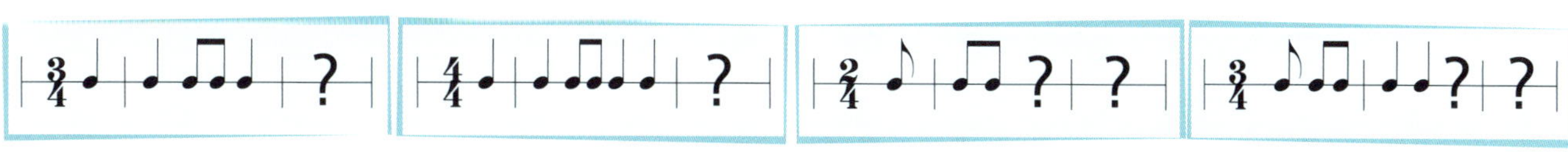


## Ein Klatschlied aus Ghana

**5** Stellt euch im Kreis auf und singt das afrikanische Lied „Ayelevi".
**a** Klatscht auf die Zählzeit 1 des ersten Taktes in die eigene Hand, im zweiten Takt in die Hand des Nachbarn usw.
**b** Führt nach dem Auftakt und in Takt 5 einen Seitschritt nach rechts aus.

## Ayelevi

Text u. Musik: überliefert aus Ghana, Afrika

**! WISSEN**

**Auftakt**
Als **Auftakt** bezeichnet man die (unbetonten) Notenwerte einer Melodie vor dem ersten Taktstrich. Der Auftakt ergänzt sich in der Regel mit dem Schlusstakt zu einem vollständigen Takt. Beginnt ein Musikstück dagegen auf der betonten Zählzeit 1, so spricht man von einem **Volltakt.** Auftakte werden bei der Taktzählung nicht mitgezählt!

## Eine große Rhythmus-Tratscherei

Der Wiener Komponist Johann Strauß ist vor allem für seine vielen Walzer berühmt. Sehr beliebt ist auch seine Tritsch-Tratsch-Polka, ein schneller Tanz im 2/4-Takt. Wenn ihr genau hinhört, hört ihr die geschwätzige Wiener Bevölkerung, die Strauß humorvoll in Musik dargestellt hat (tratschen = schwätzen).

**6** Führt den Spiel-mit-Satz zur Musik aus. B 10–13

### Johann Strauß: Tritsch-Tratsch-Polka (Spiel-mit-Satz)

B 10–13

Spiel-mit-Satz: W. Kern,

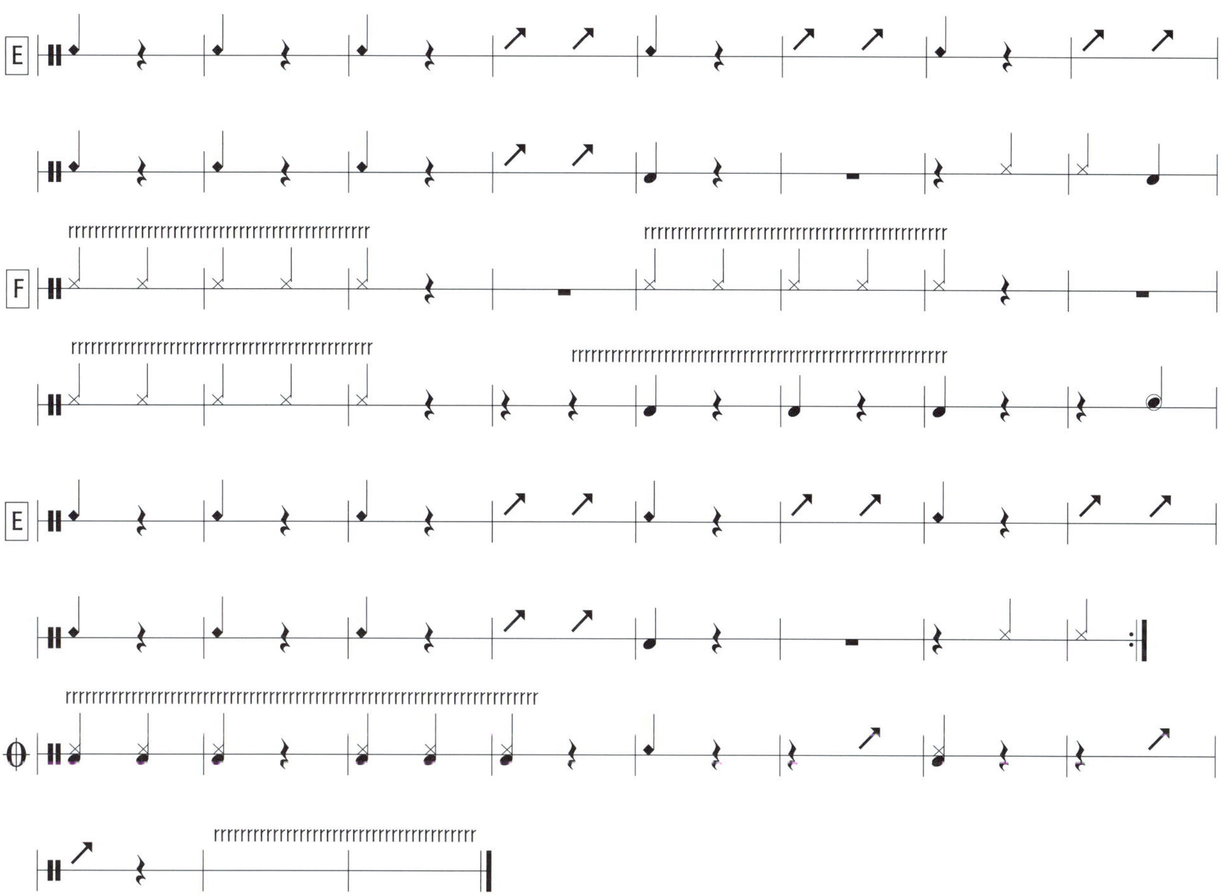


♩ = schnipsen ♩ = auf die Oberschenkel patschen ♩ = mit der einen Hand auf den Handrücken der anderen Hand patschen

♩ = leise aufstampfen (rechts, links abwechselnd) ♩ = klatschen ↗ = pfeifen r = mit Stimme „rrrrr"

**7** Einige Melodiebausteine aus der Tritsch-Tratsch-Polka sind dem Komponisten Johann Strauß vom Tisch gefallen. Helft ihm, sie wieder an die richtige Stelle zu platzieren (Teil A, B, C usw.). Geht dabei folgendermaßen vor:

**a** Welche Bausteine beginnen mit einem Auftakt, welche mit einem Volltakt?

**b** Hört euch die Tritsch-Tratsch-Polka noch einmal an: Welche Teile beginnen mit einem Auftakt? B 10–13

**c** Versucht anhand der Melodiebewegung, die Bausteine den passenden Teilen der Polka zuzuordnen.

1

2
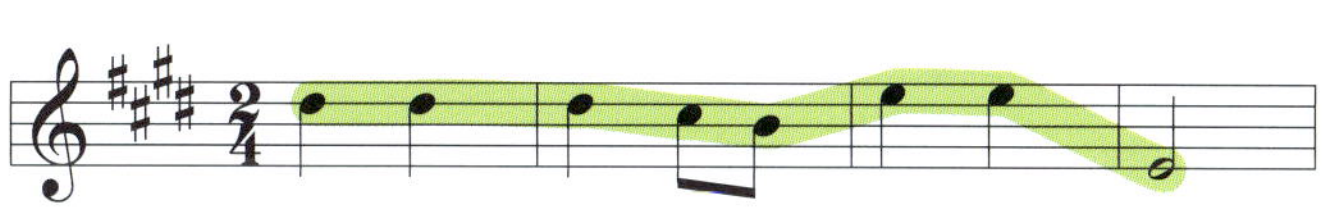

3
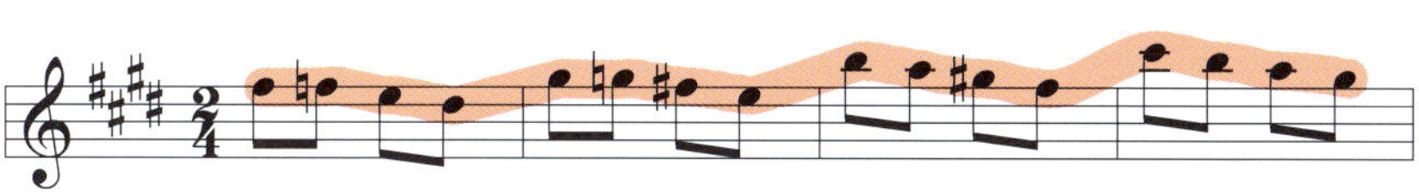

4
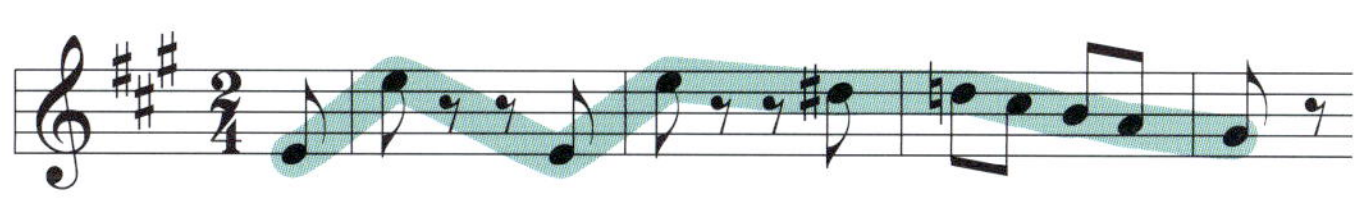

# Musiklabor 1:
# Bunte Rhythmusspiele

## Point of view

**1** a Spielt jede Zeile einzeln: Klatscht die grünen Punkte; die roten Punkte sind Pausen. (B 14)
b Probiert eine zweistimmige Aufführung: Die erste Gruppe spielt Zeile 1, die zweite Gruppe Zeile 2. Benutzt unterschiedliche Körperklänge (Klatschen, Schnipsen, Patschen usw.).

**2** a Führt alle Zeilen des Quadrats nacheinander mit Körperklängen aus. Durch Drehen des Quadrats entstehen neue Rhythmen, die ihr auch kombinieren könnt.
b Ihr hört einen Rhythmus. Findet heraus, welche Zahl oben liegt. (B 15)

**3** Bildet zwei Gruppen. Eine Gruppe spielt die roten, die andere die grünen Punkte. Verwendet unterschiedliche Körperklänge.

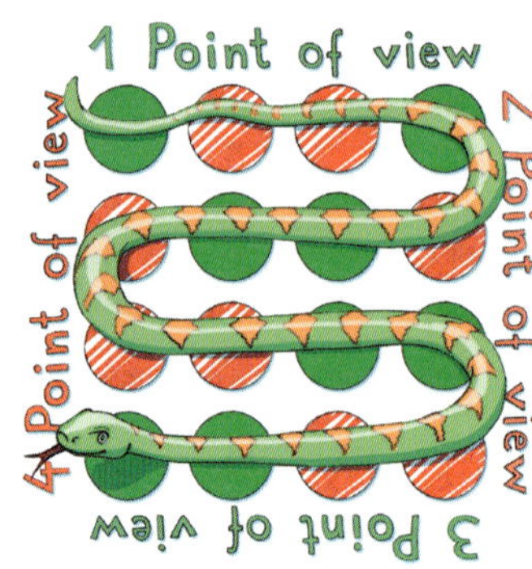


[**Tipp**] Mit „Point of view" könnt ihr noch viele weitere Spielideen ausprobieren und neue Rhythmen entdecken:

- Bildet Rhythmus-Schlangen. Diese finden neue Wege durch das Quadrat.
- Bildet vier Gruppen. Jede Gruppe dreht das Buch so, dass die Nummer der eigenen Gruppe oben liegt, und entscheidet sich dann für einen Körperklang. Spielt die jeweiligen Rhythmen gleichzeitig.
- Die Gruppen setzen nacheinander im Kanon ein.
- Nehmt verschiedene Percussioninstrumente hinzu.

## Come On, Give Me One

Text u. Musik: M. Ansohn


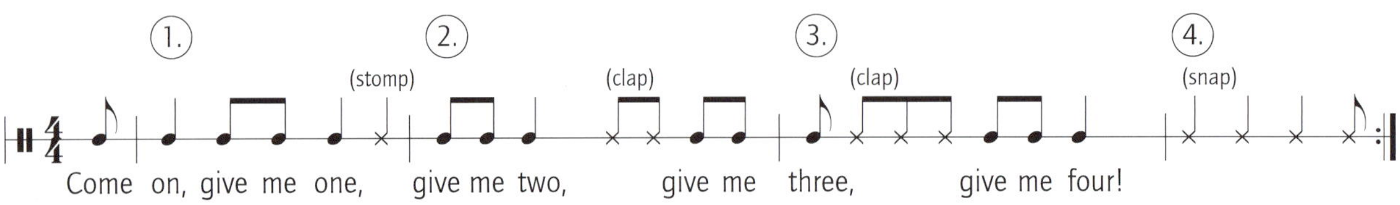


**4** a Erarbeitet euch das Rhythmusstück zunächst einstimmig.
b Wenn ihr den Rhythmus sicher beherrscht, könnt ihr das Stück auch im Kanon aufführen.
c Für Profis: Sprecht den Text stumm, sodass nur noch die Percussion zu hören ist.

## Wer hat an der Uhr gedreht?

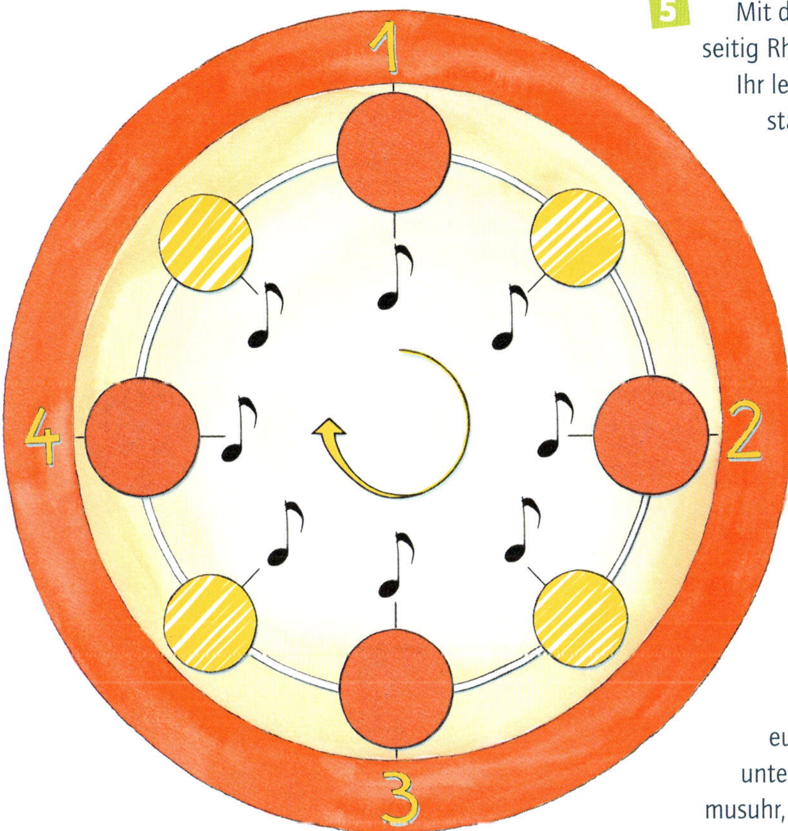


**5** Mit der Rhythmusuhr könnt ihr euch gegenseitig Rhythmusaufgaben stellen. So geht's: Ihr legt Rhythmen fest, indem ihr mit Gegenständen (Münzen, Radiergummis etc.) eine oder mehrere Positionen der Rhythmusuhr markiert. Beispiel: Legt ihr einen Gegenstand auf die Felder 1, 3 und 4, so entsteht folgender Rhythmus:

**INFO**

Die gelben Positionen zwischen den roten Zählzeiten bezeichnet man oft mit „und" bzw. dem Zeichen +.

**a** Erfindet weitere Rhythmen mit eurem Banknachbarn. Einer markiert unterschiedliche Positionen auf der Rhythmusuhr, der andere klatscht die entstandenen Rhythmen. Nutzt auch die Zählzeiten zwischen den Grundschlägen.

**b** Notiert die Rhythmen in euer Arbeitsheft.

## [ Das habt ihr gelernt ]

- einen Song mit Bodypercussion zu begleiten
- Zweier- und Dreierunterteilungen des Grundschlags hörend und spielend zu unterscheiden
- eine Rhythmusschatzsuche zu lösen
- wie man mit Vocussion ein Schlagzeug imitiert
- was die Begriffe Grundschlag, Takt und Rhythmus bedeuten
- vier verschiedene Notenwerte: Ganze, Halbe, Viertel, Achtel
- verschiedene Taktarten zu unterscheiden

# [Workshop] Stabspiele

In diesem Workshop lernt ihr, wie man Stabspiele verwendet und damit ein afrikanisches Lied spielen kann.

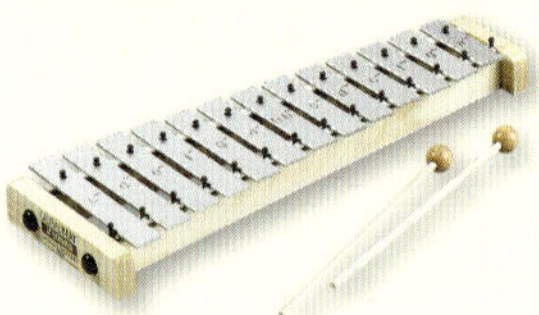

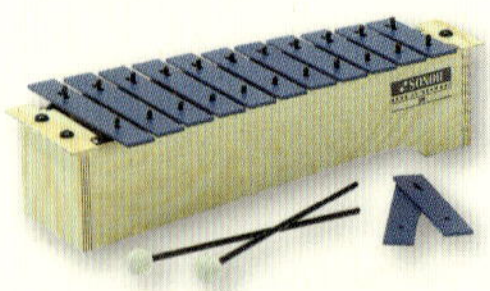

## Schritt 1: Erstes Kennenlernen

- Macht euch zunächst mit den Stabspielen und den Schlägeln vertraut.

Es gibt viele verschiedene Arten von Stabspielen. Grundsätzlich unterscheidet man, ob die Stäbe aus Holz oder Metall sind. In der Schule gibt es in der Regel Glockenspiele, Metallofone und Xylofone (griech., „Holzklinger“). Stabspiele werden mit harten oder weichen Schlägeln gespielt, die unterschiedliche Klänge erzeugen.

- Haltet die Schlägel mit Daumen und Zeigefinger, die Hand umfasst locker den Griff. Am besten spielt ihr immer – auch bei einfachen Stimmen – mit zwei Schlägeln, wo es geht abwechselnd. Spielt nicht aus dem Arm, sondern aus dem Handgelenk.

## Schritt 2: Vorübungen am Instrument

- Spielt folgende Takte mehrmals zur Übung des abwechselnden Spiels.

## Schritt 3: Klangexperimente

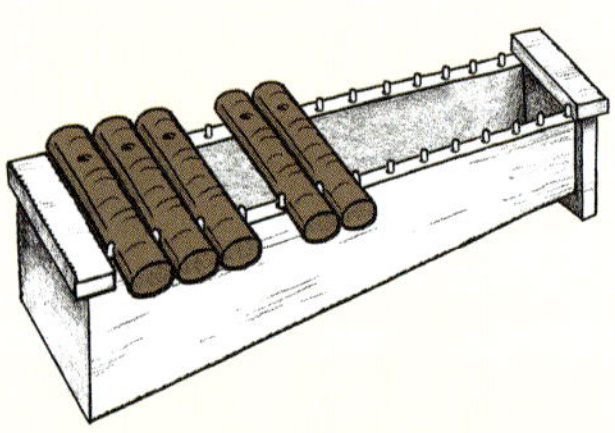

- Spielt die abgebildeten fünf Töne *c, d, e, g, a* als kurze Tonfolge aufwärts und abwärts hintereinander auf den Instrumenten Xylofon, Metallofon und Glockenspiel. Vergleicht den Klang.
- Spielt diese Tonfolge nun noch mal ganz langsam und dann ganz schnell auf den drei Instrumenten. Was könnt ihr beobachten?
- Ein Klangteppich entsteht: Spielt die Tonfolge auf allen Stabspielen gleichzeitig. Versucht abwechslungsreich zu spielen: laut/leise, schnell/langsam, tief/hoch, eventuell mit unterschiedlichen Schlägeln (hart/weich). Einer von euch steuert als Dirigent den Ablauf mit Gesten.

## Schritt 4: Ein Stück aus Afrika

Dumisani A. Maraire, ein Musiker aus Afrika, verwendet in seinem Stück „Mai Nozipo“ Rhythmen und Melodien aus seiner Heimat Simbabwe.

- Singt das Lied „Mai Nozipo“. Führt dazu mit euren Füßen einen Beat in halben Noten aus. Die Hauptstimme könnt ihr zusätzlich mit dem Xylofon, aber auch mit beliebigen anderen Instrumenten (z. B. Flöten) spielen.

### Mai Nozipo

Musik: D. A. Maraire; Text: M. Detterbeck
Published by Owl's Head Music (BMI)

- Spielt dazu auf dem Metallofon oder Bassxylofon die Begleitstimme 1.

- Auf dem Glockenspiel könnt ihr noch die Begleitstimme 2 hinzunehmen. Diese Stimme kann man auch auf einem Xylofon in hoher Lage spielen. Wenn ihr euch am halbtaktigen Beat orientiert, fällt es euch leichter, die Pause am Taktbeginn auszuführen.

- Zuletzt gibt die Percussion dem Stück eine afrikanische Würze.

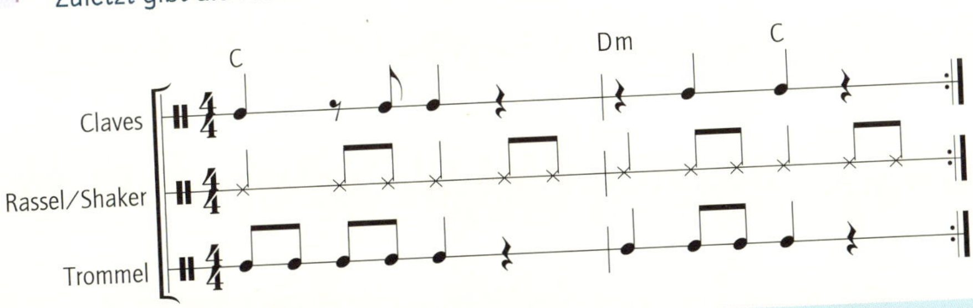


- Für Profis: Für unser Arrangement wurden die Rhythmen etwas vereinfacht. Hört euch eine Aufnahme des Stückes an. Versucht, den Groove des Stückes zu imitieren. B 16

[Kapitel 4]

# Wolfgang Amadeus Superstar

----- Original Message -----
From: „Lisa Müller“ <lisamueller@musix.helbling.com>
To: „Anna Schmidt“ <annaschmidt@musix.helbling.com>
Sent: Sunday, January 23, 2011 3:56 PM
Subject: Entführung

> Liebe Anna,
>
> gestern Abend war ich das erste Mal in einer Oper. Meine Tante hat mich
> mitgenommen, die arbeitet nämlich dort im Veranstaltungsbüro.
> Erst dachte ich: Oper, das wird bestimmt übelst langweilig.
> Aber dann war es doch ganz schön cool. Das war nämlich so eine Geschichte wie ein
> Krimi, mit einer entführten Braut. Der Heldenbräutigam will sie aus dem Gefängnis retten,
> und das schafft er auch, weil der Aufpasser so dumm ist. Das Bühnenbild war
> auch super: Das Gefängnis sah aus wie ein Riesenschmuckkästchen, das auf und zu ging.
> Und ja, gesungen haben die auch, wahnsinnig hoch, so wie eine Flöte,
> und der Aufpasser, Osmin hieß der, konnte ganz tief singen, da haben sogar die Leute
> zwischendrin geklatscht, obwohl das Stück noch nicht aus war.
> Die Musik war oft echt lustig und der Text auch. Die Oper war von Mozart.
> Ob der noch mehr so schöne Sachen geschrieben hat?
> Nächste Woche läuft das Stück noch mal. Wenn Du willst, können wir da zusammen
> reingehen. Ich hätte Lust, Dir das zu zeigen.
>
> Hdgdl
>
> Lisa
>

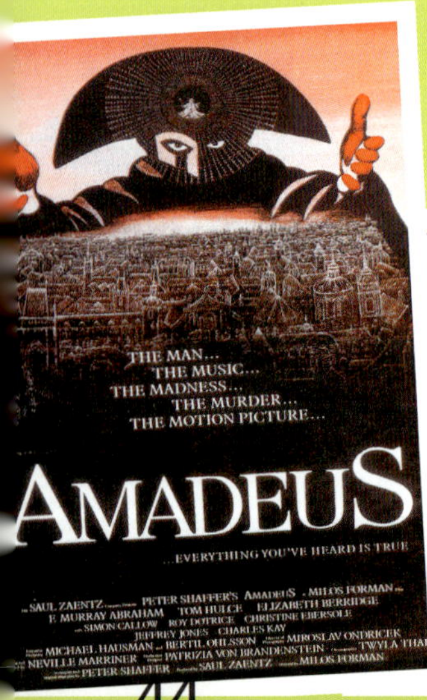

## Rhythmus/Körper und Bewegung

### Listen! Listen!

B 17, 18

nach L. Maierhofer
Adaption u. Text: M. Detterbeck, G. Schmidt-Oberländer
© Helbling

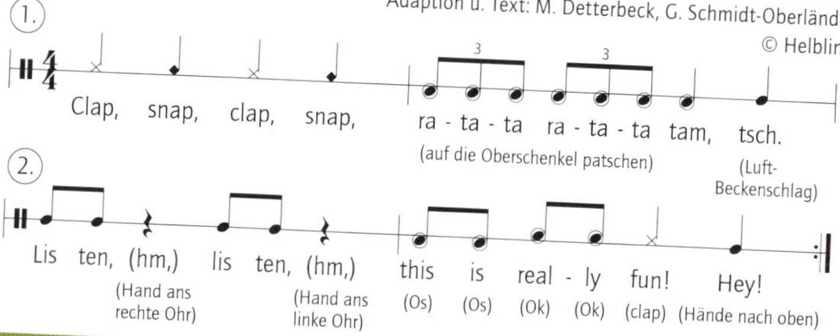


## Körper und Bewegung/Rhythmus

### Stampf-Kanon

B 19

Text u. Musik: U. Moritz
© Helbling

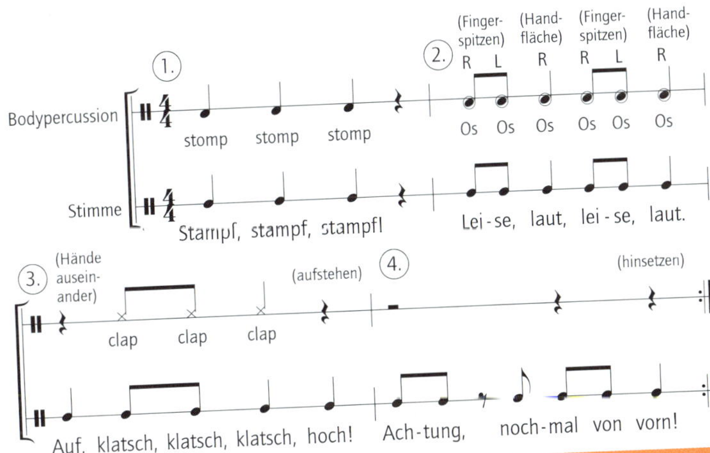


## Stimme/Körper und Bewegung

### Bodydrum

B 20

Text u. Musik: M. Detterbeck, G. Schmidt-Oberländer
© Helbling

Verbindet den Song mit folgenden Aktionen:

1. Strophe: mit flacher Hand auf Brust trommeln
2. Strophe: Arme abklopfen (außen rauf, innen runter)
3. Strophe: Arme im Kreis um den Körper schwingen lassen, dabei auf Bauch bzw. unteren Rücken (Lendenwirbelsäule) patschen
4. Strophe: Beine abklopfen (außen runter, innen rauf)
5. Strophe: mit dem Fuß aufstampfen

# Von Wunderkindern und Stars

## Ich bin Wolfgang Amadeus

B 21, 22

Text u. Musik: F. Jirovec

### Begleitung

**1** **a** Erarbeitet euch selbstständig die Begleitung:

B = Bass-Sound (Fellmitte)
O = Open-Sound (Trommelrand)

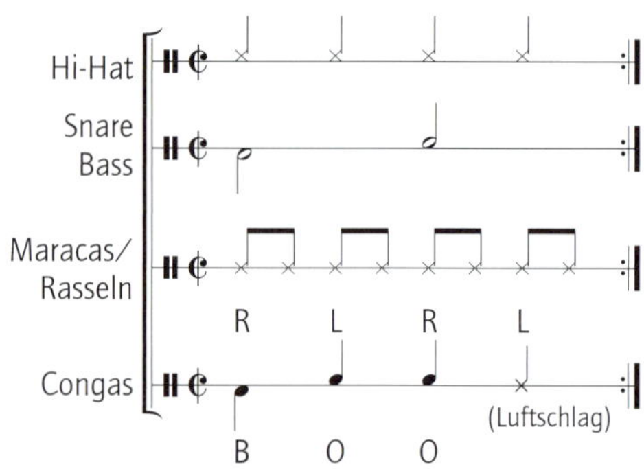


**b** Spielt zwischen Strophe und Refrain die Zitate aus Mozarts Musik auf Instrumenten mit.

* 

** 

## Ein Werbeplakat für Mozart

DSDS, Germany's next Topmodel, Unser Star für ... – die Suche nach Stars hat immer Saison. Ein Wunderkind sein – faszinierend!? Wolfgang Amadeus Mozart (1756–1791) galt schon in frühen Jahren als musikalisches Wunderkind. Auf seinen Reisen wurde Wolfgang wie ein Popstar gefeiert, er erregte in ganz Europa großes Staunen und wurde bewundert. Das „Werbeplakat" rechts ließ sein Vater Leopold Mozart speziell für die Konzertreise durch Westeuropa anfertigen. Zusätzlich ließ er in der Zeitung ankündigen:

» *... der Knab, der im siebenten Jahr ist, wird nicht nur Konzerte auf dem Clavecin oder Cembalo, und ... ein Konzert auf der Violine spielen, bei Sinfonien mit dem Klavier begleiten, das Manual [Klaviertasten] mit einem Tuch gänzlich verdecken; er wird ferner in der Entfernung alle Töne, die man einzeln oder in Akkorden auf dem Klavier oder auf nur allen denkbaren Instrumenten, Glocken, Gläsern usw. anzugeben imstande ist, genauestens benennen.* «

*Vater Leopold Mozart mit seinen beiden Wunderkindern Wolfgang und Nannerl*

**2** Beschreibt das Bild. Worauf kam es dem Maler wohl an?

**3** Versucht, die von Vater Leopold beschriebenen Kunststücke selbst auszuführen. Was ist schwierig daran? Denkt euch ähnliche Kunststücke aus.

**4** Erklärt, was Leopold mit Zeitungsankündigung und Werbeplakat wohl bezwecken wollte.

## Das Leben als Star

Die folgenden Aussagen zeigen die Licht- aber auch Schattenseiten des Lebens als Star.

**5** Lest die Aussagen und erklärt jeweils, was dies für das Leben eines Stars bedeuten kann.

» *Der Tag, an dem ich bemerkt habe, dass ich mein Äußeres kontrollieren kann, war der glücklichste meines Lebens.* «
(MICHAEL JACKSON)

» *Ich will alles haben, was gut, ächt und schön ist ... ich will besser bezahlt sein als die anderen.* «
(MOZART AN EINE BARONIN)

» *Es hat etwas Theatralisches und Überdrehtes, wenn ich auf der Bühne stehe und einen Song interpretiere. Ich gebe z.B. vor, ein Macho zu sein. Es ist eine Illusion, eine Show.* «
(FREDDIE MERCURY, QUEEN)

» *Allerliebste Schwester, ich habe schon lange nicht mehr geschrieben, weil ich mit der Opera beschäftigt war.* «
(MOZART, 15 JAHRE)

» *Es gibt viele Tage, an denen ich denke: ‚Oh Gott, warum tust du dir das an?'* «
(BEYONCÉ KNOWLES)

» *Auf der Bühne bin ich der glücklichste Mensch der Welt ... Ich möchte wirklich eine Legende wie Madonna sein.* «
(BRITNEY SPEARS)

» *Was immer man ihm zu lernen gab, dem hing er so ganz an, dass er alles Übrige, auch sogar die Musik, auf die Seite setzte. Z.B. als er Rechnen lernte, war Tisch, Sessel, Wände, ja sogar der Fußboden voll Ziffern mit der Kreide überschrieben.* «
(FREUND DER FAMILIE ÜBER MOZART)

## Reisen muss sein!

„Ohne Reisen ist man wohl ein armseliges Geschöpf“, schreibt Wolfgang als Erwachsener an seinen Vater Leopold. Leopold legte schon in frühen Jahren großen Wert auf die weltmännische Erziehung seines Sohnes. „Setze dich großen Leuten an die Seite“, legte er ihm deshalb nahe. Er wusste, dass die Begegnung mit berühmten Musikerkollegen die Entwicklung von Wolfgang enorm fördern konnte. In Zeiten des Internets kann man sich heute leicht ein Bild von der Musikentwicklung in jedem Winkel der Erde machen. Wollte man damals sehen, was sich in der musikalischen Welt tat, musste man sich selbst auf den Weg machen. So kam es, dass Wolfgang nahezu ein Drittel seines Lebens „auf Achse“ war.

Die Familie Mozart (Wolfgang mit Vater, Mutter und der Schwester Nannerl) unternahm von Juni 1763 bis November 1766 eine dreieinhalbjährige, gigantische Konzerttournee durch Westeuropa. Bei der Abreise war Wolfgang sieben, bei der Rückkehr zehn Jahre alt. Die Tour führte durch alle wichtigen Zentren des damaligen „Musikbusiness“. Überall wurde Wolfgang begeistert gefeiert. Der englische König soll gesagt haben, Wolfgang sei „das größte Wunder Europas oder das größte Wunder, das die menschliche Natur hervorgebracht hat.“

### Stationen einer Reise (1763–1766)

**Mozarts Reiseroute:**

Salzburg – München – Augsburg – Ludwigsburg – Schwetzingen – Heidelberg – Mannheim – Mainz – Frankfurt am Main – Koblenz – Köln – Aachen – Lüttich – Brüssel – Paris – London – Dünkirchen – Lille – Gent – Antwerpen – Rotterdam – Den Haag – Amsterdam – Mechelen – Paris – Dijon – Lyon – Genf – Lausanne – Zürich – Winterthur – Schaffhausen – Donaueschingen – Ulm – Dillingen – Augsburg – München – Salzburg

**1** a Zeichnet in eurem Arbeitsheft die Reiseroute Mozarts ein.
b Heute benötigt man mit dem Auto von Salzburg nach München etwa zwei Stunden. Berechnet die Reisezeit, die Mozart für diese Strecke einplanen musste.

## „Hals- und Beinbruch ..."

**Audienz bei Kaiserin Maria Theresia**

»*Der Wolferl ist der Kaiserin auf den Schoß gesprungen ... hat sie rechtschaffen abgeküsst.*«
(AUS EINEM BRIEF LEOPOLD MOZARTS)

**Schwielig und feuerrot**

»*... dieser Wagen stößt einem doch die Seele heraus! – und die Sitze! – hart wie stein! – von Wasserburg [am Inn] aus glaubte ich in der that meinen Hintern nicht ganz nach München bringen zu können! – er war ganz schwierig [schwielig] – und vermuthlich feüer Roth – zwey ganze Posten fuhr ich die Hände auf dem Polster gestützt, und den Hintern in lüften haltend ...*«
(AUS EINEM BRIEF WOLFGANG A. MOZARTS)

**Hals- und Beinbruch!**

»*2 Stunden ausser Wasserburg brach uns ein hinteres Rad in Stücken. Da sassen wir. zum glücke war es heiter und schön, und noch zum grössern glücke war in der Nähe eine Mühle. man kam uns mit einem Rad, das zu klein und doch im Hauffen zu lange ware, zu hilfe. wir musten frohe seyn, dass wir dieses hatten ...!*«
(AUS EINEM BRIEF WOLFGANG A. MOZARTS)

**Ein wahres Wunder**

»*Die wahren Wunder sind selten genug, um davon zu reden, wenn man Gelegenheit hat, eines zu sehen. Ein Salzburger Kapellmeister namens Mozart ist soeben hier angekommen mit zwei Kindern ... Es ist Wolfgang ein Leichtes, mit der größten Genauigkeit die allerschwersten Stücke mit Händen auszuführen ...*«
(AUS EINER PARISER ZEITUNG)

**2** Schreibt für eure Schülerzeitung einen Bericht: „Zwei Wochen auf Tour mit Mozart". Wählt einen Abschnitt der Reiseroute aus und geht auf mögliche Erlebnisse wie Konzerte, Begegnungen an Fürstenhöfen etc. ein. Ihr könnt diesen Bericht auch als Radiofeature für euer Schulradio gestalten (Interviews, Musikausschnitte usw.).

**3** Überlegt, was die dreieinhalbjährige Reise für Mozart bedeutet hat. Welche Probleme könnten damit verbunden sein? Welche Argumente rechtfertigen eine derartig anstrengende Reise? Bedenkt dabei, dass Wolfgang bei der Abreise erst sieben, bei der Rückkehr zehn Jahre alt war.

**INFO**

**Mit der Kutsche unterwegs**
Eine Kutsche konnte mit einer Reisegeschwindigkeit von ca. 3 km/h fahren. Nach jeweils vier Stunden musste eine Pause eingelegt werden, um die Pferde auszutauschen. Pro Tag waren so nicht mehr als 30 km zu bewältigen.

**INFO**

**Reisen zur Zeit Mozarts**
Zur Zeit Mozarts reiste man nicht in den Urlaub. Man reiste nur, wenn man wirklich musste, und der gute Wunsch für „Hals- und Beinbruch" vor Reisebeginn war durchaus berechtigt. Die Reisekutschen waren damals größtenteils noch ungefedert, die Straßen kaum gepflegte Schotterwege. Bei den alltäglichen Achs- und Radbrüchen erlitten die Reisenden häufig Verletzungen; Verspätungen nahm man da schon gelassen hin. Zudem war Reisen teuer: Für die einfache Strecke Salzburg – Wien musste man 15 Gulden (heute vergleichbar etwa 350,– €) bezahlen.

## Eine Sinfonie als Zeitvertreib

Auf der England-Reise in den Winterwochen 1765 erkrankte Mozarts Vater Leopold schwer. Es wird berichtet, dass Wolfgang ihn nicht mit Klavierspiel stören durfte. Deshalb vertrieb er sich die Zeit mit Komponieren. So entstand Mozarts erste Sinfonie.

**INFO**

**Sinfonie**
Eine Sinfonie (griech., „Zusammenklang") ist ein mehrteiliges Werk für Orchester. In der Regel besteht es aus vier Teilen (Sätzen):
1. Satz: schnell
2. Satz: langsam
3. Satz: tänzerisch
4. Satz: schnell
Von Mozarts fast 60 Sinfonien sind insgesamt 41 erhalten. Die erste schrieb er mit 9 Jahren, die letzte mit 32 Jahren, also entstanden durchschnittlich etwa zwei bis drei Sinfonien pro Jahr. Joseph Haydn komponierte sogar 104 Sinfonien, Ludwig van Beethoven hingegen nur 9.

**1** **a** Geht in einem gemeinsamen Grundbeat.
**b** Klatscht – ohne den Grundbeat zu unterbrechen – eine Zweierunterteilung. Sprecht dazu „du dei".
**c** Sobald euch das gelungen ist, patscht ihr eine Dreierunterteilung auf den Oberschenkeln. Sprecht dazu „du da di".

**2** Teilt den Klassenraum mit einem Kreidestrich in zwei Hälften. Legt fest, in welcher Hälfte die Zweier- bzw. die Dreierunterteilung geklatscht/gepatscht wird. Bewegt euch nun im Puls gehend durch den Raum und spielt entsprechend der Raumaufteilung die Zweier- bzw. die Dreierunterteilung.

**3** **a** Singt die Melodie des Spiel-mit-Satzes auf S. 51 und begleitet euch dabei mit Pattern 1.

Pattern 1

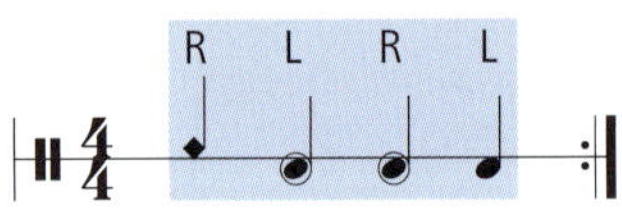


**b** Übt nun Zweierunterteilungen (Pattern 2). Der Text hilft euch zunächst bei der Ausführung. Spielt den Rhythmus anschließend zur Melodie.

Pattern 2

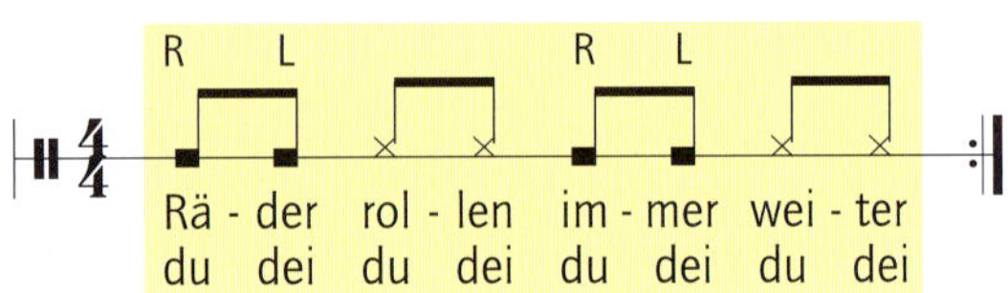


**c** Sprecht die Dreierunterteilungen (Pattern 3), bevor ihr damit die Melodie begleitet.

Pattern 3

**INFO**

**Bodypercussion**
= schnipsen
= auf die Oberschenkel patschen
= stampfen
= mit der Faust auf den Tisch klopfen
= klatschen

**WISSEN**

**Triole**
Eine Dreierunterteilung des Grundschlags nennt man meist Triole. Sie hat eine besondere Schreibweise: Die drei Noten werden zusätzlich durch eine 3 gekennzeichnet:

**4** Nun könnt ihr den Spiel-mit-Satz zur Originalmusik ausführen: B 23
**a** Bildet zwei Gruppen: Eine Gruppe singt die Melodie, die andere führt eine der Bodypercussionstimmen aus. Die Sprechtexte helfen euch dabei. Wechselt dann die Aufgaben und nutzt die andere Percussionstimme.
**b** Für Profis: Führt in drei Gruppen alle drei Stimmen gleichzeitig aus.

## Wolfgang Amadeus Mozart: Sinfonie Nr. 1 (Spiel-mit-Satz)

B 23

Text: S. Unterberger; Spiel-mit-Satz: M. Detterbeck, G. Schmidt-Oberländer

**INFO**

**Köchelverzeichnis**
Ludwig Ritter von Köchel ordnete alle 626 Werke Mozarts nach ihren Entstehungsdaten im sogenannten „Köchelverzeichnis" (abgekürzt: KV). Die „Entführung aus dem Serail" wird unter KV 384 verzeichnet. Sie ist also die 384. im Köchelverzeichnis angegebene Komposition Mozarts.

## Die Geschichte einer Entführung

Wie rettet man seine Geliebte aus einem gut bewachten Gefängnis in einem fremden Land? Mozart hat diese Geschichte einer Entführung zu einem spannenden Singspiel mit Musik verarbeitet.

**1** Verfolgt die Hörgeschichte zur „Entführung aus dem Serail" anhand der dargestellten Szenen. B 24–30

1

2

3

4

5

6

**WISSEN**

**Arie**
Eine **Arie** ist ein kunstvolles Gesangsstück für einen Sänger oder eine Sängerin, in der Gefühle ausgedrückt werden. Arien erlauben dem Solisten, sein ganzes sängerisches Können zu zeigen.

### Die Arie des Osmin

**2** Hört euch Osmins Arie an, die er triumphierend nach der Ergreifung der Gefangenen singt. Beschreibt die Singstimme und überlegt, wie Gesang und Rolle zusammenpassen. B 31–34

**WISSEN**

**Singspiel**
Ein **Singspiel** ist ein meist lustiges Schauspiel mit Gesängen und Instrumentalstücken. Im Singspiel gibt es im Gegensatz zur Oper viele gesprochene Texte und oft einfache Lieder statt kunstvoller Opernarien.

**3** Partnerarbeit: Setzt die vier Textstellen in Bewegung um. Welche Haltungen wird der Sänger einnehmen? Euer Partner ahmt als Spiegelbild die Bewegungen nach. Wechselt dann die Aufgaben.

**A** *»... (ein Freudenliedchen) singen.«*

**B** *»Hüpfen will ich, lachen, springen ...«*

**C** *»Und eh ihr uns könnt entspringen, seh ich euch in unsern Schlingen ...«*

**D** *»Schleicht nur säuberlich und leise ...«*

**4** **a** Betrachtet die vier Notenbeispiele aus der Arie. Versucht, sie anhand des Melodieverlaufs den Textstellen zuzuordnen.

B 35–38

1

2

3
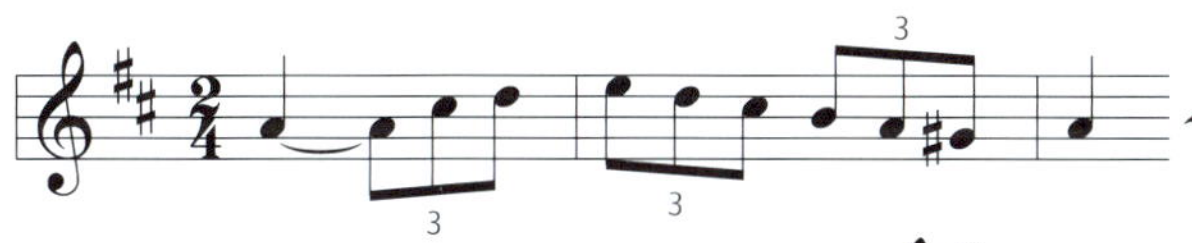

4

**b** Hört euch die Ausschnitte an und überprüft eure Annahme.

B 31–34

**5** Osmin drückt in seiner Arie ganz unterschiedliche Stimmungen aus. Sprecht darüber, welche musikalischen Mittel Mozart zur Textumsetzung eingesetzt hat (Lautstärke, Tonhöhe, lange/kurze Notenwerte ...).

| Aktionen | musikalische Mittel |
|---|---|
| • hüpfen, lachen, springen | • große Tonsprünge ... |
| • singen | • Dreierunterteilungen des Grundschlags (Triolen) ... |
| • schleichen | • ... |
| • entspringen | • ... |

**! WISSEN**

**Punktierung**

Ein Punkt hinter einer Note verlängert diese um die Hälfte ihres Wertes.
So setzt sich z. B. eine punktierte Viertelnote aus einer Viertelnote und einer Achtelnote zusammen:

Diese scheinbar kleine rhythmische Veränderung beeinflusst entscheidend die Wirkung der Musik.

**INFO**

Mozart verwendet verschiedene kleine Bausteine (Motive), um die jeweilige Textaussage musikalisch umzusetzen. Diese Motive sind meist sehr kurz und einprägsam. Durch die Abstimmung von Musik und Text gelingt es Mozart, Gefühle, Stimmungen, aber auch Dramatik und Handlung in der Musik zum Ausdruck zu bringen.

*Janitscharenkapelle*

## Mit Pauken und Trompeten: die Ouvertüre

Für die Musik der Ouvertüre (Musik am Anfang des Singspiels) ließ sich Mozart von den Klängen türkischer Militärkapellen (Janitscharen) inspirieren. Die Zeitgenossen empfanden diese Musik als ungeheuerlich, als ob „Himmel und Erde erbebten". Die Funktion der Musik bestand darin, „die Feinde zu schocken und zu entnerven" und die eigenen Krieger anzustacheln. Als türkische Instrumente galten Becken, Tamburin, Triangel, Schellen, Glöckchen, kleine und große Trommel, Pauken, Trompeten, Piccoloflöten, Hackbrett und Schellenbaum.

**6** **a** Seht euch das Bild an und beschreibt die Instrumente.
**b** Hört euch die Aufnahme einer Janitscharenkapelle an. Welche abgebildeten Instrumente könnt ihr hörend wiedererkennen? B 39

**7** Spielt den ersten Teil der Ouvertüre mit passenden Instrumenten mit. B 40

**INFO**

Die Taktbezeichnung alla breve 𝄵 zeigt an, dass ein 4/4-Takt schnell, d. h. als 2/2-Takt gespielt wird.

### Wolfgang Amadeus Mozart: Ouvertüre (Spiel-mit-Satz)

B 40

Spiel-mit-Satz: W. Kern

## Mozarts Leben

Grabmal Mozarts in Wien

Wie lebte Mozart? Wie reiste er? In welchen Häusern lebte er? Wo hörte er Musik? Die Bilder auf dieser Seite zeigen wichtige Stationen aus Mozarts Leben.

**1** Hört euch die Hörgeschichte an. Erzählt dann anhand der Bilder Stationen aus Mozarts Leben nach. B 41

**2** Erläutert, zu welchen Gelegenheiten und an welchen Orten Mozart die Möglichkeit hatte, seine Musik aufzuführen.

Die Familie Mozart mit dem Porträt der Mutter

Serenade – abendliches Freiluftkonzert

Die Kaiserl. Königl. National-Hof-Schauspieler

(Zum erstenmal)

Die Entführung aus dem Serail.

Ein Singspiel in drey Aufzügen,

Der Anfang ist um halb 7 Uhr.

Werbeplakat zur Theateraufführung

Reisen zu Mozarts Zeiten

In Salzburg hat Mozart seine Kindheit und Jugend verbracht

### [ Das habt ihr gelernt ]

- etwas über Licht- und Schattenseiten im Leben von Wunderkindern und Superstars
- einiges über Mozarts Leben und wie man vor 250 Jahren reiste
- zu einer Sinfonie von Mozart einen Spiel-mit-Satz auszuführen
- was in dem Singspiel „Die Entführung aus dem Serail" passiert
- was eine Arie und ein Singspiel sind
- wie türkische Musik Mozart beeinflusst hat

[Kapitel 5]

# Mit Musik erzählen

Seit Menschengedenken werden überall auf der Welt Geschichten erzählt. Sie werden von Generation zu Generation weitergegeben. Einige Geschichten berichten von Helden, die übermenschliche Kräfte besitzen. Andere versuchen zu lehren, was gut ist und böse, wie man sich in einer bestimmten Gesellschaft zu verhalten hat. Wieder andere erzählen von Dingen, denen wir täglich begegnen.

Auch Musik kann Geschichten erzählen: vom nächtlichen Hexentreiben auf dem kahlen Berg, von einem wunderschönen Sonnenaufgang, von einer gefährlichen Fahrt über das Meer ... Oder kennt ihr die Geschichte vom Mond? Sie versucht zu erklären, wie der Mond an den Himmel gekommen ist. Früher hatten die Menschen ganz falsche Vorstellungen von der Größe des Mondes. Und so gibt es auch die Geschichte von den vier Burschen, die den Mond aus einem Nachbarort auf einem Wagen entführten. Diese Geschichte hat der Komponist Carl Orff mit Musik nacherzählt. Wie ihr selber kleine Geschichten in Musik umsetzen könnt, lernt ihr außerdem in diesem Kapitel.

## Körper und Bewegung

### Auf der Pferderennbahn

Führt folgende Aktionen auf Kommando eines Rennleiters aus.

| | |
|---|---|
| Start: | „3 – 2 – 1 – go!“ |
| Galopp: | abwechselnd auf die Oberschenkel patschen |
| Holzbrücke: | mit den Fäusten auf die Brust trommeln |
| Wassergraben: | „Schsch“, mit Fingern „Zähneputzen“ |
| Tribüne: | aufspringen und jubeln |
| Kurve links/rechts: | Oberkörper nach links oder rechts beugen |
| Sprung: | vom Stuhl aufspringen |
| Ziel: | hecheln und Hände hängen lassen |

## Körper und Bewegung

### Kleine Mücke

B 42, 43

Text u. Musik: U. Moritz
© Helbling

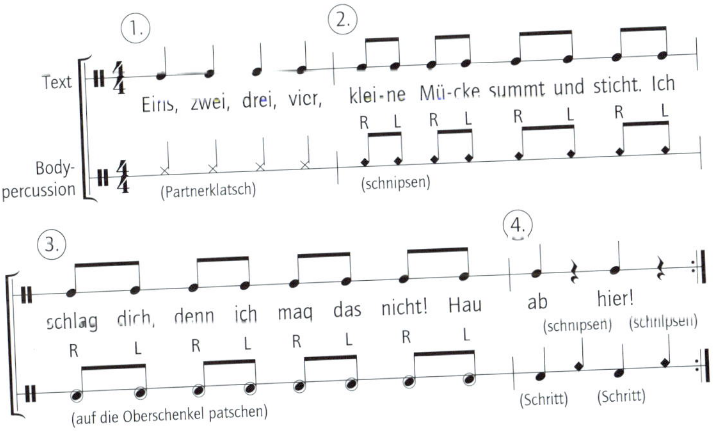


**Begleitpattern**

- Sprecht den Text langsam und ausdrucksvoll.
- Verbindet den Text mit der Bodypercussion.
- Gestaltet einen lustigen und interessanten Ablauf – das Hörbeispiel gibt euch zusätzliche Anregungen.

## Stimme

### Fly Like an Eagle

B 44

Text u. Musik: überliefert aus Nordamerika;
Arr. u. dt. Text: M. Detterbeck
© Helbling

**Begleitostinato**

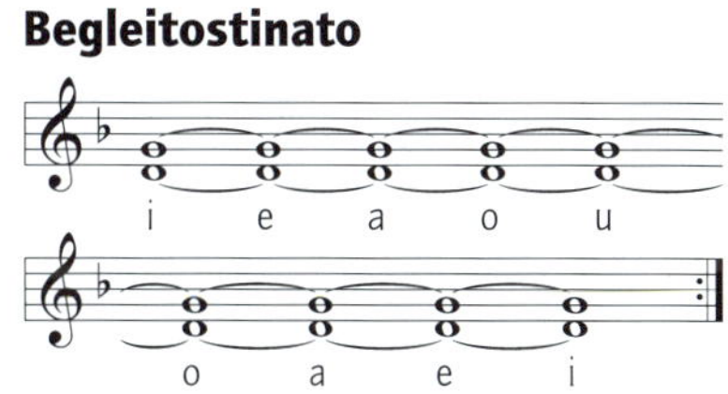


- Singt den Chant mit geheimnisvollem Ausdruck.

# Musik ohne Worte

## Klangbilder

„Bei der Musik bekomme ich eine Gänsehaut!" – das habt ihr vielleicht schon selbst erfahren. Musik kann Stimmungen erzeugen und Erinnerungen hervorrufen. Aber Musik kann noch mehr: Manchmal erzählt sie ganz ohne Worte Geschichten, die sich dann vor unserem inneren Auge abspielen.

**1** **a** Überlegt euch in Gruppen, wie man nur mit der Stimme eine der Situationen auf den Bildern klanglich darstellen kann.

*Ein Gewitter zieht auf*

*Geisterstunde*

*Auf dem Volksfest*

*In einer Maschinenhalle*

**Beispiele für Symbole**

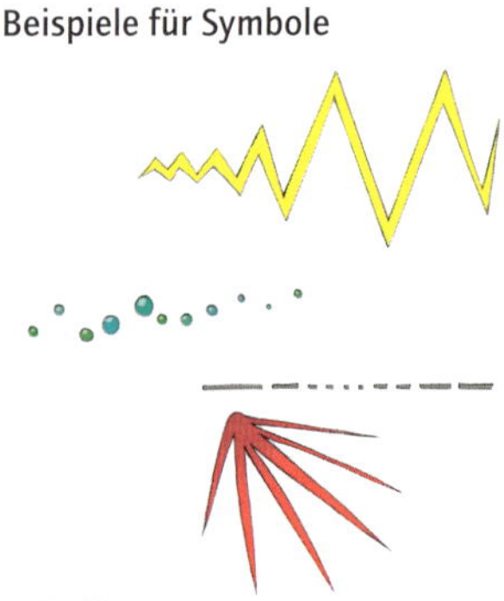

**b** Stellt euer Klangbild (ohne Worte!) euren Mitschülern vor, sodass sie erraten können, welches der Bilder ihr gewählt habt.

**2** **a** Fertigt nun – jeder für sich – eine grafische Skizze eures Klangbildes an. Deutlich werden sollen Tonhöhe, Tempo und Lautstärke. Verwendet Symbole z. B. für Klänge oder plötzliche Ereignisse. Nutzt eine Zeitleiste oder stellt ein Bild aus den Klängen zusammen.
**b** Vergleicht eure Arbeiten miteinander. Wo gibt es Entsprechungen, wo Unterschiede? Welche Ergebnisse findet ihr am überzeugendsten?

## In der Musik-Fabrik

In einer Fabrik gibt es verschiedene Maschinen für die unterschiedlichsten Produktionsvorgänge. Je nachdem, ob diese Geräte stanzen, sägen, sortieren, pressen oder bohren, klingen sie sehr unterschiedlich.

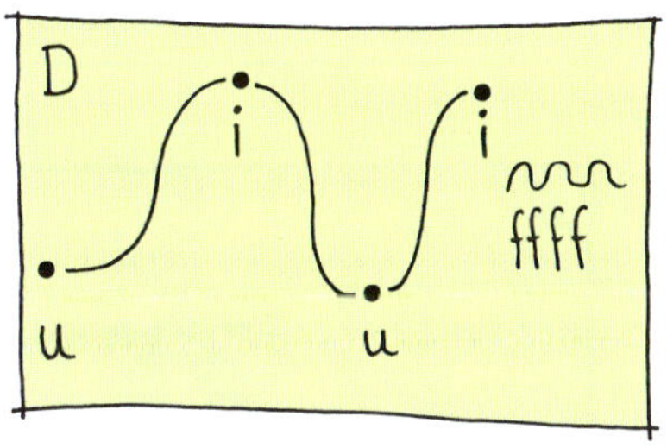


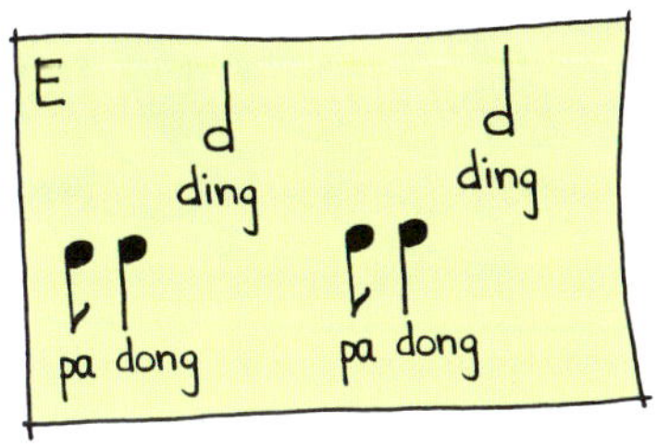

**3** **a** Gruppenarbeit: Jede Gruppe bearbeitet ein Kärtchen mit einem Maschinengeräusch. Übt das Geräusch so lange, bis eure Gruppe einheitlich wie eine einzige Maschine klingt.

**b** Überlegt euch, welche Aufgabe eure Maschine in der Fabrik hat, und denkt euch passende Bewegungen aus.

**c** Nun arbeiten alle Maschinen gleichzeitig. Wählt einen Produktionsleiter, der jede einzelne Maschine mit Handzeichen bedient. Orientiert euch an nebenstehenden Vorschlägen. Ihr könnt auch weitere Anweisungen erfinden.

*Maschine ein*

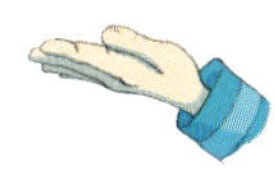
*schnell*

*Maschine aus*

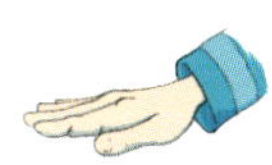
*langsam*

**WISSEN**

**Zeichen für Lautstärke und Artikulation**

In der Musik gibt es Zeichen, die die Lautstärke und die Spielweise vorschreiben. So können die Merkmale der Musik für Musiker auf der ganzen Welt verständlich und präzise notiert werden.

- • kurz (staccato)
- — breit, aber getrennt (portato)
- > betont (Akzent)

lauter werden (crescendo)

leiser werden (decrescendo)

gebunden spielen (legato)

*pp, p, mp* = sehr leise (pianissimo), leise (piano), halbleise (mezzopiano)
*mf, f, ff* = halblaut (mezzoforte), laut (forte), sehr laut (fortissimo)

# Der Klang der Bilder: Bildergeschichten und Comics

Klirrrrr, AAArrrgh, Boiiiiing – Bildergeschichten und Comics stecken voller Klänge, die nur darauf warten, aus den Bildern zu schlüpfen.

**! WISSEN**

**Motiv**
In der Musik bezeichnet der Begriff **Motiv** einen Baustein mit besonders prägnanter Melodik und Rhythmik. Der Baustein ist meist kurz und einprägsam. Ein Komponist baut seine Komposition ausgehend von Motiven auf, indem er diese wiederholt, verändert oder durch Kontraste verstärkt.

Wiederholung

a a

Veränderung

a a'

Kontrast

a b

## Der selbstgebaute Schlitten

**1** Spielt die Szene mit Instrumenten nach. Welche Instrumente eignen sich besonders?
[ **Tipp** ] Ihr könnt z. B. jeder Person ein eigenes Instrument zuordnen.

**2** Erfindet für Vater und Sohn jeweils ein eigenes musikalisches Motiv und baut dieses in eure Klanggeschichte ein.
[ **Tipp** ] Versucht, den Charakter von Vater bzw. Sohn in den Motiven umzusetzen (Tonhöhe, Tempo). Beschränkt die Motive auf wenige Töne.

## Ein gesungener Comicstrip

Die Sängerin Cathy Berberian (1928–1983) hatte eine witzige Idee: Sie setzte Ausschnitte aus Comicstrips zusammen und nannte ihre Komposition „Stripsody". Es werden darin ganz unterschiedliche Situationen dargestellt: ein Mord geschieht, ein Mädchen wartet auf ihren Freund, es kommt zu einem Kampf zwischen Katze und Hund, gefolgt von einer Auseinandersetzung zwischen Cowboys und Indianern.

### Stripsody

B 45, 46

Musik: C. Berberian; Grafik: R. Zamarin


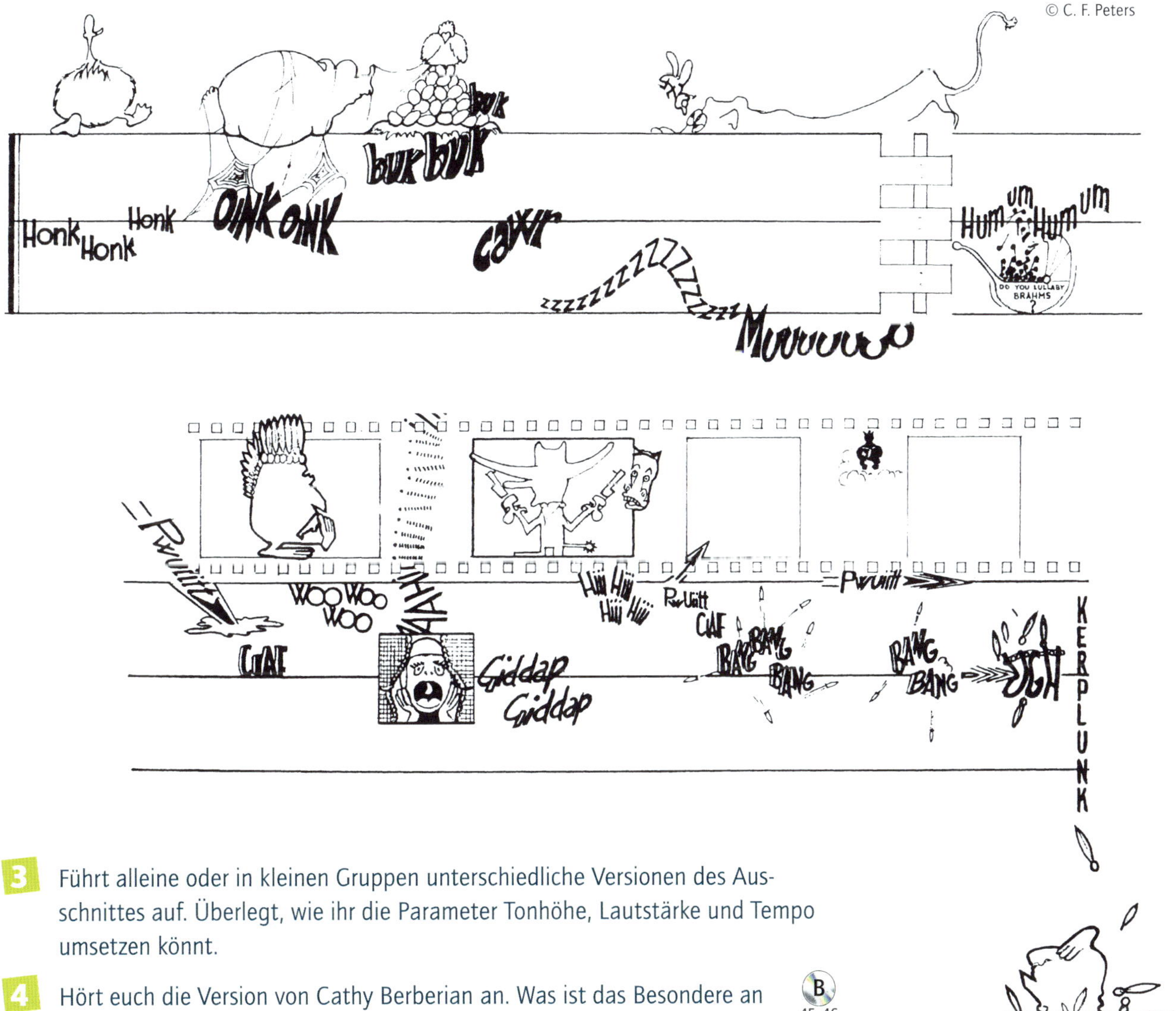


**3** Führt alleine oder in kleinen Gruppen unterschiedliche Versionen des Ausschnittes auf. Überlegt, wie ihr die Parameter Tonhöhe, Lautstärke und Tempo umsetzen könnt.

**4** Hört euch die Version von Cathy Berberian an. Was ist das Besondere an ihrer Interpretation? B 45, 46

**5** Schreibt jeweils auf ein Blatt eine eigene „Stripsody", mischt die Blätter und führt euch gegenseitig die Kompositionen eurer Mitschüler vor.

# Das Märchen vom gestohlenen Mond

*Skizze des Bühnenbilds von Carl Orff zu „Der Mond“*

»*Vorzeiten gab es ein Land, wo die Nacht immer dunkel war und der Himmel wie ein schwarzes Tuch darüber gebreitet war, denn es ging dort niemals der Mond auf ...*«

Vier Burschen aus einem Land, in dem nachts völlige Dunkelheit herrscht, begeben sich auf Wanderschaft. Sie kommen in ein Land, in dem eine leuchtende Kugel auf einem Eichbaum hängt und nachts ein Licht ausstrahlt. Von den Bewohnern erfahren sie, dass es sich dabei um den Mond handelt. Sie beschließen, den Mond zu stehlen und mit nach Hause zu nehmen. Als die Bewohner den Diebstahl bemerken, entsteht große Aufregung. Durch das Dunkel der Nacht hört man sie singen:

## Der Mond ist fort

C 1

Text u. Musik: C. Orff

### Begleitung

Die Burschen bestaunen das Mondlicht im Baum.

**1** **a** Der Komponist Carl Orff hat das Märchen „Der Mond" der Brüder Grimm vertont. Singt das Lied und begleitet euch mit Instrumenten. Drückt beim Singen und Spielen die Aufregung über den Diebstahl des Mondes aus.

**b** Hört euch die Aufnahme des Liedes an. Wie setzt Orff die Aufregung der Bestohlenen musikalisch um? Betrachtet dazu Text, Melodie und instrumentale Begleitung. (CD 1)

**2** Gestaltet nun den im Comic dargestellten Ausschnitt der Geschichte.

**a** Überlegt zunächst, wie ihr als Komponist das silbrig glänzende Licht am Baum mit Musikinstrumenten ausdrücken würdet. Welche Instrumente sollen zum Einsatz kommen?

**b** Bestimmt einen Dirigenten, der euch durch den Ablauf führt.

Sie klettern auf den Baum, stehlen den Mond …

und ziehen mit ihm davon in Richtung Heimat.

Die Bewohner entdecken den Diebstahl und singen „Der Mond ist fort".

## Sechzehntelnoten

Die Aufregung der bestohlenen Bewohner wird in der Musik unter anderem durch die Verwendung von Sechzehntelnoten ausgedrückt. Eine Sechzehntelnote ist nach der Achtelnote der nächst kleinere Notenwert. Eine Achtelnote kann also in zwei Sechzehntelnoten unterteilt werden.

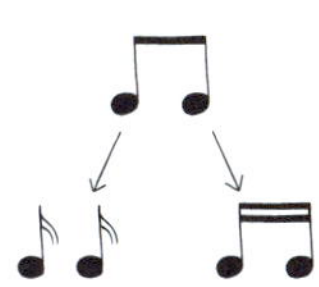

In Kapitel 3 habt ihr schon vier andere Notenwerte kennengelernt: Ganze, Halbe, Viertel, Achtel (siehe S. 34).

**3** **a** Geht in einem nicht zu schnellen Grundbeat umher. Patscht auf euren Oberschenkeln zunächst Zweierunterteilungen. Spielt dann – zwischen linker und rechter Hand abwechselnd – das doppelte Tempo, also Viererunterteilungen.

**b** Spielt folgenden Rhythmus:

**INFO**

Für die Sechzehntelnoten verwenden wir die Silbensprache

## Ankunft der Burschen im eigenen Land

Die Burschen laden den gestohlenen Mond auf einen Wagen und treten die Heimreise an. Vor dem Wirtshaus in ihrer Heimat wird ihr Kommen schon von Weitem beobachtet:

**Bauer:** Wirt, Leute kommen!
**Wirt:** Was, Leute, noch so spät in der Nacht?

*Es treten Bauern und Frauen aus dem Wirtshaus.*

**Bauer:** Ja, Leute kommen und sie fahren einen Wagen!
**Wirt:** So, so, sie fahren mit dem Wagen.
**Ein anderer:** Und auf dem Wagen fahren sie ein Licht!
**Wirt:** Was, ein Licht?
**Mehrere (durcheinander):** Ja, ein Licht!
**Wirt:** Was für ein Licht?
**Mehrere:** Heda, was bringt ihr da? Was ist das für ein Licht?

*Die vier Burschen treten, von rechts kommend, mit dem Karren auf.*

**1. Bursche:** Das ist der Mond!
**Alle:** *Was* ist das? Wie heißt man dieses seltsame Licht?
**2. Bursche:** Das ist der Mond!
**Alle:** Das ist der Mond, das ist der Mond, das ist der Mond!
**3. Bursche:** Den haben wir für euch für drei Taler gekauft!
**Alle:** Für *drei* Taler!
**4. Bursche:** An dem Eichbaum soll er hängen, an dem großen, dicken Ast!
**Alle:** Für drei Taler, für drei Taler, für *drei* Taler!
**Erst der Wirt, dann alle (immer lauter und schneller):** Wozu dienet, wozu dienet, wozu dienet uns der Mond?

**[ Tipps zum Standbild ]**

- Verteilt die Rollen: Wirt, Bauer, verschiedene Wirtshausgäste und die vier Burschen.
- Überlegt, wie ihr die einzelnen Personen aufstellen wollt: Welche Körperhaltung nehmen sie jeweils ein? Wie ist der Gesichtsausdruck? Gibt es besondere Gesten, die die Aussage unterstützen können?
- Hört euch, sobald ihr das Standbild fertig aufgestellt habt, die Aufnahme des Liedes „Wenn ihr nachts aus der Taberne" an. (C 2)
  Während die Musik läuft, solltet ihr euch überlegen, ob Musik und Standbild zusammenpassen. Wenn ihr Änderungen vornehmen wollt, könnt ihr die Musik anhalten und das Standbild verändern, um dann die Musik weiterlaufen zu lassen.
- Macht zum Abschluss ein Foto von eurem Standbild, druckt es aus und klebt es in euer Arbeitsheft.

**4** Lest den Text über die Ankunft der vier Burschen vor dem Wirtshaus ausdrucksstark mit verteilten Rollen.

**5** Erstellt ein Standbild der Szene. Stellt euch dazu vor, ihr drückt am DVD-Player die Pausetaste und das Bild bleibt bei einer bestimmten Szene stehen. (C 2)

## Wie der Mond an den Himmel kam

Die vier Burschen hängen den Mond an einen Baum und versorgen ihn zeit ihres Lebens. Vor ihrem Tod beschließen sie, dass jeder von ihnen ein Viertel des Mondes in sein Grab mitbekommt. So gelangt der Mond in die Unterwelt und weckt dort durch sein ungewohntes Licht die Toten. Sie fangen an, sich laut zu amüsieren, sie singen und tanzen. Dies hört Petrus im Himmel und begibt sich persönlich in die Unterwelt, um nach dem Rechten zu sehen. Zum Erstaunen der Toten feiert er mit ihnen ein ausgelassenes Fest und singt ihnen dann ein Schlaflied. Er nimmt den Mond mit und hängt ihn am Himmel auf, von wo aus er seitdem die Erde mit einem sanften Licht übergießt.

**INFO**

**Orffs Werke für Musiktheater**
In seinem Musiktheater „Der Mond" verbindet Carl Orff (1895–1982) Musik, Sprache und Tanz zu einer Einheit. Orff schuf noch andere Stücke dieser Gattung: „Die Kluge" und „Carmina Burana", das ihn weltberühmt machte.

**6** Hört euch zwei Ausschnitte an. Ordnet sie den beiden Situationen „Feiern des Festes" und „Schlaflied für die Toten" zu. Begründet eure Entscheidung. Geht dabei auf Melodie, Rhythmus, Tempo und Lautstärke ein. (CD 3, 4)

**7** Betrachtet nun die beiden Notenausschnitte.

**a** Findet Unterschiede und Besonderheiten. Achtet z. B. auf Notenwerte, Artikulation und Lautstärke.

**b** Woran kann man die unterschiedliche Stimmung (Feststimmung – Schlaflied) im Notentext erkennen?

**c** Hört euch nochmals die jeweiligen Ausschnitte an und überprüft eure Beobachtungen. (CD 3, 4)

**Ausschnitt 1**



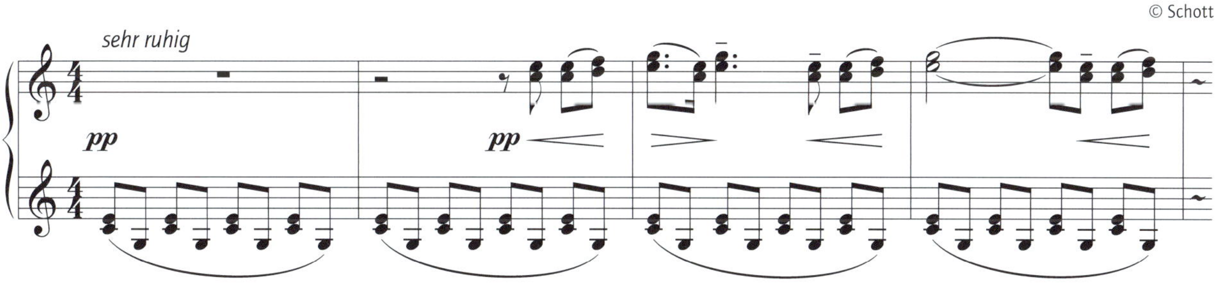


**Ausschnitt 2**



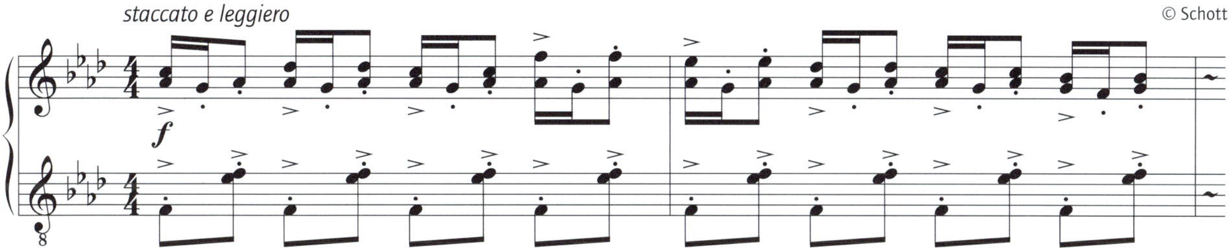

# Der Komponist Carl Orff

**INFO**

**Carl Orff**

**1895** in München geboren
**1912** Beginn des Musikstudiums
**1937** Uraufführung „Carmina Burana"
**1939** Uraufführung „Der Mond"
**1948** Beginn der Schulfunksendung „Orff-Schulwerk"
**1982** in München gestorben

## „Alles ist Fantasie"

Märchen und Geschichten waren für den Komponisten Carl Orff zeitlebens eine wichtige Anregung für sein kompositorisches Schaffen. Musik war für ihn seit frühester Kindheit von großer Wichtigkeit: So lauschte er stundenlang dem Klavierspiel seiner Mutter und hing, unter dem Flügel liegend, seinen Fantasien nach. Auch wenn er viele Werke für erwachsene Zuhörer schrieb, bildete doch die Arbeit für Kinder und mit Kindern einen wichtigen Schwerpunkt seines Lebens und Schaffens.

## Carmina Burana

„Fortuna hatte es mit mir gut gemeint, als sie mir einen Würzburger Antiquariatskatalog in die Hände spielte, in dem ich einen Titel fand, der mich mit magischer Gewalt anzog: ‚Carmina Burana'", schreibt Orff in seinen Erinnerungen. Es handelte sich um eine Sammlung mittelalterlicher Gedichte, Trink- und Liebeslieder, die die Bezeichnung „Carmina Burana" erhielten, weil sie im Kloster Benediktbeuern gefunden wurden. Orff wählte 25 Texte aus und vertonte sie zu einer szenischen Kantate (ein Werk für Gesangsstimmen und Instrumentalbegleitung). In der rhythmusbetonten Musik wirkt das ganze Orchester wie ein Schlagzeug. Orff war mit seiner Komposition derart zufrieden, dass er an seinen Verleger schrieb: „Alles was ich bisher geschrieben, können Sie nun einstampfen." „Carmina Burana" wurde zu einem der populärsten und erfolgreichsten Chorwerke des 20. Jahrhunderts.

## Instrumentenbau und Musikunterricht

Von seinem ersten Besuch im Museum für Völkerkunde berichtet Orff: „Ich erinnere mich, wie ich einen leisen Schauer erlebte, als ich ganz vorsichtig einen großen Gong anschlug. Unbewusst fühlte ich, dass in diesem Instrument noch eine Klangwelt schlief, die für mich einmal von großer Bedeutung werden sollte."
Freunde schenkten Orff ein Marimbafon aus Afrika. Er war sofort begeistert vom Klang und bat einen befreundeten Instrumentenbauer, dieses Instrument in verschiedenen Größen herzustellen. Neben den Holzplatten (Xylofon) wurden auch Metallplatten (Metallofon) verwendet (Orff-Instrumentarium). Orff setzte sich auch in besonderem Maße für die musikalische Erziehung von Kindern ein. So entwickelte er das nach ihm benannte „Orff-Schulwerk".

Das Hexen-Einmaleins ist ein Stück aus dem „Orff-Schulwerk“. Carl Orff möchte, dass es dreimal hintereinander mit immer mehr Sprechern und Schlaginstrumenten ausgeführt wird.

### Hexen-Einmaleins

Text: J. W. von Goethe; Musik: C. Orff, G. Keetman
© Schott

## Orff in der Werbung

Die Musik der „Carmina Burana“ wurde wie kaum ein anderes klassisches Werk mehrfach in TV-Werbespots und auch in Kinofilmen verwendet.
Im Film „Excalibur“ (1981) z. B. hört man den rhythmischen Chorgesang „O Fortuna“, wenn die Ritter in die entscheidende Schlacht ziehen. Dadurch wurde die Musik des deutschen Komponisten einer breiten Öffentlichkeit in aller Welt bekannt gemacht.

**1** Informiert euch über das Leben und das Schaffen des Komponisten Carl Orff. Erstellt ein Plakat mit den wichtigsten Stationen seines Lebens.
**[ Tipp ]** Informationen und Bildmaterial findet ihr auch im Internet.

**2** Hört einen Ausschnitt aus der „Carmina Burana“ und beschreibt, welche musikalischen Merkmale die Musik prägen. C 5

## [ Das habt ihr gelernt ]

- verschiedene Bilder und Maschinengeräusche musikalisch mit der Stimme darzustellen
- Zeichen für Lautstärke und Artikulation
- eine Bildergeschichte und einen Comic zu vertonen
- Sechzehntelnoten als nächst kleineren Notenwert nach der Achtelnote
- wie Carl Orff das Märchen vom Mond musikalisch umgesetzt hat
- etwas über den Komponisten Carl Orff

[Kapitel 6]

# Haste Töne?

**Jährlich werden in Deutschland für über 40 Millionen Euro etwa 16 Millionen Klingeltöne auf Handys geladen. Nur: Sind das wirklich noch „Töne", die aus den mittlerweile etwa 100 Millionen Mobiltelefonen in Deutschland erklingen?**
**Neben aktuellen Hits und Stimmen von Comicfiguren kann man inzwischen auch das Klingeln eines „echten alten Telefons" erwerben – vielleicht, weil die Songs und Sounds inzwischen zunehmend nerven?**

**Was ist eigentlich ein Ton, warum gibt es verschiedene Töne, und was haben Noten mit Tönen zu tun? Könnte man nicht z. B. Katzen verwenden, um Töne aufzuschreiben? In diesem Kapitel könnt ihr mit Tönen spielen und lernen, wie man Musik erfindet und aufschreibt.**
**„Haste Töne?" – „Klar!"**

## Stimme

### Haiku: Mondlicht auf dem Teich

C 6

Text: M. Basho; Musik: M. Detterbeck, G. Schmidt-Oberländer
© Helbling

**Begleitostinato**

- ❖ Singt das japanische Gedicht mit passendem Ausdruck (Mondnacht, Stille ...).
- ❖ Fügt das Ostinato hinzu (instrumental oder vokal). Achtet bei vokaler Ausführung darauf, die Vokale intensiv zu sprechen, imitiert Instrumente (Gong, Glockenspiel ...).
- ❖ Gestaltet einen interessanten Ablauf.

## Körper und Bewegung/Stimme

### Ich, du, er, sie, es

C 7

Text u. Musik: M. Detterbeck, G. Schmidt-Oberländer
© Helbling

❖ Die Gesten unterstützen das Singen. Achtet deshalb auf eine energievolle und präzise Ausführung.

## Melodien machen Laune

Sicherlich kennt ihr das Gefühl: Es ist früh am Morgen, der Wecker klingelt, ihr dreht euch noch mal um und zieht die Decke über den Kopf. Ein Gute-Laune-Song hilft euch in den Tag …

### Early-Morning-Reggae

C 8, 9

nach dem afrik. Lied „Every Morning"; dt. Text: M. Detterbeck;
Adaption u. Ergänzungen: M. Detterbeck, G. Schmidt-Oberländer

### Begleitung für den Refrain

**1** Die Reggae-Begleitung verleiht dem Song ein Guten-Morgen-Feeling. Begleitet die Strophe des Songs mit Stabspielen oder Boomwhackers.

**2** Für den Refrain gibt es schon eine deutsche Textversion. Denkt euch für die Strophen eigene deutsche Texte aus.

### Begleitung für die Strophen

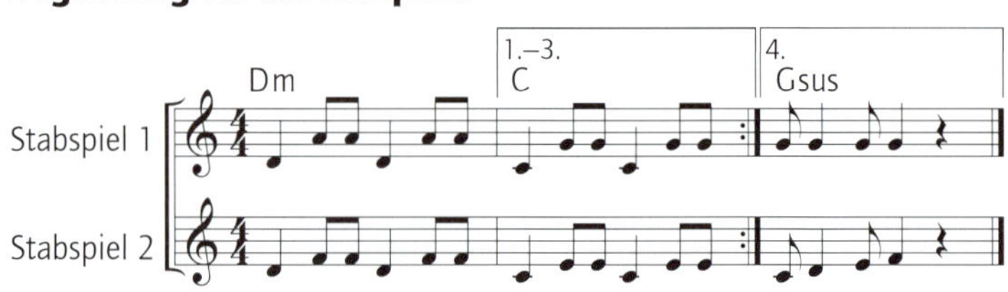

 = Faust  = flache Hand

### Melodiebaukasten

Aus den Bausteinen des Melodiebaukastens könnt ihr eure eigene Reggae-Melodie zusammensetzen.

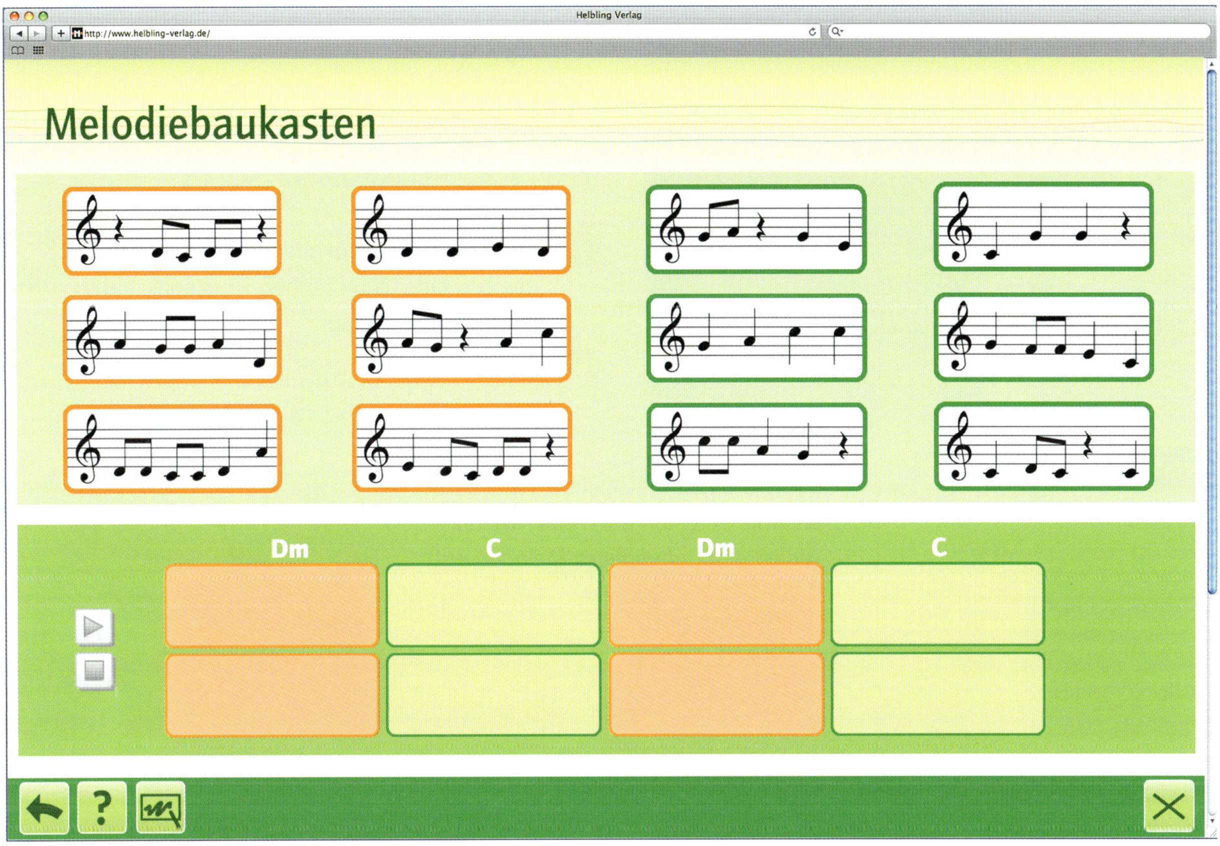


**3** **a** Spielt die einzelnen Bausteine auf dem Stabspiel und singt beim zweiten Mal auf einer beliebigen Silbe dazu (z. B. „ba“, „da“, „du“).
**b** Setzt die Bausteine zu einer neuen, achttaktigen Melodie zusammen, immer abwechselnd einen der roten und einen der grünen Bausteine. Ihr könnt Bausteine mehrmals verwenden oder weglassen.

**4** Führt den „Early-Morning-Reggae“ noch einmal auf. Nutzt dabei eure neu entstandenen Melodien zur Gestaltung eines Einleitungsteils (Intro) und eines Zwischenteils. Begleitet euch mit Instrumenten.

**Ablauf**

| | | | | | | | |
|---|---|---|---|---|---|---|---|
| **Einleitung (Intro)** | Refrain | Strophe 1 | Refrain | **Zwischenteil** | Strophe 2 | Refrain | Refrain |

# Musik erfinden und aufschreiben

Immer ähnlich und doch nie gleich: Ein Fluss erscheint zu jeder Tageszeit in einem anderen Licht. Wollen wir einen bestimmten Moment festhalten, brauchen wir einen Fotoapparat. Wollen wir erfundene Musik festhalten, müssen wir sie aufschreiben.

## Eine chinesische Flusslandschaft

**1** Verwendet den abgebildeten Tonvorrat, um das Bild einer chinesischen Flusslandschaft in Musik umzusetzen.

**2** Spielt auf zwei Stabspielen ein Frage-Antwort-Spiel: Stellt euch in zwei Gruppen hinter je einem Stabspiel auf und reicht die Schlägel nach eurer Melodie an einen Mitschüler weiter, sodass eine „unendliche Melodie“ entsteht.

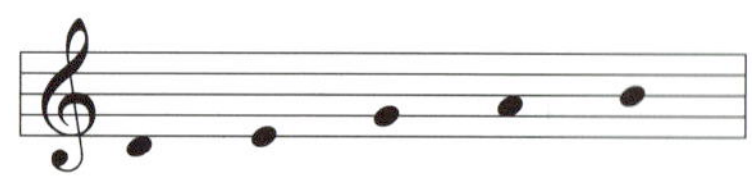

**! WISSEN**

**Pentatonik**
Eine pentatonische Tonleiter besteht aus nur fünf verschiedenen Tönen (von griech. „penta“ = fünf). Deshalb wird sie auch „Fünftonleiter“ genannt.

## Arirang – ein Lied aus Korea

C 10

Text u. Musik: überliefert aus Korea; dt. Text: M. Detterbeck, G. Schmidt-Oberländer

**3** Auch die Melodie des koreanischen Liedes „Arirang“ benutzt lediglich die fünf Töne, mit denen ihr improvisiert habt. Überlegt, wie ihr eure Improvisation nutzen könnt, um das Lied zu gestalten.

## Wie schreibt man Musik auf?

Bestimmt gab es bei eurer Flusslandschaft-Musik Momente, in denen ihr Melodien als besonders gelungen empfunden habt. Vielleicht wollt ihr diese Melodien später nochmals spielen oder ihr wollt sie einem Freund zeigen, damit er sie auch spielen kann – doch wie soll man sich das merken? Musiker haben sich schon vor langer Zeit Gedanken gemacht, wie sie ihre Musik aufschreiben können.

**4** Im letzten Kapitel habt ihr bereits mit eigenen Zeichen Improvisationen grafisch notiert. Überlegt, welche besonderen Eigenschaften eine Notation haben muss, die den genauen Verlauf einer Melodie wiedergeben soll. Bedenkt dabei auch die verschiedenen musikalischen Merkmale (Parameter).

**5** Rechts seht ihr, wie Musiker ihre musikalische Umsetzung des Wortes „Alleluja" aufgeschrieben haben.

**a** Versucht, die notierten Alleluja-Melodien mit der Stimme umzusetzen.

**b** Diskutiert die Vor- und Nachteile der jeweiligen Notation. Welche Form der Notation gibt die musikalische Vorstellung des Komponisten am genauesten wieder? Welche Notation bietet Freiräume für eine eigene Gestaltung?

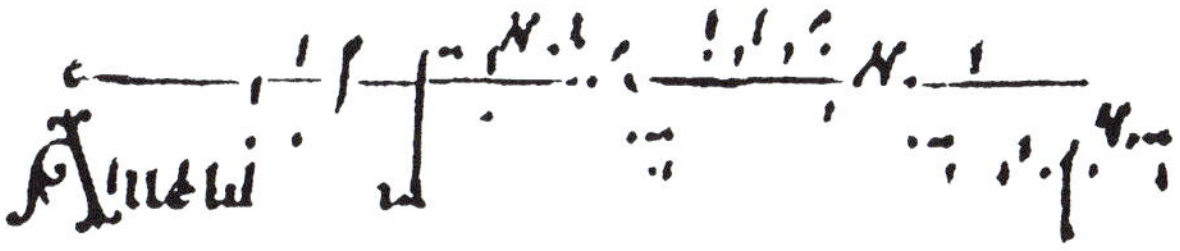

**WISSEN**

### Notation von Musik

Das Lied „Arirang" hat einen **Tonvorrat** von lediglich fünf verschiedenen Tönen: *d*, *e*, *g*, *a*, *h*. Um diese Töne aufzuschreiben, benutzen wir ein Notensystem, in dem wir Tonhöhen und Tonlängen notieren können:

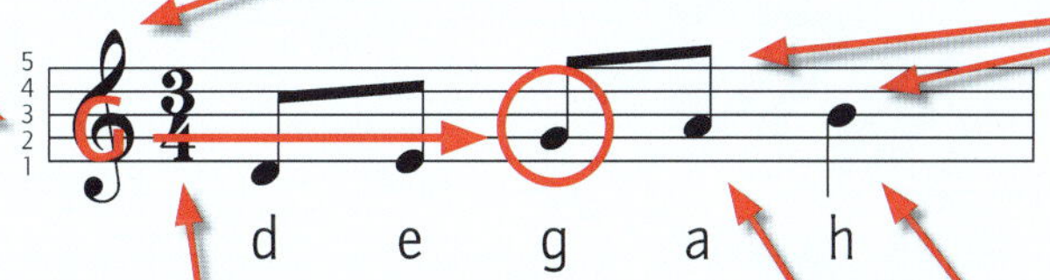


Das **Notensystem** umfasst 5 Linien. Sie werden von unten nach oben gezählt.

Für die Orientierung im Notensystem benötigt man einen Notenschlüssel. Der **Violinschlüssel** umschließt die Linie, auf der der Ton *g* notiert ist. Er leitet sich aus dem Buchstaben G ab und wird deshalb auch G-Schlüssel genannt.

**Notenwerte** geben die Tonlänge an.

**Taktangabe**

Noten können entweder **auf einer Linie** oder **zwischen zwei Linien** (Zwischenraum) notiert werden.

# Töne in Ordnung: Tonleitern

Mithilfe einer Leiter können wir höher steigen: auf einen Baum, auf ein Dach. Tonleitern ordnen einen bestimmten Tonvorrat und helfen uns, Tonräume zu durchschreiten.

**1** Erklärt, nach welchen Regeln die Klaviatur aufgebaut ist: Anordnung der Tasten, Wiederholung gleicher Tasten …

**2** **a** Zählt alle Tasten des Klaviers in eurem Musikraum und berechnet, wie oft die 12 verschiedenen Töne darin vorkommen.
**b** Spielt die abgebildeten Tonleitern auf dem Klavier.

**3** Erfindet eigene Tonleitern. Notiert diese in euer Arbeitsheft und spielt sie euch gegenseitig vor.

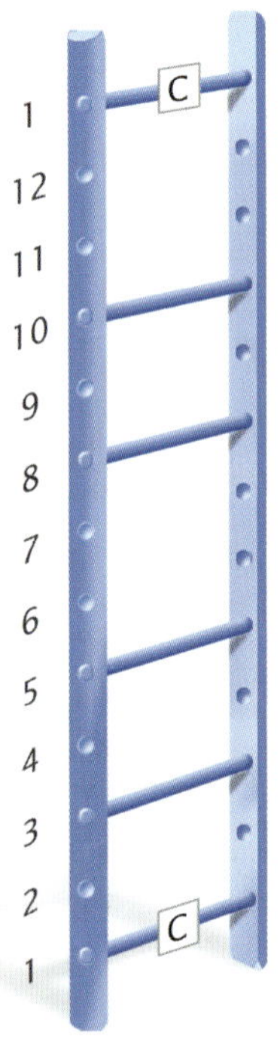


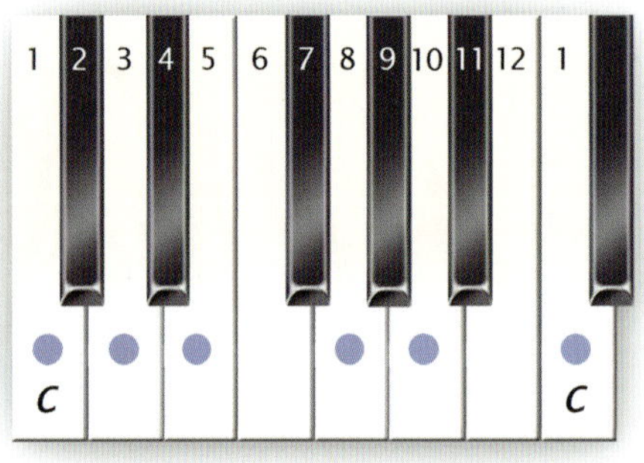

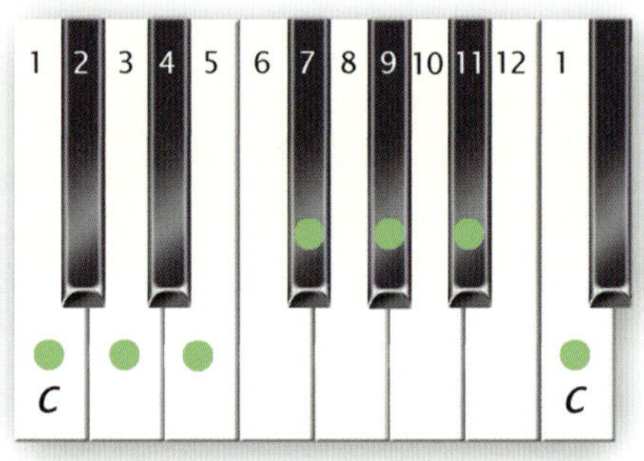


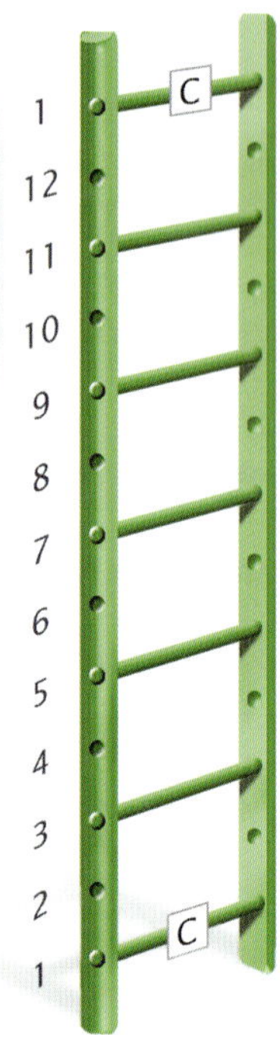


**! WISSEN**

**Halbton- und Ganztonschritte**

In der Musik unterscheidet man zwischen Halbtonschritten und Ganztonschritten. Auf dem Klavier ist ein Halbtonschritt der Weg von einer zur benachbarten Taste (schwarze Tasten nicht vergessen!). Ein Ganztonschritt ist die Summe von zwei Halbtonschritten; es wird also eine Taste übersprungen.

*Halbtonschritt*

*Ganztonschritt*

## Die Dur-Tonleiter

Spielt man die sieben Stammtöne beginnend mit *c*, so erklingt die C-Dur-Tonleiter. Die Dur-Tonleiter ist eine von vielen möglichen Tonleitern und in unserem Kulturkreis eine der gebräuchlichsten.

**4** Bei genauerer Betrachtung der Klaviatur entdeckt ihr, dass die C-Dur-Tonleiter nicht ganz regelmäßig aufgebaut ist. An welchen Stellen steckt eine Unregelmäßigkeit im System? Ist diese Unregelmäßigkeit in der Notation der C-Dur-Tonleiter erkennbar?

**5** Schreibt die C-Dur-Tonleiter in euer Arbeitsheft und markiert die Ganztonschritte mit ⊔ und die Halbtonschritte mit ∨.

**WISSEN**

**Stammtöne**
Die sieben Töne *a, h, c, d, e, f, g* heißen Stammtöne. Sie entsprechen den weißen Tasten auf dem Klavier. Alle anderen Töne sind von ihnen abgeleitet, wie z. B. die schwarzen Tasten, und beziehen sich in ihrer Benennung auf die Stammtöne (z. B. *fis* oder *es*).

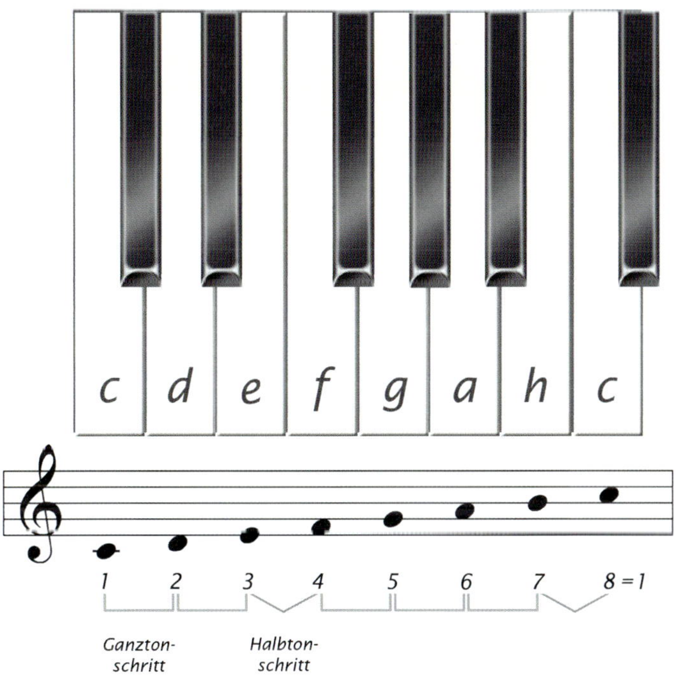


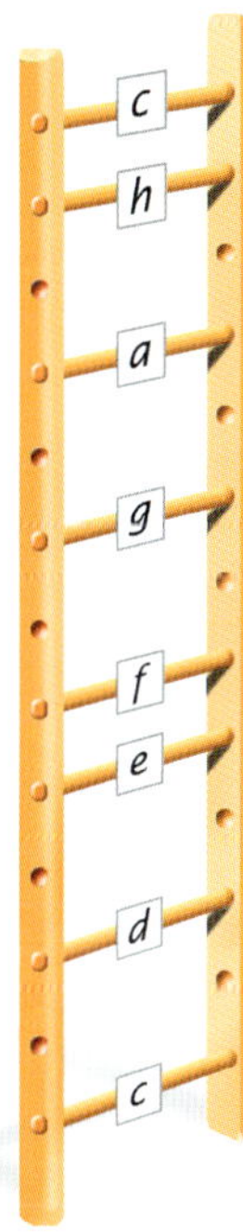


Merkspruch zur Dur-Tonleiter: Zwischen 3 und 4, 7 und 8 wird ein Halbtonschritt gemacht.

## „Bausteine" der Dur-Tonleiter

Teilt man die Dur-Tonleiter in zwei Hälften, so ergeben sich von der Abfolge der Ganztonschritte und Halbtonschritte her zwei identische Bausteine. Die beiden Bausteine werden durch einen Ganztonschritt verbunden.

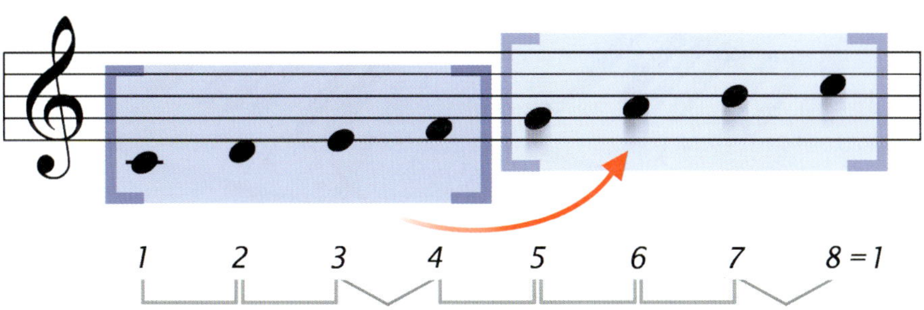


**WISSEN**

**Dur-Tonleiter**
Die Dur-Tonleiter ist nach einem bestimmten Muster aufgebaut. Sie besteht aus acht Tönen. Die Halbtonschritte liegen zwischen den Tönen 3 und 4 sowie 7 und 8. Der Name der Tonleiter wird durch den Ton auf der ersten Stufe bestimmt.
Der 7. Ton, der harmonisch auf den Grundton hinführt, heißt Leitton.

# Maßeinheiten für Tonabstände: Intervalle

## Intervall-Song

11

Text u. Musik: I. Reiger, G. Wanker


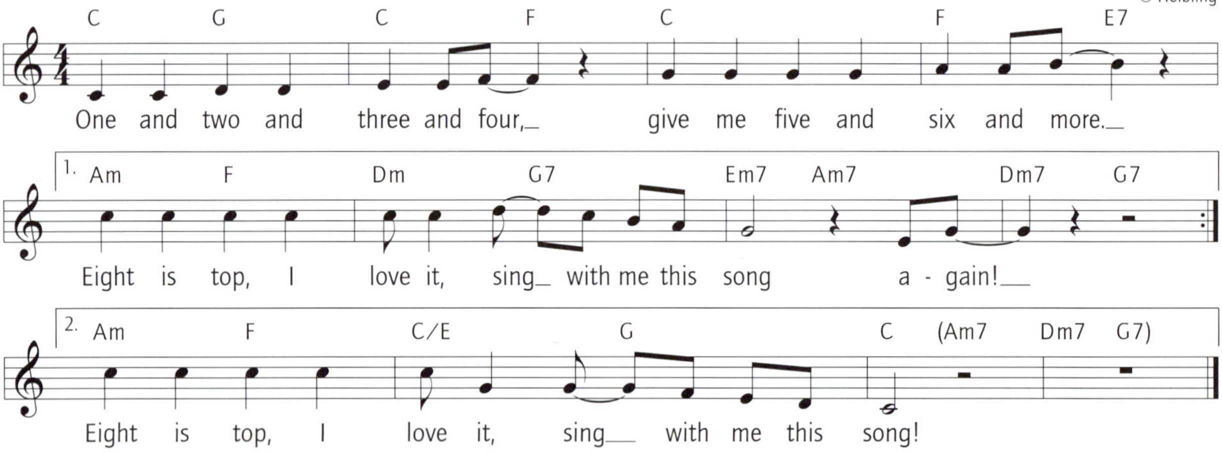


## Tonwiederholung, Tonschritt, Tonsprung

Melodien entstehen aus der Aneinanderreihung von Tonwiederholungen, Tonschritten und Tonsprüngen. Dadurch bilden sich charakteristische Melodieverläufe, die eine Melodie einzigartig machen.
Wollen wir Melodien beschreiben oder uns über die besondere Wirkung einer Melodie unterhalten, brauchen wir ein wichtiges musikalisches Hilfsmittel: Intervallnamen. Damit können wir die Abstände zwischen den einzelnen Tönen genau benennen.

**1** Untersucht den „Intervall-Song" auf Tonwiederholungen, Tonschritte und Tonsprünge.

**2** Bildet eine „lebendige Tonreihe" mit acht Schülern: Diese spielen jeweils einen Ton der C-Dur-Tonleiter *c* bis *c* mit Boomwhackers oder einzelnen Klangstäben. Ein weiterer Schüler tritt vor die Tonreihe und „spielt" einen beliebigen Liedanfang (z. B. „Bruder Jakob" oder „Hänschen klein"), indem er auf die jeweiligen Schüler zeigt. Könnt ihr den Titel des Liedes erraten?

**! WISSEN**

**Tonwiederholung, Tonschritt, Tonsprung**

1) Tonwiederholung: Wiederholung von zwei identischen Tönen.

2) Tonschritt: Fortschreiten zum nächst höher oder tiefer gelegenen Stammton oder dessen Ableitung.

3) Tonsprung: Überspringen von Tönen.

**3** Prägt euch die Abstände der Stammtöne ausgehend vom Ton *c* ein.

**4** **a** Nutzt noch einmal die in Aufgabe 2 beschriebene „lebendige Tonreihe". Spielt die Intervalle ausgehend vom Ton *c:* Sekunde (1 → 2), Terz (1 → 3) usw.
**b** Bildet auch von anderen Tönen aus Intervalle. Ein Schüler gibt einen Tonabstand vor, z. B. „Terz aufwärts von *g*". Die jeweiligen Schüler der Tonreihe führen das Intervall nacheinander spielend aus.

## Intervalle – Bausteine für Melodien

Reiht man mehrere Intervalle aneinander, so entstehen Melodien. Komponisten haben oft den Beginn von Liedern mit bestimmten Intervallen versehen, um ihre Melodie besonders und damit wiedererkennbar zu gestalten.

**5** **a** Intervallquiz: Bestimmt folgende Intervalle und singt sie:

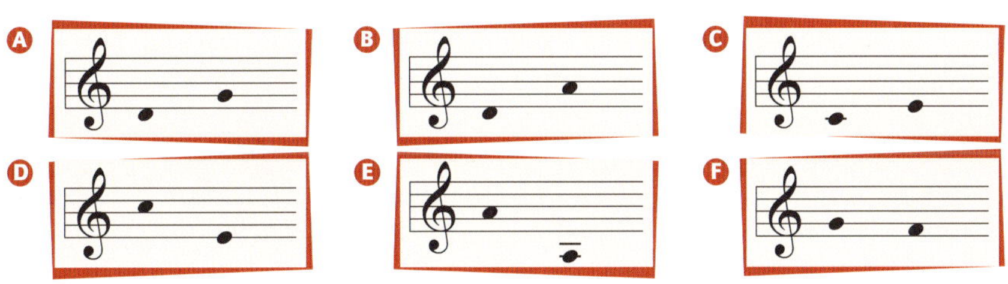


**b** Hört euch dann die Hörbeispiele an und bringt die Intervalle in die richtige Reihenfolge.

C 12–17

**6** Singt die notierten Liedanfänge. Welche charakteristischen Intervallsprünge fallen euch auf?

**! WISSEN**

**Intervalle**

Ein Intervall (von lat. „intervall" = Zwischenraum, oder „inter vallos" = zwischen den Pfählen) gibt uns den Abstand zwischen zwei Tönen an. Dabei spielt es keine Rolle,

- ob die Töne nacheinander oder gleichzeitig erklingen,
- ob der zweite Ton höher oder tiefer ist als der erste.

Bei der Intervallbestimmung zählen wir den ersten Ton mit:

## Musiklabor 2: Intervallspiele

**1** Beim Bingo wurden die Intervalle 1–7 gezogen. Wer als Erster alle Intervallpaare zugeordnet hat, ruft laut „Bingo!" und gewinnt. Die Buchstaben in der richtigen Reihenfolge ergeben das Lösungswort.

**2** Löst die Rechenaufgaben, indem ihr für die Intervalle die entsprechenden Zahlen einsetzt. Welches Intervall fehlt jeweils?

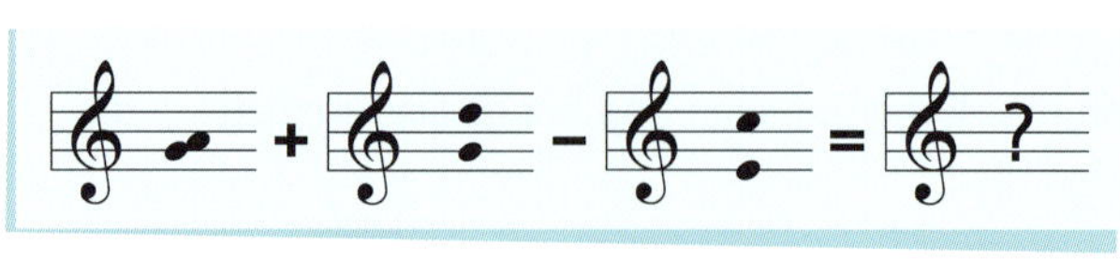


**3** Eine Melodie wurde verschlüsselt. Schreibt die Noten nach den Intervallangaben in euer Arbeitsheft und spielt dann die Melodie. Erkennt ihr, um welches Lied es sich handelt?

| Ausgangston: *g* | ♩ | ♩ | ♩ | ♩ | ♩ | ♩ | ♩ | 𝄽 | ♩ |
|---|---|---|---|---|---|---|---|---|---|
| | 3 ↓ | 3 ↑ | 4 ↓ | 4 ↑ | 5 ↓ | 1 | | 5 ↑ | |

# Haste keine Töne? – Brauchste Pausen!

Die Pause das ist wohlbekannt ist sehr beliebt in Stadt und Land denn weil das findet jedermann man ohne sie nicht leben kann gibt es 'ne Menge Pausenarten die Pausen auf die Schüler warten die Frühstücks- Mittags- Kaffeepause die Pause auf dem Weg nach Hause und fangt jetzt bloß nicht an zu lachen die Pause auch vom Pausemachen und schließlich gibt's in der Musik 'ne Pause auch in jedem Stück

**1** **a** Lest den Text eurem Nachbarn laut vor und besprecht die Wirkung. Was fehlt in dem Text?
**b** Verseht den Text in eurem Arbeitsheft mit Punkten, Kommas, Doppelpunkten und Gedankenstrichen. Lest ihn dann noch einmal vor. Hat sich euer Vortrag verändert?

Ohne Pausen sind Sätze schwer verständlich. Auch in der Musik sind Pausen wichtige Gestaltungsmittel. Sie gliedern die Musik und erzeugen Spannung.

## Pausenspaß

**2** Spielt das Pattern 1 und sprecht den Text dazu. Lasst nun, wie in den Patterns 2–4 notiert, unterschiedliche Silben und die dazugehörigen Klänge weg.

**3** Kombiniert in drei Gruppen die Patterns 2–4. Verändert die Parameter Lautstärke und Tonhöhe.

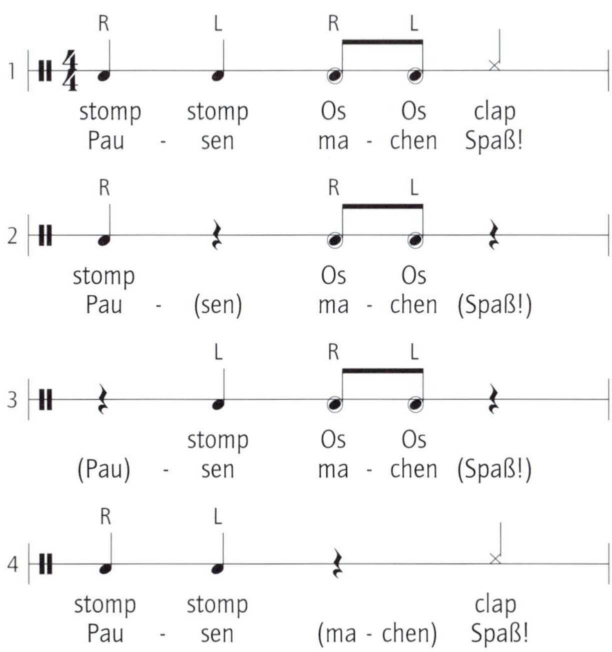

## Auch Pausen sind Musik

**4** Hört euch den Beginn eines der bekanntesten Werke von Ludwig van Beethoven, seine 5. Sinfonie, an. In einer zweiten Aufnahme des Stückes haben die Musiker die Pausen weggelassen. Hört euch das Ergebnis an und beschreibt, wie sich die Wirkung des Abschnittes verändert hat. 18, 19

**5** Hörrätsel: In die Notenblätter berühmter Lieder und Musikstücke haben Motten Löcher gefressen. Bei der Aufnahme spielen die Musiker an diesen Stellen Pausen statt Tönen. 20

- **a** Ordnet die Hörbeispiele den Noten zu.
- **b** Könnt ihr erkennen, um welche Musikstücke es sich handelt?
- **c** Für Profis: Ersetzt die Pausen durch die richtigen Noten.

**! WISSEN**

**Pausen**

Als Pause bezeichnet man in der Musik das vorübergehende Schweigen einzelner oder mehrerer Stimmen sowie das zugehörige Zeichen. Schweigen alle Stimmen, spricht man von Generalpause.

Das Verhältnis der einzelnen Pausen zueinander lässt sich anhand einer Pausenpyramide darstellen.

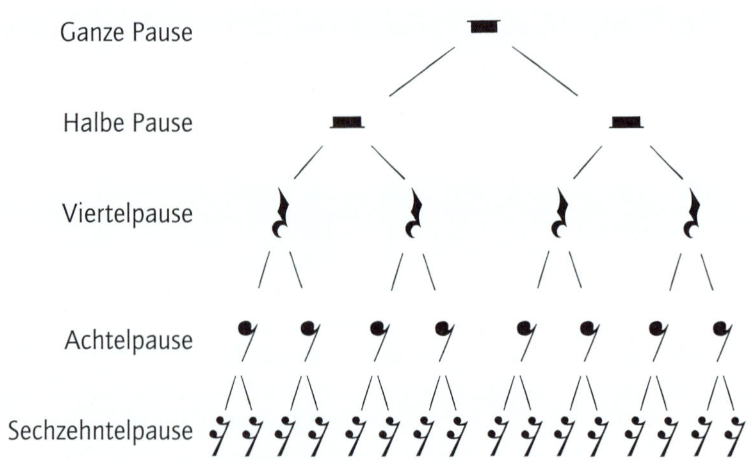

**WISSEN**

**Musiklehre im Überblick**

Diese Übersicht fasst wichtige Besonderheiten der Notenschrift, die ihr in den vergangenen Kapiteln kennengelernt habt, auf einen Blick zusammen. Einige zusätzliche Eintragungen ergänzen die Seite. So kann sie euch für die folgenden Kapitel als Nachschlagemöglichkeit dienen.

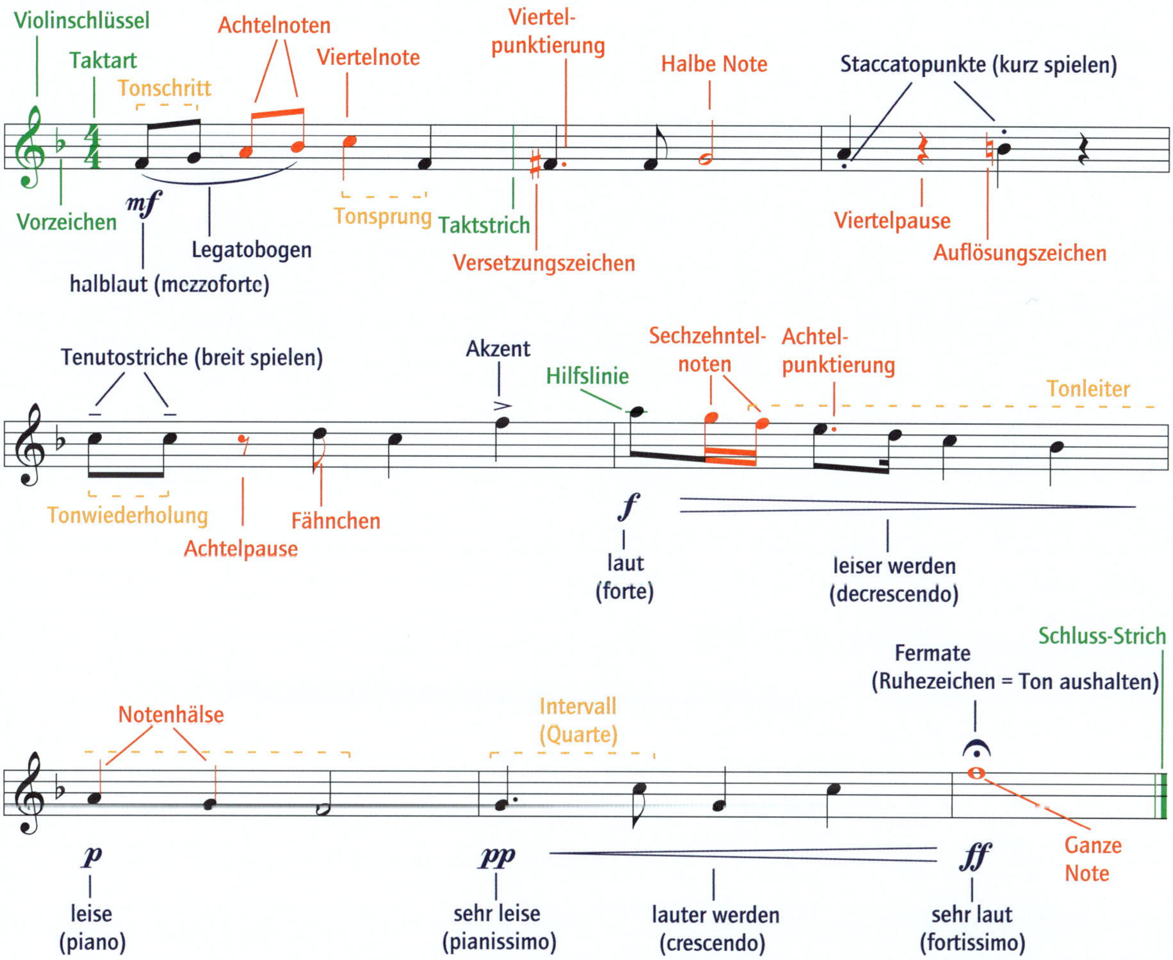


## [ Das habt ihr gelernt ]

- eine Reggae-Melodie zu bauen
- mit fünf Tönen zu improvisieren
- was Pentatonik ist
- warum wir Notation brauchen
- die Dur-Tonleiter
- die Intervalle Prime, Sekunde, Terz, Quarte, Quinte, Sexte, Septime und Oktave
- Pausen und ihre Wirkung
- das Wichtigste über Notenschrift

# [Workshop] Klassenmusizieren

In diesem Workshop lernt ihr schrittweise, wie man ein Lied mit verschiedenen Instrumenten begleiten kann.

## Schritt 1: Melodie

- Singt zunächst das Lied „Hajd' Povedi", das aus Serbien stammt. Es erzählt vom Tanz junger Menschen auf dem Dorfplatz.

**Hajd' Povedi** C 21

Text u. Musik: überliefert aus Serbien; dt. Text: G. Schmidt-Oberländer
© Helbling

Hinweis zur Aussprache: veselo = weselo; Momci = Momtsi

## Schritt 2: Der Bass – das musikalische Fundament

Der Bass bildet ein wichtiges Fundament bei der Begleitung von Songs. Meist verwendet ein Bass-Spieler auf seinem Instrument die Grundtöne der Akkorde. Beim Lied „Hajd' Povedi" klingt es interessant, wenn wir einen einzigen Ton als Bassbegleitung hinzufügen. Musiker nennen diese Art der Begleitung **Bordun.**

- Singt bzw. spielt nun den Ton *c* als Basston zur Melodie. Als Instrumente eignen sich alle Bassinstrumente wie z. B. Cello, E-Bass oder Bass-Klangstäbe. Auf dem Cello müsst ihr lediglich die tiefste Saite streichen.
  Um den Klang fülliger zu machen, fügen Musiker bei dieser Art der Begleitung oft eine Quinte zum Basston hinzu. Auf dem Cello müsst ihr dafür die zwei tiefsten Saiten gleichzeitig spielen.

**[ Tipp ]** Alternativ könnt ihr auch anstatt der Bordunbegleitung die Akkordsymbole nutzen, die über der Melodie notiert sind. Spielt dann die angegebenen Grundtöne der Akkorde auf euren Bassinstrumenten.

## Schritt 3: Begleitstimmen

Begleitstimmen schmücken das Arrangement aus: Melodiestimmen verleihen dem Arrangement melodische oder harmonische Farbe, eine Rhythmusbegleitung gibt zusätzlichen Schwung und rhythmische Würze.

**Begleitstimme 1 (Melodieinstrumente)**

- Spielt diese Stimme abwechselnd oder zusammen mit der gesungenen Liedmelodie beispielsweise mit einer Flöte, einer Geige oder Oboe.

**Begleitstimme 2 (Stabspiele)**

- Fügt diese Stimme für ein Xylofon in euer Arrangement ein. Damit ist das Stück bereits aufführungsreif.

**Begleitstimme 3 (Melodieinstrumente und/oder Glockenspiel)**

- Diese Melodie schmückt das Arrangement zusätzlich aus. Ihr könnt sie auf einem beliebigen Melodieinstrument (Flöte, Geige) oder einem Glockenspiel spielen.

**Rhythmuspatterns**

- Führt die kurzen eintaktigen Rhythmen (Patterns) mit Percussioninstrumenten aus. Achtet auf die Spielanweisungen, die in den Noten eingetragen sind.

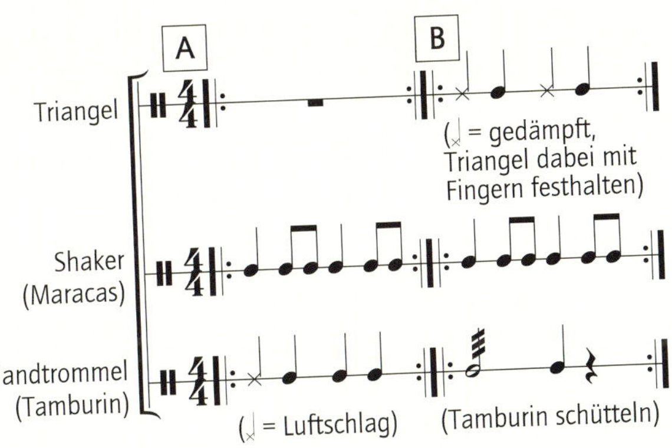


**[Tipp]** Für einen abwechslungsreichen Ablauf solltet ihr die verschiedenen Bausteine beliebig kombinieren. Es müssen nicht immer alle Instrumente spielen – ebenso müssen nicht immer alle Begleitstimmen erklingen. Schön klingt es z. B. bereits, wenn ihr die Bordunbegleitung spielt und dazu singt.
Mit den Begleitstimmen von Teil B könnt ihr auch ein Vorspiel oder Zwischenspiel gestalten: Spielt die Takte 1–6 zweimal und probiert verschiedene Stimmenkombinationen aus.

[Kapitel 7]

# Musikinstrumente I

Piccoloflöte, Kontrabass, Pauke und Horn: Musikinstrumente sind so unterschiedlich wie menschliche Charaktere. Kein Wunder, dass es dazu so viele Musikerwitze gibt. Oft werden dann deren Eigenschaften übertrieben: die langsame Bratsche, die laute Tuba, die wichtige Geige. Hier ein paar der schönsten Instrumentenwitze:

**„Du hast ein neues Auto gekauft? Wovon denn? Ich dachte, du bist pleite." – „Ich habe meine Trompete und meine Tuba dafür in Zahlung gegeben." – „Was, die hat der Autohändler genommen?" – „Na klar, er wohnt doch direkt über mir."**

**Zeitungsannonce: Weltberühmtes Streichquartett sucht Cellisten und zwei Geiger.**

**Der Dirigent zum Orchester: „Welche Muskeln treten in Aktion, wenn ich dirigiere?" – Stimme aus dem Orchester: „Unsere Lachmuskeln!"**

**Wie klingt eine Klarinette am schönsten? Leise knisternd im Kamin.**

Körper und Bewegung/Stimme

## Tropical Fruit Market

C 22

Text u. Musik: überliefert; Adaption: M. Detterbeck

Verbindet die einzelnen Kanonteile mit Bewegungsfolgen:

- 1. Zeile: vier Schritte seitwärts nach rechts (rechts – links – rechts – links), vier Schritte nach links (links – rechts – links – rechts)
- 2. Zeile: Handflächen vor dem Körper im Achtelrhythmus aneinanderreiben
- 3. Zeile: Takt 1: rechte Hand greift nach oben, dann nach unten (Früchte pflücken); Takt 2: gleiche Bewegung mit linker Hand; Takt 3 wie Takt 1; Takt 4: genüsslich Bauch streichen

Stimme/Rhythmus

## Kuckuck und Hai

C 23, 24

Text: überliefert; Bearb.: M. Detterbeck
© Helbling

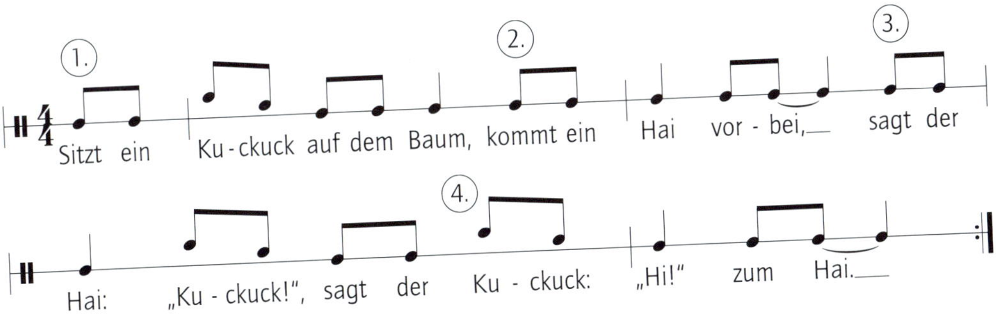


- Sprecht den Text langsam und in Abschnitten. Achtet auf eine deutliche Aussprache.
- Versucht mit eurem Vortrag verschiedene Stimmungen auszudrücken: gelangweilt, geheimnisvoll, spannend, überrascht, schadenfroh usw.
- Sprecht den gesamten Satz leise und betont lediglich das „Kuckuck", indem ihr an der jeweiligen Stelle laut in hoher Tonlage einen Kuckucksruf imitiert.
- Führt das Sprechstück als Kanon aus: die Gruppen setzen nach einem Takt oder alternativ bereits nach einem halben Takt ein.

# Kuriose Instrumente

## Gibt's das wirklich?

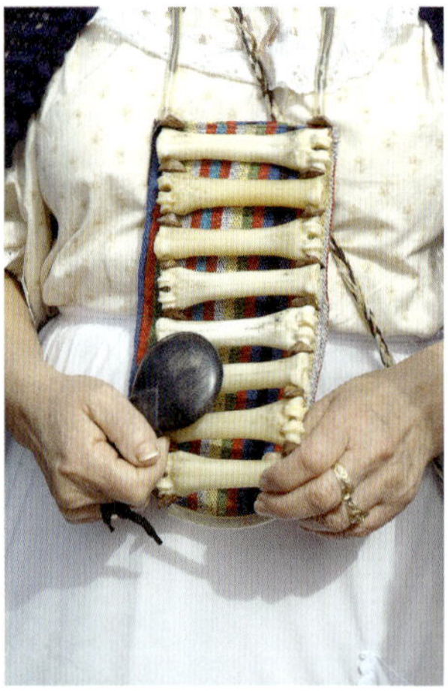

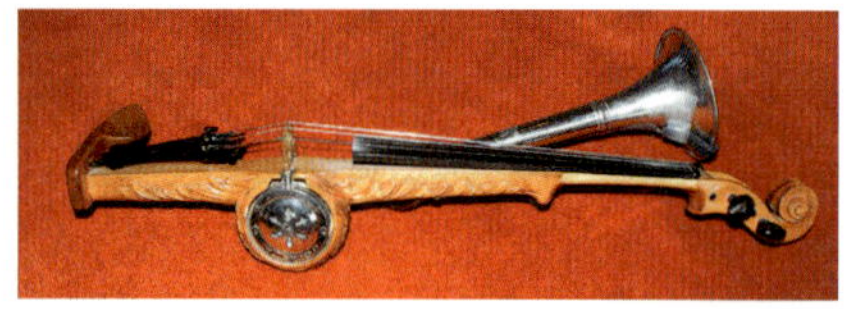

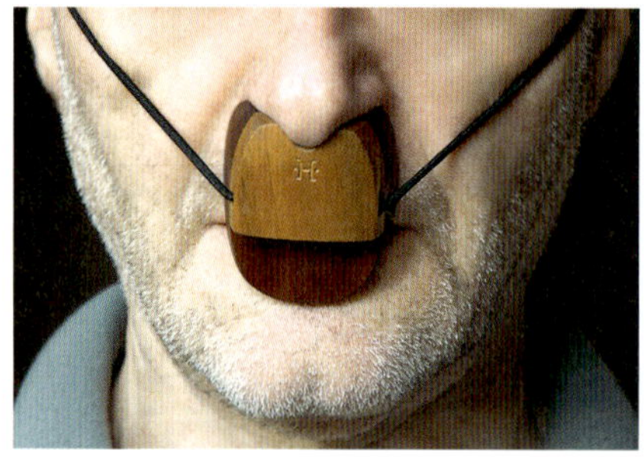

Tastenfidel, Knochenklavier, Stylofon, Trompetengeige, Nasenflöte: Sind das nicht sehr seltsame Instrumente? Oder ist da vielleicht etwas gemogelt?

**1** Überlegt gemeinsam, ob es diese Instrumente überhaupt geben kann. Wenn ja, wie könnten sie klingen?

**2** Denkt euch selbst seltsame Instrumente aus und gebt ihnen passende Namen.

## Klangerzeugung

Es gibt auf der Welt viele unterschiedliche Musikinstrumente. Betrachtet man genauer, wie der Klang im Musikinstrument entsteht, so gibt es aber nur vier verschiedene Möglichkeiten:

- eine Saite schwingt (z. B. bei der Gitarre)
- ein Fell schwingt (z. B. bei der Trommel)
- das Instrument schwingt selbst (z. B. die Triangel)
- eine Luftsäule schwingt (z. B. bei der Flöte)

**3** Sortiert sämtliche Instrumente in eurem Musikraum nach ihrer Klangerzeugung. Notiert die Ergebnisse in einer Tabelle in euer Arbeitsheft.

**4** Führt ein Experiment durch: Haltet eine Kerzenflamme direkt vor das Schallloch einer Bass-Drum oder einer Cajon und schlagt das Instrument kräftig an.

**a** Was könnt ihr beobachten?

**b** Findet eine Erklärung für eure Beobachtung.

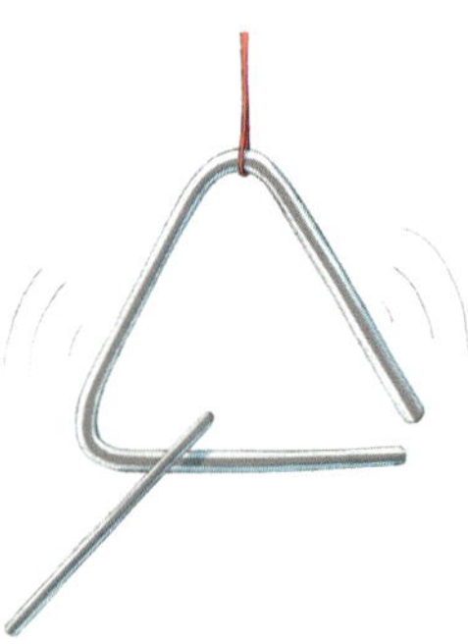

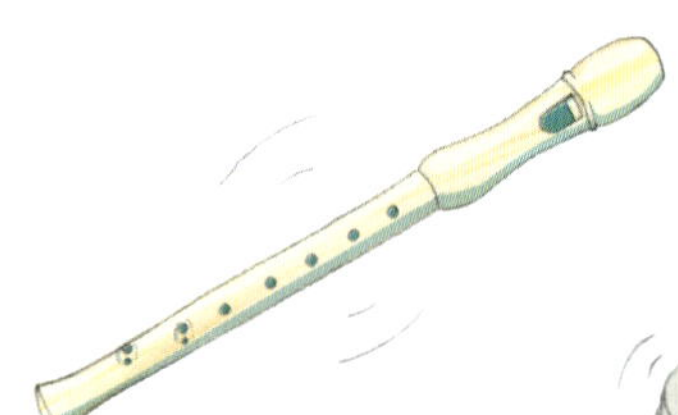

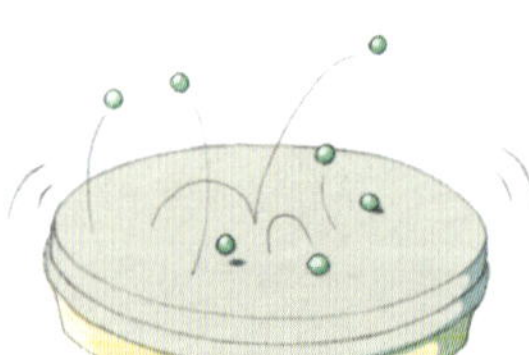

## Klangskulpturen bauen

Instrumentenbauer und Musiker haben immer wieder versucht, Instrumente zu konstruieren, die den Klang herkömmlicher Instrumente erweitern sollten. Dabei sind sie manchmal auf verrückte Ideen gekommen.

**! WISSEN**

**Ton oder Geräusch?**
Erzeugt ein Instrument einen Klang, den man nachsingen kann, spricht man von einem **Ton.**
Ist der Klang dagegen von unbestimmter Tonhöhe, spricht man von einem **Geräusch.**
Eine Flöte erzeugt beispielsweise einen Ton. Schlägt man hingegen auf ein Becken, erklingt ein Geräusch.

**5** **a** Entwerft ein eigenes kurioses Instrument als „Klangskulptur". Fertigt zunächst eine Konstruktionszeichnung an.
**b** Baut euer Instrument. Bringt dazu von zu Hause die nötigen Materialien mit.
**c** Stellt euer Instrument den Mitschülern vor. Erklärt bautechnische Details und klangliche Besonderheiten. Welche Möglichkeiten der Klangerzeugung nutzt eure Klangskulptur?
**d** Fotografiert euch mit eurer Klangskulptur, druckt das Foto aus und klebt es in euer Arbeitsheft.

*Antonia und Svenja mit ihrer Klangskulptur*

## Besuch vom Planeten Kisum

„Das sieht ja interessant aus", sagte der Gesandte Re-Mi-Do vom Planeten Kisum im dritten Quadranten des Sirius-Nebels. Er war in geheimer Mission in der Nacht unbemerkt am Stadtrand gelandet und auf Erkundung aus. Seine Regierung wollte wissen, ob es auf dem Planeten Erde etwas gab, was das Leben der Kisum-Bewohner lebenswerter machen könnte. Unbemerkt hatte sich Re-Mi-Do in ein großes Gebäude in der Stadt geschlichen – es war die Musikschule ...

**1** Hört euch die Geschichte an und listet in einer Tabelle auf, welche Instrumente vorkommen. Notiert euch auch Informationen zur Spielweise, besondere Merkmale und Klangeigenschaften der einzelnen Instrumente.

C 25–40

| Instrument | Spielweise | besondere Merkmale |
|---|---|---|
| Kontrabass | gestrichen, manchmal gezupft | aus Holz, tiefer Klang |
| ... | ... | ... |

**2** Ordnet die Zitate den jeweiligen Instrumenten zu.

- Wir waren immer die Instrumente der Könige.
- Im Orchester sind wir oft über zwanzig Schwestern und spielen in zwei Gruppen.
- Wenn man uns hört, denkt man an grüne Wälder und eine Jagdgesellschaft.
- Man hält uns beim Spielen quer und nicht längs wie unsere entfernten Verwandten.
- Mit einem ausziehbaren Rohrteil kann man unseren Klang tiefer machen.
- Weil unser Rohr zweieinhalb Meter lang ist, können wir den Bass spielen.
- Wir sind große Metallkessel, auf die ein Kalbfell gespannt ist.
- Unser Name kommt aus dem Französischen und wir geben mit klarer Stimme den anderen Instrumenten im Orchester den Ton an.
- Wir sehen aus wie eine Geige, aber unter den Hals klemmen kann man uns nicht mehr.
- Wir sind die Jüngsten in der Holzbläserfamilie und erst 300 Jahre alt.

# Die Familie der Streichinstrumente

Vater, Mutter, Sohn, Tochter – eine bunte Familie mit vielen Stimmen. Auch Instrumente bilden Familien, z. B. die Streichinstrumente: vom großen Kontrabass über Cello und Bratsche bis zur Geige. Im „Rigaudon" aus der Holberg-Suite hat Edvard Grieg alle Mitglieder der Streicherfamilie gemeinsam zur Sprache kommen lassen.

## Edvard Grieg: Rigaudon (Spiel-mit-Satz)

41

Spiel-mit-Satz: M. Detterbeck, G. Schmidt-Oberländer
© Helbling

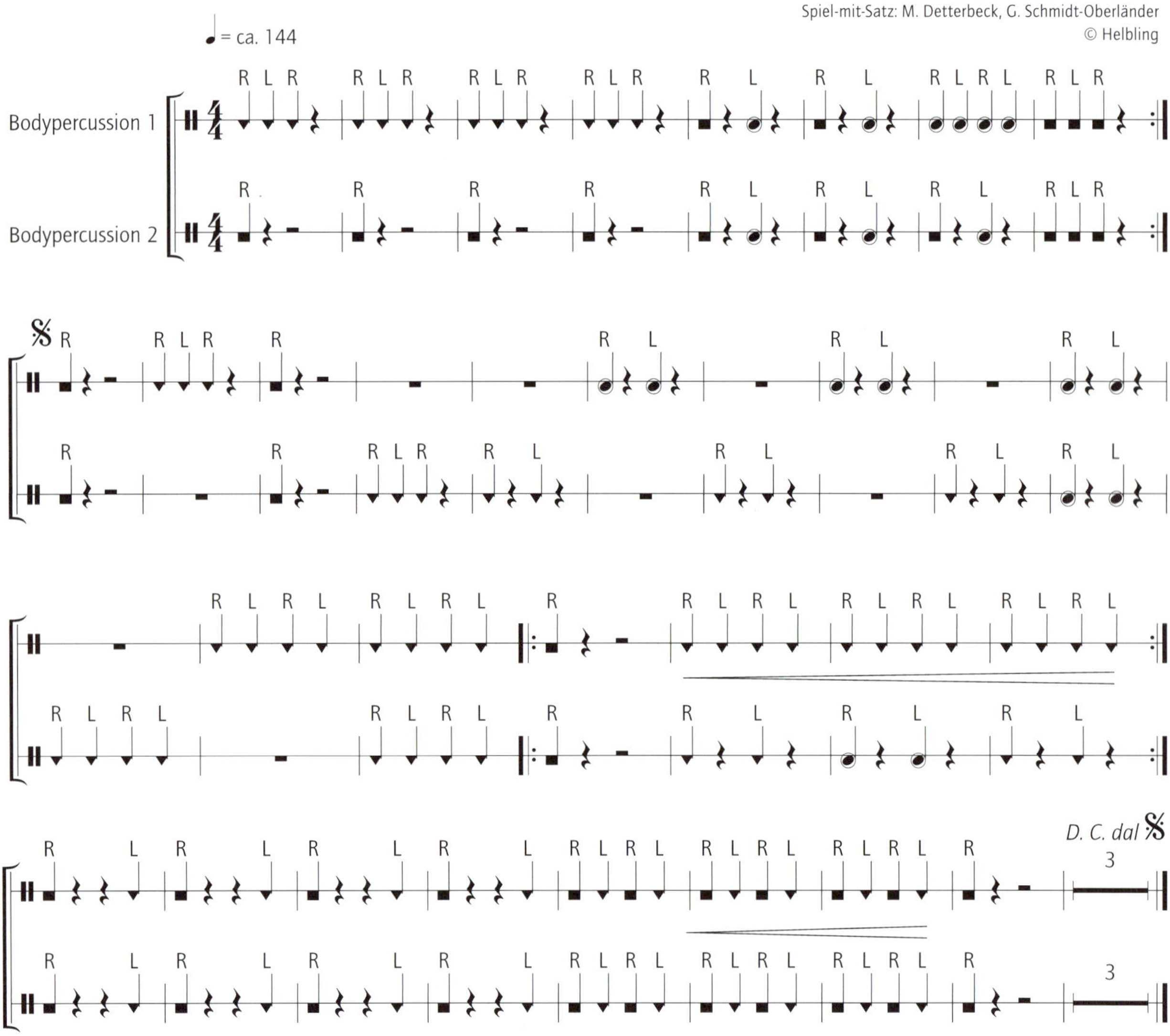


Es wird auf den Oberschenkeln gespielt: = Fingerspitzen = Faust = flache Hand

**1** **a** Übt zunächst jede Stimme des Spiel-mit-Satzes in langsamem Tempo.
**b** Bildet zwei Gruppen und führt den Spiel-mit-Satz zur Aufnahme aus. 41

**2** a Betrachtet das Bild der Streicherfamilie und erklärt, warum die Instrumente in unterschiedlichen Größen gebaut werden.
b Der Kontrabass unterscheidet sich von den anderen Streichinstrumenten nicht nur durch seine Größe. Welche baulichen Unterschiede könnt ihr erkennen?
c In einem Video sind die vier Familienmitglieder in Aktion zu sehen.

**3** Hört euch die Aufnahme des „Rigaudon" nochmals an. In den ersten acht Takten spielen hauptsächlich Geigen und Bratschen. In welchem Takt hört man das erste Mal Celli und Kontrabässe? Versucht, auch im Rest des Stückes hörend herauszufinden, wann die tiefen Streicher spielen. (C 41)

Alle Streichinstrumente werden mit einem Bogen gestrichen, können aber auch gezupft werden. Besonders beim Kontrabass wird diese Spielweise oft verwendet, z. B. in der Volksmusik oder im Jazz.

**4** Ihr hört Beispiele aus verschiedenen Stilrichtungen: Barock, Klassik, Folk, Jazz und Heavy Metal. Ordnet die Hörbeispiele in einer Tabelle den verschiedenen Streichinstrumenten und den unterschiedlichen Stilen zu. (C 42–46)

**! WISSEN**

Es gibt für die Streichinstrumente unterschiedliche Bezeichnungen, die zum Teil aus dem Italienischen stammen:
Geige = Violine
Bratsche = Viola
Cello = Violoncello
Bass = Kontrabass

# Chefin im Orchester: die Violine

*Der Geiger in Spielhaltung*

*Beim Pizzicato benötigt der Geiger keinen Bogen, denn die Saiten werden mit den Fingern gezupft.*

*Der Geiger führt den Bogen sehr nahe am Steg, wodurch er eine ganz eigene Klangfarbe erzeugt.*

Mit dem Ausspruch „Der spielt die erste Geige!“ bezeichnet man jemanden, der eine wichtige Funktion hat. Dies kommt daher, dass die Violine im Orchester die führende Rolle spielt. Eine Chefin stellt sich vor:

## Wie die Streichinstrumente entstanden

Die Geschichte der Streichinstrumente beginnt mit der Erfindung des Bogens, der die Saite anstatt eines zupfenden oder schlagenden Fingers (wie z. B. bei der Gitarre) zum Schwingen bringt. Wahrscheinlich geht die Entstehung auf kriegerische Reitervölker in Asien zurück. Bis heute wird der Bogen mit Haaren aus einem Pferdeschweif bezogen. Bereits seit Jahrhunderten stellen traditionsreiche Geigenbauer wertvolle Instrumente in Handarbeit her. Eine der bekanntesten deutschen Geigenbauschulen befindet sich im süddeutschen Mittenwald.

## Vom Holz zur Violine

Es dauert mehr als ein halbes Jahr, bis eine Geige fertig gebaut ist. Erstaunlich viele einzelne Arbeitsschritte sind nötig, um aus dem Holz eine klangschöne Violine entstehen zu lassen. Der Geigenbauer muss unter anderem …

- den Geigenboden hobeln, damit das Holz später die Schwingungen der Saiten gut verstärken kann.
- die dünnen Seitenwände der Geige (Zargen) mit einem heißen Eisen in die richtige Form biegen.
- die F-Löcher aus der Decke aussägen.
- auf die Innenseite der Decke eine kleine Holzleiste kleben. Dieser Bassbalken gibt der Geige zusätzlich Stabilität.
- Boden, Decke und Zargen zum fertigen Korpus zusammenleimen.
- den Hals herstellen; besonders das Schnitzen der Schnecke erfordert viel Geschick.
- das Griffbrett aus Ebenholz auf den Hals leimen.
- die Geige mit einem speziellen Lack lackieren, der die Geige schützt und zusätzlich den Klang verbessert.
- den Stimmstock durch die F-Löcher stecken, der die Schwingungen der Saite auf den Boden überträgt.
- zuletzt die Saiten aufziehen und mithilfe der Wirbel spannen.

Erst jetzt ist die Geige spielbereit.

**1** Erklärt anhand der Grafik mit eigenen Worten den Aufbau einer Geige. Verwendet die jeweiligen Fachbegriffe.

**2** Das Video dokumentiert einen Besuch in der Geigenbauschule in Mittenwald. Hier könnt ihr einer jungen Geigenbauschülerin über die Schulter schauen und den ganzen Prozess der Herstellung einer Geige hautnah miterleben.

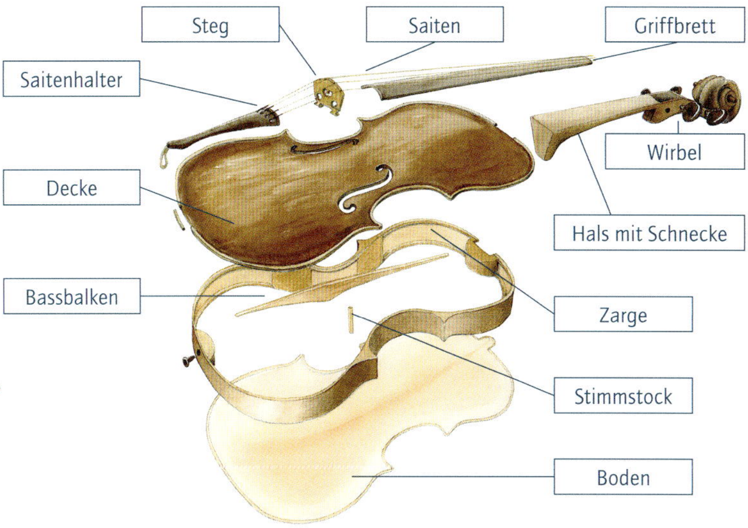


## Spieltechnik der Violine

Man kann die Geige und auch jedes andere Streichinstrument (Bratsche, Cello, Kontrabass) auf ganz verschiedene Arten spielen. Komponisten nutzen diese Möglichkeiten gerne, um unterschiedlichste Klangfarben und Stimmungen auszudrücken. Die meisten Spieltechniken haben italienische Bezeichnungen:

- „gebundenes Spiel" oder „legato":
  Die einzelnen Töne werden ohne Pausen eng aneinandergehängt.
- „nicht gebundenes Spiel" oder „non legato":
  Die einzelnen Töne werden voneinander getrennt gespielt.
- „Glissando":
  Der Geiger spielt bei diesem gleitenden Effekt nur einen einzigen Ton und rutscht auf dem Griffbrett nach oben oder nach unten; dabei ändert sich die Tonhöhe.
- „Tremolo":
  Wird der Bogen auf den Saiten sehr schnell hin- und herbewegt, so entsteht ein flimmernder, zitternder Klang.
- „Pizzicato":
  Die Saiten eines Streichinstruments werden mit den Fingern gezupft anstatt mit dem Bogen gestrichen.

**3** Seht euch den Filmausschnitt eines Geigers an, der die unterschiedlichen Techniken spielt.

**4** Im Hörquiz erklingen verschiedene Spielvarianten. Welche Spieltechnik wendet der Geiger jeweils an? (C 47)

**5** Wenn ihr eine Geige zur Verfügung habt, könnt ihr die unterschiedlichen Techniken selbst ausprobieren. Das ist gar nicht so einfach, und es bedarf viel Übung, um saubere und wohlklingende Töne zu erzeugen.

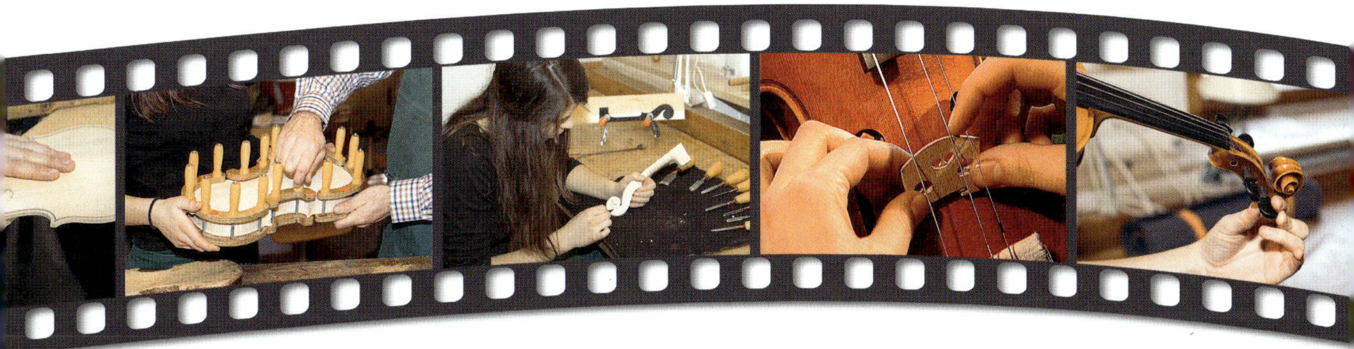

# Instrumenten-Rap

## Coole Instrumente

CD 48, 49

Text u. Musik: M. Detterbeck, G. Schmidt-Oberländer

### Strophen:

1. Seht mal her, ich bin die Geige,
hört, was ich euch alles zeige.
Auf vier Saiten streicht man mich
mit dem Bogen Strich um Strich: ...
2. Du kennst mich, ja, jede Wette,
denn ich heiße Klarinette.
Mit den Klappen geh'n im Nu
meine Löcher auf und zu: ...
3. Oben von den Bühnenbrettern,
als Trompete lass ich's schmettern.
Schon auf Burgen spielte ich,
denn ich kling ganz königlich: ...
4. Jeder mich als E-Bass kennt,
denn man braucht mich in der Band.
Mit den Drums groove ich als Truppe,
denn wir sind die Rhythmusgruppe: ...
5. In der Band mach ich den Beat,
Beat heißt Schlag, wie man ja sieht.
Spiel auf Trommeln und auf Becken,
komm, lass uns den Rhythmus checken: ...

### Begleitung zu den Strophen

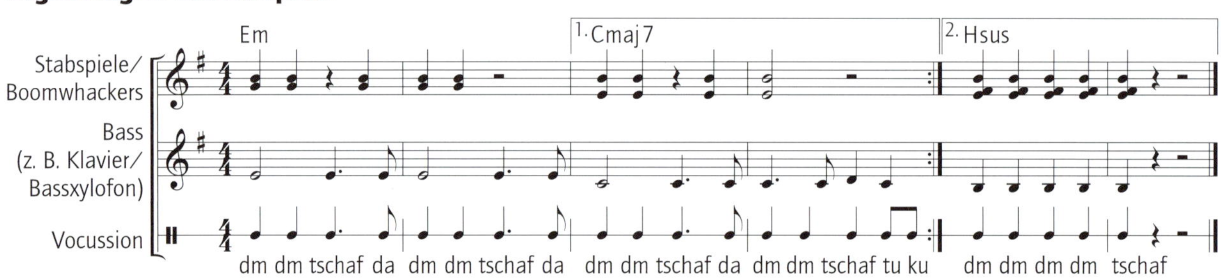

Im Rap „Coole Instrumente“ erfahrt ihr einige besondere Eigenschaften verschiedener Instrumente.

**1** **a** Sprecht den Rap zur Begleitung. Imitiert im Refrain mit den jeweiligen Silben den Klang des Instruments.
**b** Führt zu euren Instrumentenimitationen typische Spielbewegungen und Gesten aus.

**2** Erfindet weitere Instrumentenstrophen (z. B. zum Saxofon).

# Ein Instrument für Tastentiger: das Klavier

Die Geschichte des modernen Klaviers beginnt um etwa 1700 in Italien. Das Pianoforte (ital., „Leise-laut“) war das erste Tasteninstrument, auf dem man stufenlos die Lautstärke verändern konnte. Bald trat das Klavier seinen Siegeszug um die Welt an. Heute lernen in China beispielsweise mehr als 85 Millionen Menschen Klavier.

## „Das Klavier kann alles!"

Das Klavier ist als Musikinstrument äußerst viel-seitig: Es findet Einsatz in verschiedenen Musikstilen, es kann alleine (solistisch) gespielt werden oder andere Instrumente oder Sänger begleiten. Der berühmte Pianist Alfred Brendel behauptet sogar: „Das Klavier kann alles!“ Aber was kann es denn nun tatsächlich, das Klavier?

**1** Hört euch die Hörbeispiele an und beschreibt, welche Funktion das Klavier jeweils hat (Begleitung, solistisch ...). (C 50)

**2** Überlegt euch, welche Eigenschaften das „ideale Musikinstrument" haben müsste, das – wie Alfred Brendel sagt – „alles kann". Überprüft nun, ob das Klavier in eurem Musikraum alle diese Eigenschaften erfüllt.

**3** Hört euch das Hörbeispiel an. Fertigt in eurem Arbeitsheft eine Ablaufskizze an, in der ihr möglichst genau die Parameter Tonhöhe, Lautstärke und Tempo festhaltet. (C 51)

**4** Veranstaltet einen „Luft-Klavier-Wettbewerb". Wer von euch kann am überzeugendsten zum Hörbeispiel einen Pianisten imitieren? Überlegt, welche Haltung und welcher Ausdruck zu den jeweiligen Abschnitten der Musik passen. Lasst euch auch von den Bildern inspirieren. (C 51)

## Klavierbau

Vom ersten Handgriff bis zum fertigen Klavier sind in der Klavierfabrik viele Herstellungsschritte erforderlich. Zwischen sechs und acht Monaten beträgt die durchschnittliche Produktionszeit eines Instruments. Dabei werden die meisten Produktionsschritte bis heute in Handarbeit erledigt. Diese umfassen unter anderem:

- Resonanzboden und Gussrahmen einbauen
- Saiten spinnen und aufziehen
- Mechanik und Tastatur herstellen und einbauen
- Instrument stimmen und intonieren (dies sorgt für einen gleichmäßigen und reinen Klang)

**5** Betrachtet das Klavier bzw. den Flügel in eurem Musikraum. Mithilfe eures Lehrers könnt ihr den Deckel entfernen und so auch die Mechanik näher untersuchen.

**6** Seht euch den Videoausschnitt an. Hier werden die einzelnen Herstellungsschritte in einer Klavierfabrik ausführlich erklärt.

**7** Erklärt, welche Arbeitsschritte auf den Bildern im Filmstreifen dargestellt sind.

## Die Klaviatur

Das Klavier hatte viele Vorläufer, die alle eines gemeinsam haben: die Klaviatur. Die Anordnung von schwarzen und weißen Tasten (engl. „keys", daher der Begriff „Keyboard") findet man auch bei alten Instrumenten wie dem Cembalo oder der Orgel, aber auch bei E-Pianos und Synthesizern.

**8** Beschreibt noch einmal die wichtigsten Gesetzmäßigkeiten einer Klaviatur (siehe auch S. 74/75).

**9** **a** Prägt euch die Lage der Töne und damit die Namen der einzelnen Tasten ein.

**b** Macht ein Rätselspiel:
- Wie heißt der Ton links von den schwarzen Zwillingstasten?
- Nennt den Namen der Taste links von den schwarzen Drillingstasten.
- Zwischen welchen weißen Tasten fehlt die schwarze Taste?

Erfindet weitere Quizfragen rund um die Klaviatur.

**10** Spielt eine C-Dur-Tonleiter auf dem Klavier. Profis versuchen, den Song „Ich bin Wolfgang Amadeus" (S. 46) zu spielen.

**INFO**

Beim Cembalo werden die Saiten durch Federkiele angezupft und nicht – wie beim Klavier – durch Hämmerchen angeschlagen. Die so erzeugten Töne klingen eher leise, und man kann die Lautstärke nicht durch unterschiedlichen Tastendruck verändern.

## Die Klaviermechanik

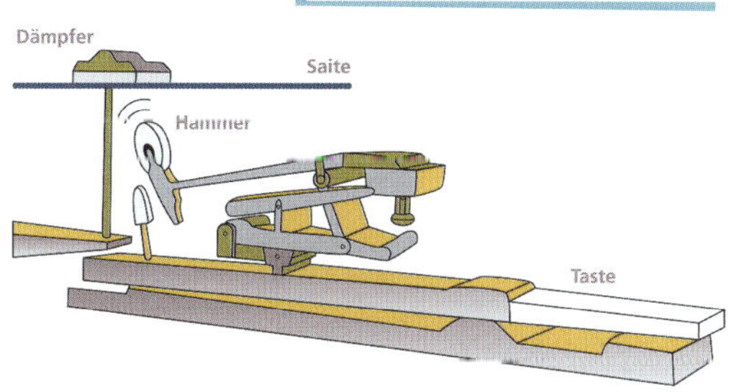


Beim Drücken einer Klaviertaste wird eine komplizierte Mechanik in Gang gesetzt, damit der Hammer gegen die Saite schlagen und ein Ton erzeugt werden kann. Die sogenannte Repetitionsmechanik ist so aufwendig konstruiert, damit der Pianist einen einzelnen Ton in hoher Geschwindigkeit wiederholen (repetieren) kann. Zudem können so Unterschiede in der Lautstärke deutlicher ausgeführt werden.

**11** **a** Spielt auf dem Klavier einen Ton in verschiedenen Lautstärken. Versucht, ein möglichst stufenloses Lauterwerden (Crescendo) und ein stufenloses Leiserwerden (Decrescendo) auszuführen.

**b** Wiederholt (repetiert) einen Ton am Klavier, indem ihr abwechselnd mit Daumen und Zeigefinger spielt. Beginnt langsam und steigert dann das Tempo. Wer von euch kann diese Übung am schnellsten?

## [ Das habt ihr gelernt ]

- wie Instrumente Klänge erzeugen
- ein Fantasieinstrument zu bauen
- welche Instrumente in einem Orchester spielen
- welche Instrumente zur Familie der Streichinstrumente gehören
- wie eine Geige gebaut und gespielt wird
- einen Instrumenten-Rap
- vieles über das Klavier

[Kapitel **8**]

# Mit drei Klängen durch die Welt

In eurer Klasse gibt es sicher Tage, an denen ihr euch alle prima versteht, ein harmonisches Gesamtgefühl habt, alle im Einklang seid ... Manchmal verwenden wir musikalische Begriffe, um menschliches Zusammenleben zu beschreiben. Man spricht von guten Schwingungen, gleicher Wellenlänge, wohlklingenden Worten oder aber auch von einem Missklang bei einer ansonsten schönen Feierstunde.

Warum eignet sich gerade die Musik dafür, Zwischenmenschliches zu beschreiben? Musik wird eben oft auch als schön oder scheußlich klingend empfunden und wirkt damit unmittelbar auf unser Gefühl, genau wie das Zusammensein mit einem guten Freund oder einem unsympathischen Menschen.
Besonders wenn mehrere Töne gleichzeitig erklingen, lässt sich diese Wirkung feststellen. Und das könnt ihr in diesem Kapitel erforschen.

## Stimme

### Töne auf Wanderschaft 2

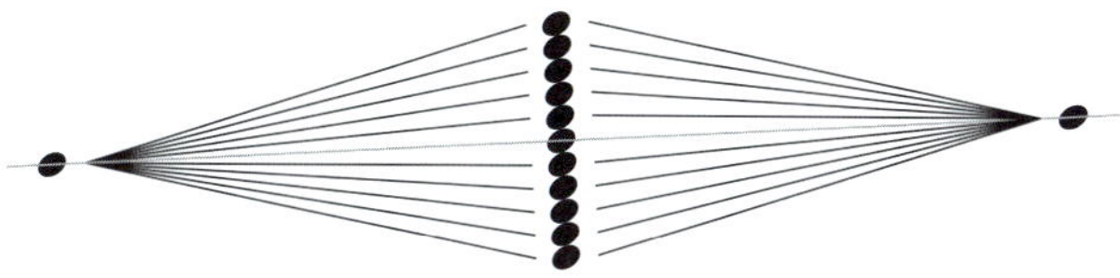

- Findet einen gemeinsamen Ausgangston.
- Lasst den Ton auf Zeichen eures Dirigenten nach oben oder unten gleiten – jeder findet einen eigenen neuen Ton.
- Der Dirigent zeigt an, wann und wie schnell ihr wieder zum gemeinsamen Ausgangston zurückkommen sollt.
- Tipp für den Dirigenten: Halte beide Hände zunächst so, dass die Finger geschlossen sind und die Handrücken nach oben zeigen (gemeinsamer Ton). Drehe dann langsam die Hand und spreize die Finger (jeder findet einen eigenen Ton).

## Rhythmus/Körper und Bewegung

### Katzen-Rock-'n'-Roll

CD 52, 53

Text u. Musik: M. Detterbeck, G. Schmidt-Oberländer

- Erfindet jeweils im zweiten Takt des Songs neue Stimmklänge (z. B. Katzenmusik). Verwendet dazu möglichst verschiedene Tonhöhen.

# Alles Harmonie?

Im Melodiebaukasten (siehe S. 71) habt ihr aus einzelnen Bausteinen Melodien gebildet. Die Musik wird aber noch interessanter, wenn mehrere Töne gleichzeitig erklingen. Mit den daraus entstehenden Klängen könnt ihr beispielsweise Melodien begleiten.

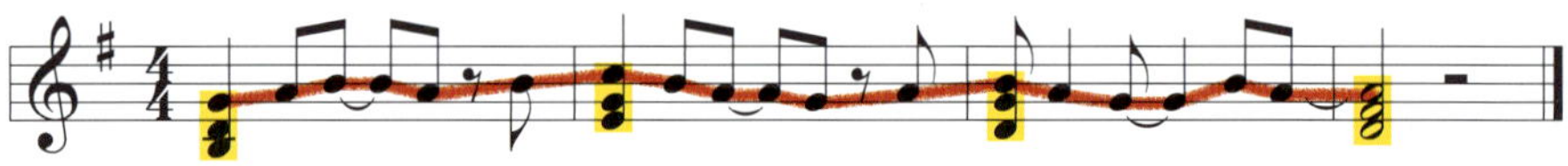

In der Musik gibt es zwei verschiedene Spiel- und Hörrichtungen: eine waagrechte Melodie-„Linie" und senkrechte Harmonie-„Blöcke".

## Töne klingen zusammen

**1** Führt die auf den Kärtchen beschriebenen Klangaktionen aus. Beschreibt die unterschiedliche Wirkung der Klänge.

A
*Spielt zu dritt drei beliebige Töne auf dem Klavier.*

B
*Spielt auf dem Klavier die gleichen Töne wie der Spieler auf dem Bild.*

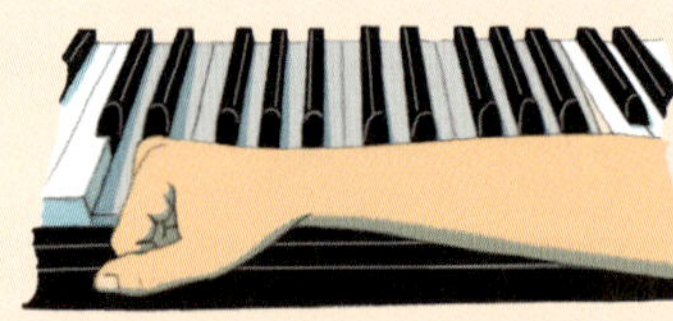

C
*Spielt auf dem Klavier mit dem Unterarm möglichst viele Tasten auf einmal.*

## Konsonanz und Dissonanz

Ob zwei oder mehr gleichzeitig gespielte Töne für unsere Ohren schön oder eher ungewohnt oder sogar unangenehm klingen, wird stark von unserer Hörerfahrung und unseren Hörgewohnheiten bestimmt. Auch die geografische Herkunft und das Alter spielen dabei eine Rolle.
Dennoch gibt es Übereinstimmungen bei der Bewertung bestimmter Klänge. So wird z. B. heute der Abstand von drei Tönen (Terz, z. B. *c – e*) in nahezu allen Kulturen als sogenannte **Konsonanz** (wörtlich: Zusammenklang) empfunden. Der Abstand von sieben Tönen (Septime, z. B. *c – h*) wird dagegen eher als spannungsreicher Klang, also **Dissonanz** (Auseinanderklang), eingeordnet.

**2** Ordnet die oben gespielten Klänge auf der Skala ein. Bei welchen Klängen unterscheidet sich eure Einordnung?

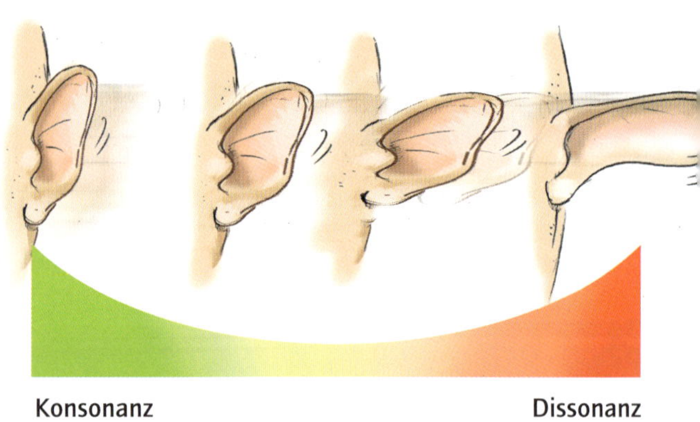

## Perfekte Harmonie: Dreiklänge

Es gibt viele Möglichkeiten, drei Töne zusammen erklingen zu lassen. Im europäisch geprägten Kulturraum hat sich aber ein bestimmter Zusammenklang durchgesetzt, den wir als **Dreiklang** bezeichnen. Dreiklänge eignen sich besonders zur Begleitung von Liedern.

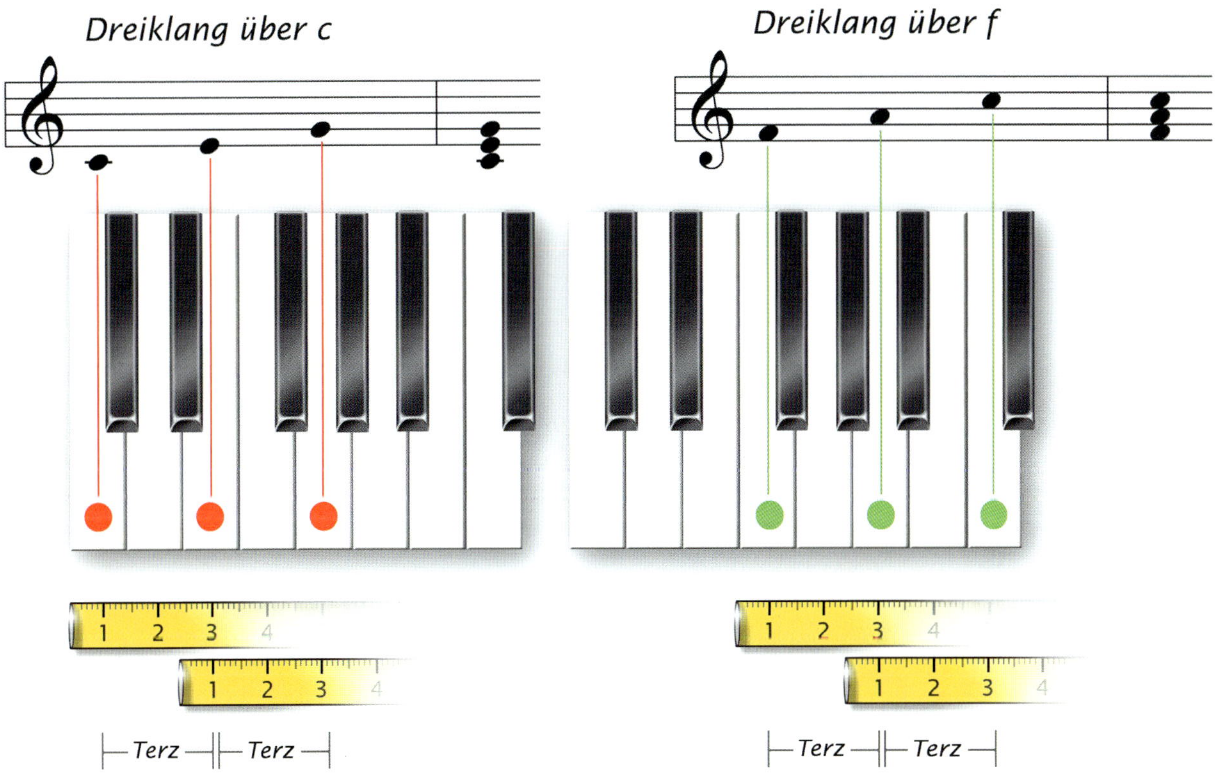


Zwischen den einzelnen Tönen des Dreiklangs findet ihr den Abstand einer Terz. Der Dreiklang über *c* ist aus den zwei übereinanderliegenden Terzen *c* – *e* und *e* – *g* gebildet. Der Dreiklang über *f* ist aus den Terzen *f* – *a* und *a* – *c* gebildet. Benannt ist der Dreiklang nach dem tiefsten Ton.

**1** Spielt die oben abgebildeten Dreiklänge auf dem Klavier oder auf einem Stabspiel; zunächst die drei Töne nacheinander, dann gleichzeitig.

**2** **a** Welche weiteren Dreiklänge lassen sich aus den folgenden Tönen bilden?

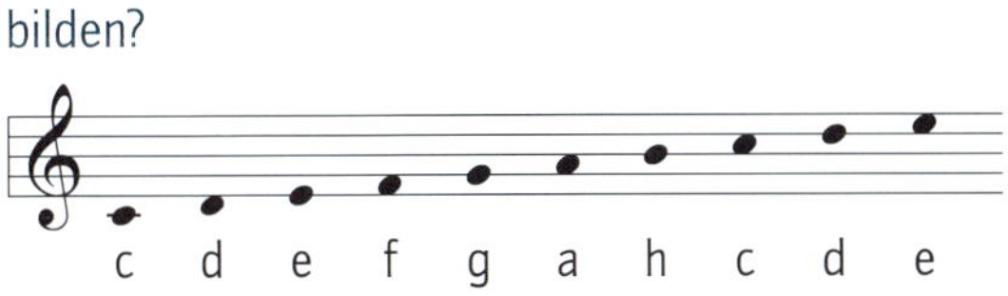


**b** Spielt nun die entstandenen Dreiklänge auf euren Klasseninstrumenten und auf dem Klavier.

**! WISSEN**

**Dreiklänge**
In der Grundform werden Dreiklänge aus zwei übereinanderliegenden Terzen gebildet. Man nennt dies **Terzenschichtung.** Der tiefste Ton gibt dabei dem Dreiklang seinen Namen. Die Dreiklangstöne können nacheinander (sukzessiv) oder gleichzeitig (simultan) erklingen.

# Musiklabor 3: Dreiklänge

**! WISSEN**

**Aufbau eines Dreiklangs**
Die Töne eines Dreiklangs werden nach ihrem Abstand zum Grundton bezeichnet:

## Dreiklangsbaustelle

Auf der Dreiklangsbaustelle geht es heute hektisch zu, denn es sind noch zahlreiche Dreiklänge zu errichten. Vorsicht: Es muss mit größter Präzision gearbeitet werden! Wenn wir Dreiklänge bauen wollen, brauchen wir zunächst einen Grundton (1). Auf diesem errichten wir im Abstand einer Terz den Terzton (3). Wiederum im Abstand einer Terz folgt der Quintton (5). Dieser ist so benannt, weil er zum Grundton den Abstand einer Quinte hat.

**1** **a** Baut von unten Dreiklänge über den vorgegebenen Tönen auf. Benennt die Töne.

**b** Baut nun von verschiedenen Positionen aus vollständige Dreiklänge.

## In der Maschinenhalle

Die Akkordbaumaschine kann aus einzelnen Tönen Dreiklänge bauen. Wirft man z. B. in den oberen Schacht den Ton *e*, so erkennt die Maschine, dass es sich um den Quintton des Dreiklangs handelt. Der Grundton heißt *a*, also ist es ein Dreiklang über *a*.

**2** Werft einen der Töne in einen Schacht der Maschine. Baut den Dreiklang und benennt die Töne. Spielt die entstandenen Dreiklänge.

## Terzenschichten

Im Ersatzteillager für Dreiklänge sind einige Terzen übrig geblieben. Wie viele Dreiklänge lassen sich aus den Einzelteilen bilden?

**3** Sucht dazu gemeinsame Töne und bildet mit den Einzelteilen vollständige Dreiklänge.

## Was hat der Notenwurm ausgefressen?

Der Notenwurm ernährt sich von Noten. Am besten schmecken ihm wohlklingende Dreiklangstöne.

**4** Findet heraus, welche Töne der Notenwurm gefressen hat und schreibt die ergänzten Liedanfänge in euer Arbeitsheft.

## Dreiklangsdomino

**5** Sucht aus den Bausteinen Terzen heraus, die einen gemeinsamen Ton haben. Schreibt den sich daraus ergebenden Dreiklang ins Arbeitsheft und spielt ihn zur Kontrolle auf einem Instrument. Vorsicht: nicht alle Intervalle sind Terzen!

Beispiel:

# Dreiklangsbaukasten

## Dreiklangs-Calypso

CD 54, 55

dt. Text u. Musik: M. Detterbeck, G. Schmidt-Oberländer; engl. Text: M. Detterbeck

### Englische Textversion

**Ref.:** Dance with us 1 2 3,
clap hands and slap your knee,
Calypso time is real fun,
dancing in the sun! Calypso!

**1.** Feel the sand and smell the sea,
lazing under trees,
just relax and you'll agree:
music is the key! Go!

**2.** Touch your tummy, touch your back,
come on, let it crack,
turn and turn and flip and flop,
it is hip to hop. Yeah!

### Begleitrhythmus

**1** Singt den „Dreiklangs-Calypso" und spielt dazu den Begleitrhythmus. Einer von euch kann die über dem Lied notierten Töne (C, F, G) auf einem tiefen Instrument (z. B. Bass-Stabspiel oder Klavier) in halben Noten spielen.

## Dreiklänge für die Calypso-Begleitung

Die Begleitung des Songs mit Percussiongruppe und Bass klingt schon sehr gut. Nun fehlen noch die Begleitdreiklänge.
Leider hat in der Heimat des Calypsos, der Karibik, der Hurrikan Alvin die Notenblätter durcheinandergewirbelt. Bringt sie in die richtige Reihenfolge, damit ihr den Refrain mit Dreiklängen begleiten könnt.

**INFO**

Eine Begleitung klingt dann besonders gut, wenn die Töne der Melodie im Dreiklang der Begleitung vorkommen.

**2** **a** Untersucht den Refrain des „Dreiklangs-Calypsos". Was fällt euch bei der Melodiebildung auf?
**b** Welche Dreiklänge passen in den jeweiligen Takten als Begleitung? Sucht die passenden Dreiklangsbausteine und füllt die Lücken.

**Dreiklangsbausteine**

**Baukasten für die Begleitung**

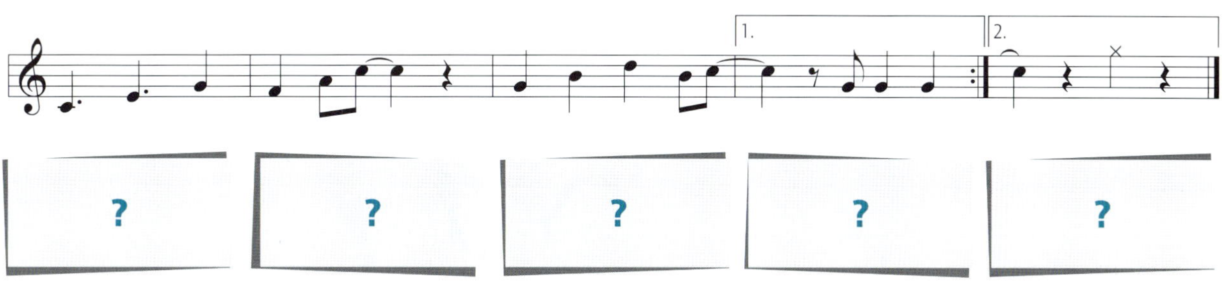


**3** Begleitet den Song auf Stabspielen oder Boomwhackers. Was müsst ihr beachten, wenn ihr nur die Boomwhackers von *c* bis *c* zur Verfügung habt?

# Ein fröhlicher Tanz aus der Unterwelt

## Jacques Offenbach: Cancan (Spiel-mit-Satz)

56

Spiel-mit-Satz: G. Schmidt-Oberländer

**1** Führt den Spiel-mit-Satz zu Offenbachs Cancan aus. Der B-Teil eignet sich besonders gut für die Ausführung mit Boomwhackers. (56)

**2** a Übt die Dirigierfigur für den 2/4-Takt.
b Dirigiert den Spiel-mit-Satz im 2/4-Takt.

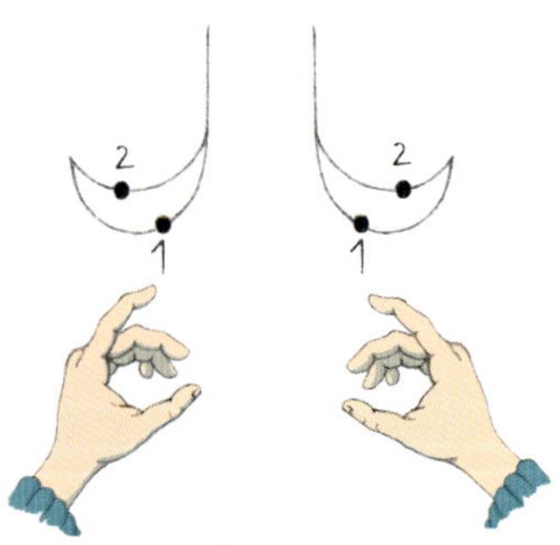

In seiner Operette „Orpheus in der Unterwelt" lässt der französische Komponist Jacques Offenbach (1819–1880) die griechischen Götter einen Cancan tanzen. Das war zur damaligen Zeit ein Tanz, der nicht in der feinen Gesellschaft zu finden war, sondern eher in den verruchten Lokalen bestimmter Pariser Viertel, denn die Tänzerinnen hoben ihre langen Röcke so, dass man die Unterwäsche sehen konnte …
Im Original hieß dieses Stück übrigens „galop infernal" (Unterwelt-Galopp).

**INFO**

**Operette**
Die **Operette** (ital., wörtlich: „kleine Oper") ist ein musikalisches Bühnenwerk.
Die Operette hat eher eingängige Musik, eine gefühlsbetonte Handlung und gesprochene Dialoge zwischen den Musiknummern.

**3** Erlernt die beiden wichtigsten Grundschritte für den Cancan.

**Battement (A-Teil)**

**T. 1**

Zz. 1
auf linkem Bein hüpfen, rechtes Knie hochziehen

Zz. 2
rechten Fuß wieder auf den Boden

**T. 2**

Zz. 1
auf linkem Bein hüpfen, rechtes Bein hoch in die Luft kicken

Zz. 2
rechten Fuß wieder auf den Boden

**Ronde de jambe (B-Teil)**

Auf linkem Bein hüpfen, das rechte Knie ist hochgezogen und der Unterschenkel vollführt eine kreisende Bewegung.

**4** Führt diese Tanzbewegungen zum Hörbeispiel aus. Bildet dazu die für den Cancan typischen Vierergruppen (siehe Bild, S. 106). C 56

Im „Karneval der Tiere", komponiert 1886 von Camille Saint-Saëns, tanzt die Schildkröte ebenfalls einen Cancan.

**5** Hört euch die Version Saint-Saëns' an und beschreibt die Wirkung, die diese Musik auf das französische Publikum damals gehabt haben muss. Was wollte der Komponist mit seiner Bearbeitung wohl bezwecken? C 57

## [ Das habt ihr gelernt ]

- die Wirkung von Zusammenklängen: Konsonanz und Dissonanz
- etwas über das Zusammenwirken von Melodielinie und Harmonie-„Blöcken"
- wie Dreiklänge aufgebaut sind
- einen Dreiklangs-Calypso mit Dreiklängen zu begleiten
- die Grundschritte des Cancans

# [Workshop] Sprechen über Musik

Wenn uns Musik gefällt und wir das jemandem mitteilen wollen, dann nutzen wir oft Alltagssprache: „Ein cooler Song – der geht ins Ohr!“, „Ein krasser Beat!“, „Das Konzert war super!“. Aber weiß unser Gesprächspartner dann wirklich, wie die Musik geklungen hat?

**INFO**

Beschreibungen von Musik brauchen wir, um Musik
- zu vergleichen
- zu beurteilen
- zu benennen
- zu erklären
- zu verstehen
- zu kritisieren

## Wortfelder zur Beschreibung von Musik

Bei der Beschreibung von Musik orientieren wir uns an den musikalischen Merkmalen (Parameter, z. B. laut/leise, langsam/schnell), aber auch an den musikalischen Mitteln, mit denen die Komponisten gearbeitet haben (z. B. Klangfarbe oder große Orchesterbesetzung). Wenn wir wiedergeben wollen, wie wir Musik empfinden, spielen aber auch Gefühle eine wichtige Rolle (z. B. aufgeregt oder traurig).

**INFO**

**Italienisch – die musikalische Weltsprache**

Mit der Entstehung der Oper um 1600 war fast 200 Jahre lang Italien das führende Land in der musikalischen Entwicklung. Daher stammen viele musikalische Fachbegriffe aus dem Italienischen und werden auch heute noch in der ganzen Welt verwendet. Musiker aus verschiedensten Ländern können sich so problemlos verständigen.

### Schritt 1

Teilt euch in Gruppen auf und wählt jeweils eines der Wortfelder: Überlegt, welche Eigenschaften der Musik die einzelnen Begriffe beschreiben könnten. Denkt beispielsweise an den Klang der Instrumente oder das Tempo eines Musikstückes. Tauscht euch mit den anderen Gruppen aus.

### Schritt 2

Viele Begriffe in der Musik stammen aus dem Italienischen. Sucht die italienischen Begriffe in den Wortfeldern. Welche sind euch bereits vertraut? Recherchiert, was die anderen Begriffe bedeuten.

### Schritt 3

Sucht euch in Gruppen einen Musikausschnitt. Nutzt die Wortfelder und verfasst eine kurze Beschreibung (Analyse) der Musik.

### Schritt 4

Stellt eure musikalische Analyse in der Klasse vor und hört gemeinsam die dazugehörige Musik an.

**Tempo**

schnell rasend langsam Allegro mitreißend schleichend gehend accelerando Andante Largo Lento lustig bewegt tänzerisch stürmisch hektisch schleppend ritardando gleichmäßig Presto verzögernd

**Lautstärke**

allmählich forte verstummen lauter werdend tacet aus vollem Halse kräftig diminuendo piano mäuschenstill plötzlich lautlos crescendo ohrenbetäubend fortissimo decrescendo mezzopiano geheimnisvoll leise laut aus der Ferne flüsternd

## Besetzung (Wer spielt?)

Big Band, Klavier, Orchester, Streichquartett, Saxofon, Schlagzeug, Solist, Holzbläser übernehmen die Melodie, Chor, Mittelstimme, Oberstimme, Band, Sopran, Unterstimme, Bass

## Gefühl

zärtlich, aufregend, lustig, Gänsehaut, langweilig, ernst, kurzweilig, vergnügt, traurig, beschwingt, schwermütig, fremd, temperamentvoll, aufgewühlt, bedrohlich, tröstend, beruhigend, verliebt, zornig

## Tonhöhe

Glissando, kreischend, Tonsprung, grell, Tonschritt, absteigende Melodie, aufsteigend, Sprung in die tiefe Lage, in der gleichen Lage

## Klangfarbe

fahl, schrill, hell, dunkel, glänzend, Katzenmusik, warm, geheimnisvoll, monoton, verschwommen, überraschend, Geräusch, kalt, farblos, ausdruckslos, brummend

## Formales: Bauplan und Struktur

Motiv, Einleitung, Strophe, Refrain, Teil, Rondo, regelmäßiger Aufbau, Überleitung, Variation, call and response, Thema, Schluss, Generalpause

## Töne klingen zusammen

einstimmig, Dur, Dreiklänge, geräuschhaft, ausgewogen, Gleitklänge, dissonant, ein dichtes Stimmengeflecht, Moll, Wirrwarr von Stimmen, homophon, hineinplatzen, anschwellen, Klangbrei, Klangflächen, falscher Ton

## Gestaltung

legato, pizzicato, staccato, perlend, gebunden, gezupft, gestoßen, virtuos

# [Kapitel 9]

# Musik in Form I

Bastian und Mirjam spielen Themen-Scrabble. Dabei bekommt man Sonderpunkte, wenn Begriffe aus dem jeweiligen Thema gelegt werden. Heute ist das Thema „Musik". Wie so oft sind sie sich bei bestimmten Wörtern nicht einig, ob das ein Sonderbegriff ist oder nicht:
„Motiv, das hat ein Mörder oder ein Fotograf, aber doch kein Musiker!" –
„Kontrast, na ja, das gibt's ja überall ..." –
„Was ist denn ein Nachsatz? Kommt das von Nachsitzen? Das würde ja zu dir passen ..."

„Jetzt schauen wir aber mal nach, ob das stimmt."

Was meint ihr? Stammen alle Scrabble-Begriffe aus der Musik? Welche Wörter findet ihr nicht im nächsten Kapitel?

## Stimme/Körper und Bewegung

### Wenn du einmal traurig bist

D 1

Text u. Musik: M. Detterbeck

- ❖ Achtet beim Interlude auf eine lockere Zungenspitze.
- ❖ Probiert andere „fröhliche" Silben aus.

## Rhythmus

### Tisch-Percussion 1

D 2

Text: A. Kirmse, M. Detterbeck;
Musik: M. Detterbeck, G. Schmidt-Oberländer


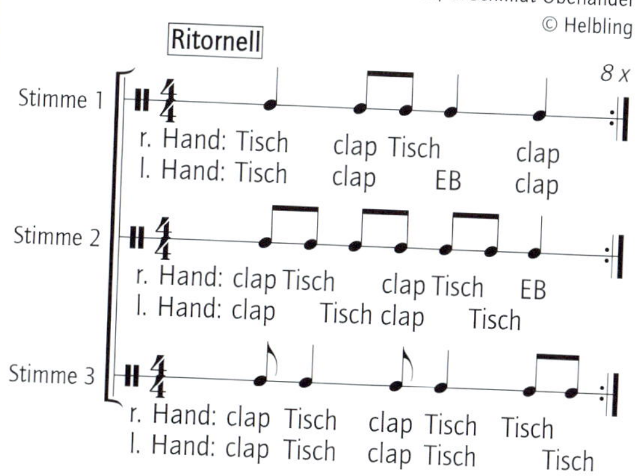


**Tisch** = mit der Hand auf den Tisch patschen
**EB** = Ellbogen auf den Tisch stützen
**clap** = klatschen

- ❖ Übernehmt die Anweisungen aus dem Couplet jeweils für die Gestaltung des nächsten Ritornells.

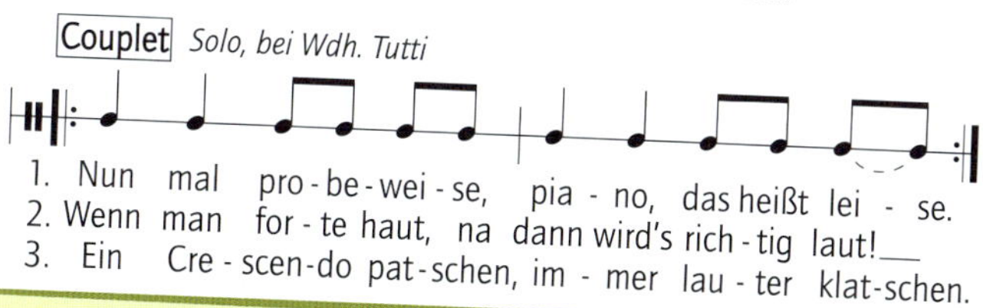

# Gestaltungsprinzipien: Wiederholung – Veränderung – Kontrast

Auch wenn es auf den ersten Blick nicht offensichtlich ist: Im nächsten Jahr wird sich das Bild des Baumes im Detail wohl ein wenig verändert haben.

**1** Findet Beispiele aus eurem Alltag, die die Prinzipien Wiederholung, Veränderung und Kontrast verdeutlichen.

**2** Welchen Sinn haben Wiederholungen in eurem Leben? Was ist an ihnen positiv, wo stecken Gefahren?

Auch in der Musik gibt es diese Gestaltungsprinzipien: Wiederholungen geben dem Werk eine sinnvolle und nachvollziehbare Form. Veränderungen und Kontraste (Gegensätze) wirken der Eintönigkeit entgegen. Durch die geschickte Kombination von Wiederholung, Veränderung und Kontrast entsteht ein abwechslungsreicher Spannungsverlauf.

**3** a Welche besondere Wirkung entsteht jeweils in den Hörbeispielen durch den Einsatz von Wiederholung, Veränderung und Kontrast?
b Ordnet die Verlaufsskizze einem der drei Hörbeispiele zu.
c Fertigt für die beiden anderen Hörbeispiele jeweils eine Verlaufsskizze in eurem Arbeitsheft an.
d Wertet eure Skizzen und Beobachtungen aus. Welche Parameter (Tonhöhe, Lautstärke, Tempo und Klangfarbe) sind euch beim Hören jeweils besonders aufgefallen?

D 3–5

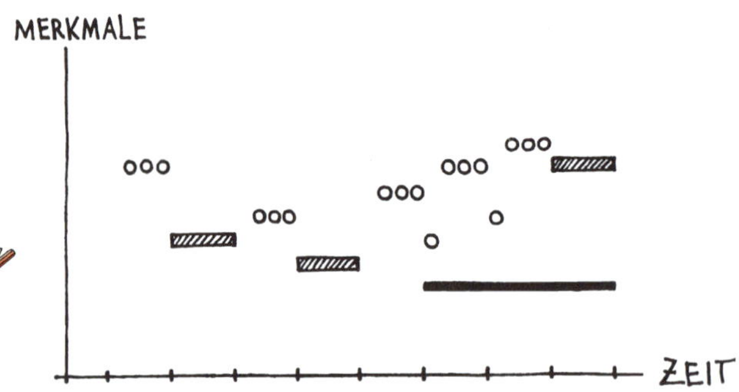

# Bausteine für Melodien: das Motiv

## Vom Motiv zur Liedmelodie

Beim Bau eines Hauses werden viele Steine zu Mauern zusammengefügt, bis schließlich ein ganzes Gebäude entsteht. Auch in der Musik gibt es kleine Bausteine, aus denen eine ganze Komposition gebaut ist. Wir nennen diese Bausteine auch Motive. Sie bestehen oft nur aus wenigen Tönen und unterscheiden sich durch Rhythmus und Melodieverlauf. Im Lied „Kumbaya" kann man gut erkennen, wie aus einzelnen kleinen Bausteinen durch die kompositorischen Mittel Wiederholung, Veränderung und Kontrast eine Liedmelodie entsteht.

### Kumbaya

Text u. Musik: überliefert

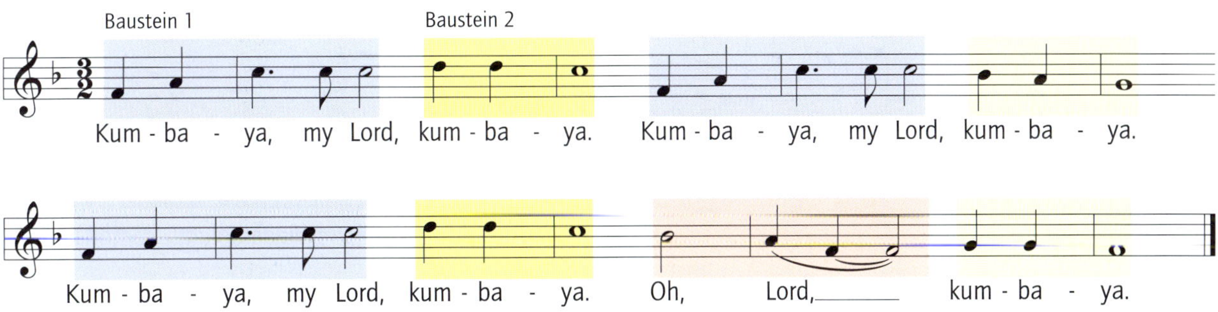


**1** Singt das Lied in zwei Gruppen. Die zweite Gruppe antwortet nach „Lord" immer mit „kumbaya".

**2** **a** Beschreibt die Bausteine 1 und 2. Nutzt dazu folgende Begriffe:

Tonwiederholung · Terz · Rhythmus · Dreiklangsmelodik · aufsteigend · Notenwert · Tonsprung · absteigend · Sekundschritt

**b** Stellt in einer Tabelle den Aufbau der Melodie dar. Beschreibt die kompositorischen Mittel der einzelnen Bausteine.

| | Beschreibung/kompositorische Mittel |
|---|---|
| **Baustein 1** | Dreiklang aufwärts, Baustein endet ... |
| **Baustein 2** | Tonwiederholung, Kontrast zu Baustein 1 durch ... |
| **Baustein 1** | ? |
| **?** | ? |

**INFO**

**Kumbaya**
„Kumbaya" (= „come by here") ist ein Gebetsruf. Das Spiritual fand in der afroamerikanischen Bevölkerung der USA große Verbreitung.

# Beethoven: vom Motiv zur Sinfonie

## Ta-ta-ta-taaa – ein Baustein für eine Sinfonie

Das Wort „Komponist" heißt eigentlich „Ton-Zusammensetzer". Einer der bedeutendsten „Tonsetzer" aller Zeiten war Ludwig van Beethoven. Im Notenbeispiel könnt ihr erkennen, wie er aus einem einzigen Motiv den Anfang einer ganzen Sinfonie baute. Die berühmte 5. Sinfonie ist auch im weiteren Verlauf an vielen Stellen aus diesem Anfangsmotiv heraus entwickelt.

**1**

**a** Beschreibt das Motiv (T. 1/2). Was hat sich in Takt 3/4 verändert, was in Takt 5/6? Bezieht die Gestaltungsprinzipien (Wiederholung, Veränderung, Kontrast) in eure Beschreibung ein.

**b** Hört euch nun die ersten 20 Takte an und verfolgt das Motiv in den Noten. Wie oft erscheint das Motiv in Originalgestalt oder veränderter Form?

**c** Untersucht die besondere Veränderung des Motivs in den Takten 13 und 14.

**INFO**

**Gestaltungsmöglichkeiten mit einem Motiv**

1) Wiederholung

2) Veränderung, z. B. Tonhöhe

3) Kontrast (d. h. Gegensätze einbauen), z. B. durch Änderung der Bewegungsrichtung

## Sound & Light mit Beethoven

**2** Hört den Anfang des Sinfoniesatzes noch einmal und führt dazu den Spiel-mit-Satz aus. Stellt euch mit Taschenlampen in drei Gruppen auf und schaltet sie zur Musik ein und aus.

D 6, 7

**[ Tipp ]** Verwendet nach Möglichkeit Taschenlampen mit Signaltaste.

### Ludwig van Beethoven: 5. Sinfonie, 1. Satz (Spiel-mit-Satz)

D 7

Spiel-mit-Satz: W. Kern


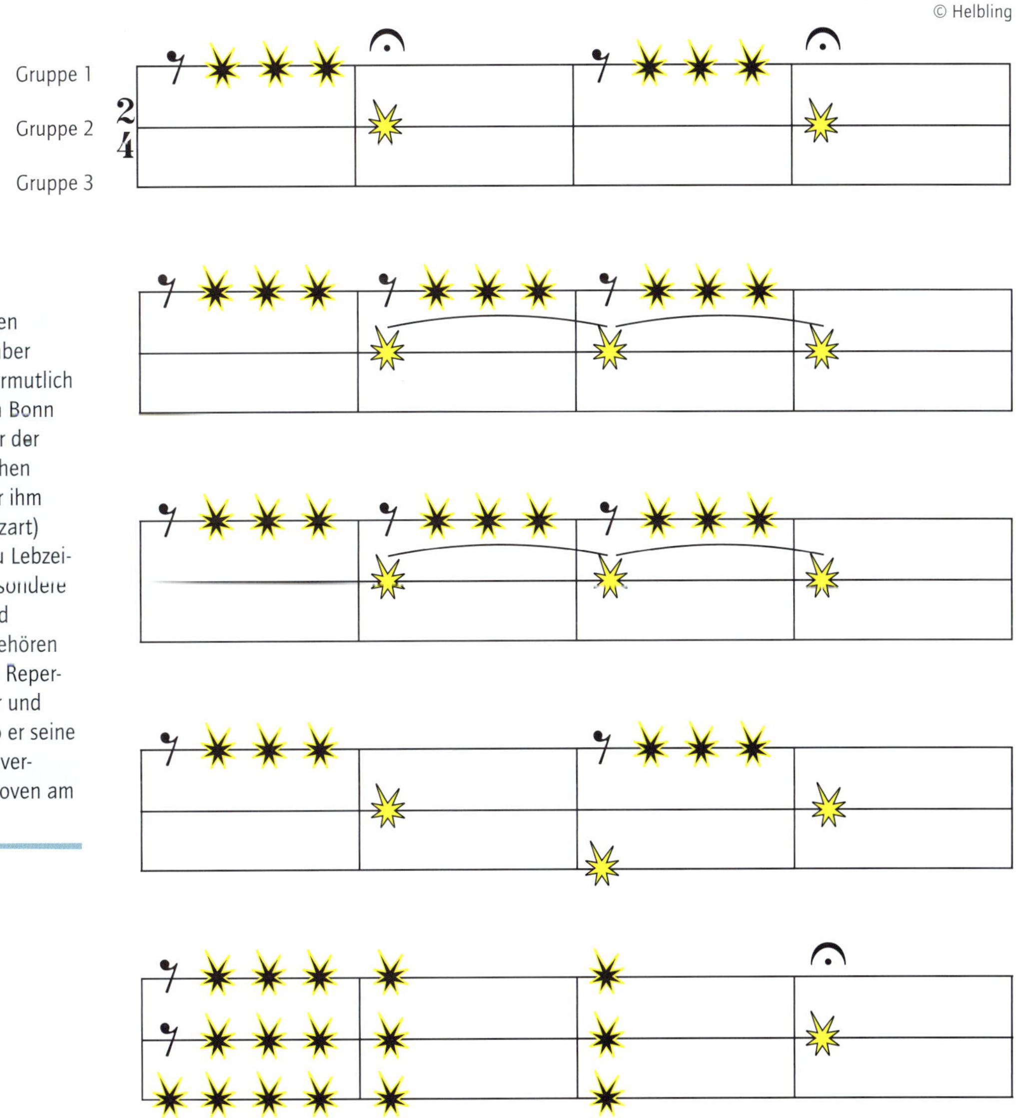


**INFO**

Ludwig van Beethoven wurde am 17. Dezember 1770 getauft und vermutlich wenige Tage zuvor in Bonn geboren. Als jüngster der drei großen „klassischen Komponisten" (außer ihm noch Haydn und Mozart) erlangte er bereits zu Lebzeiten Weltruhm. Insbesondere seine 9 Sinfonien und 32 Klaviersonaten gehören zum meistgespielten Repertoire vieler Orchester und Solisten. In Wien, wo er seine zweite Lebenshälfte verbrachte, starb Beethoven am 26. März 1827.

= Taschenlampe einschalten und sofort wieder ausschalten (kurzer Lichtimpuls mit Signaltaste)

= Taschenlampe einschalten und nach einer halben Note wieder ausschalten

= Taschenlampe über mehrere Takte anlassen

# Baupläne: Satz und Liedformen

Wir verständigen uns mit unserer Sprache, indem wir aus Silben Wörter formen und daraus zusammenhängende Sätze bilden. In der Musik ist dies ganz ähnlich: aus kleineren oder größeren Bausteinen entstehen längere Abschnitte einer Komposition.

„Als ich heute Morgen aufwachte, ..."

„Seit Tagen denke ich daran, dass ..."

**1** Beendet die angefangenen Sätze sinnvoll. Vergleicht eure Ideen.

**2** Führt folgende Melodieverläufe so zu Ende, dass sie einen sinnvollen Abschluss finden.

**WISSEN**

**Musikalischer Satz (Periode)**

In Anlehnung an die Sprachlehre bezeichnet man einen in sich geschlossenen Melodieverlauf als musikalischen Satz oder auch als Periode. Meistens besteht sie aus zwei gleich langen Teilen: Der Vordersatz öffnet die Phrase, der Nachsatz schließt mit einem überzeugenden Schluss die Phrase ab.

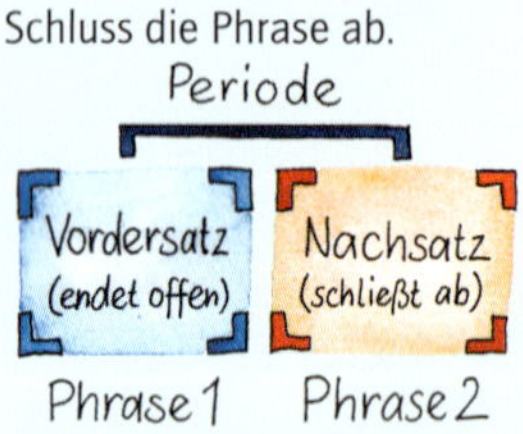


Viele Melodien bestehen aus zwei Teilen, die man auch **Phrasen** nennt. Der erste Teil baut eine musikalische Spannung auf, der zweite Teil löst diese wieder.

Phrase 1

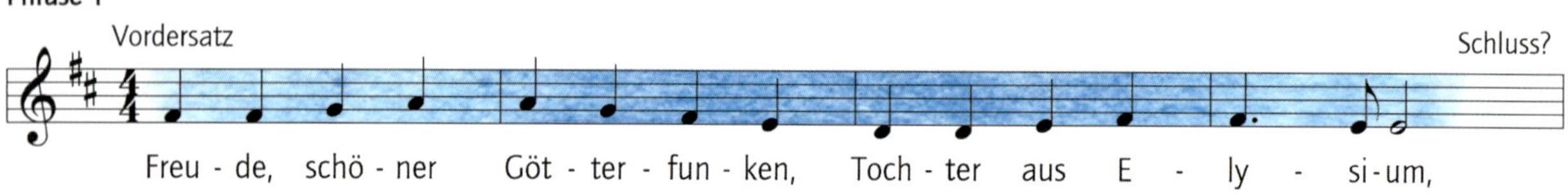


Phrase 2

**3** Singt die ersten vier Takte der „Ode an die Freude" bis zum Wort „Elysium". Könnte das Lied so enden? Singt nun zum Vergleich die zweite Zeile. Beschreibt die Schlusswirkung.

**4** Findet weitere Lieder aus vorigen Kapiteln, bei denen es eine ähnliche Wirkung zweier zusammengehörender Teile gibt.

## Zweiteilige Liedform

### Now Is the Month of Maying

Text: 16. Jh.; Musik: Th. Morley

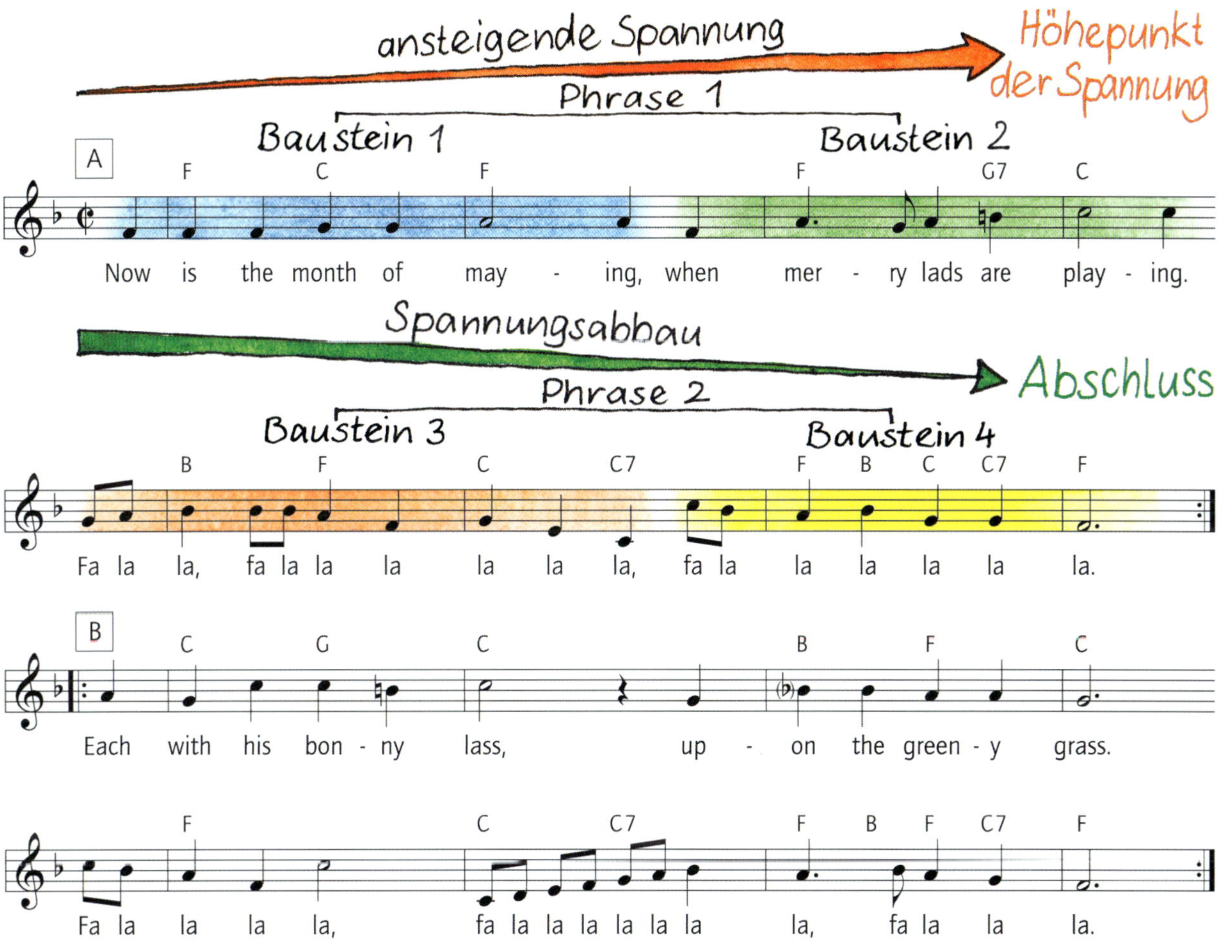


**5** Macht den Bauplan des Liedes in einer Choreografie deutlich. Beachtet dabei Länge und Charakter jedes Abschnittes. Nutzt beispielsweise folgende Bausteine:

Im Tempo von halben Noten vier Schritte nach vorne gehen

Im Tempo von halben Noten vier Schritte rückwärts gehen

Im Tempo von halben Noten vier Schritte nach links im Kreis gehen

Zwei Takte lang Arme langsam vor dem Körper nach oben führen, dann wieder senken

Im Tempo von halben Noten vier Schritte nach rechts im Kreis gehen

Im Tempo von halben Noten zweimal klatschen, dann zweimal aufstampfen

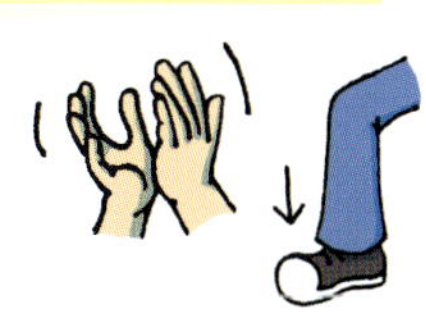

## Dreiteilige Liedform

### Sing, Sing, Sing

Text u. Musik: L. Prima

**6** Hört euch das Original von Louis Prima an. Fertigt eine Ablaufskizze in eurem Arbeitsheft an.

**Rhythmus-Ostinato**

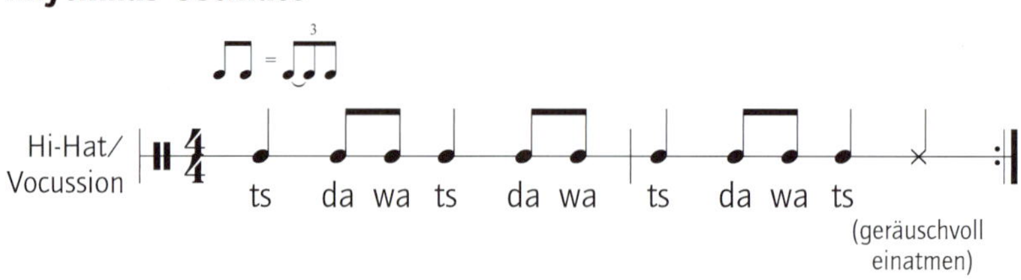


**Begleitung**

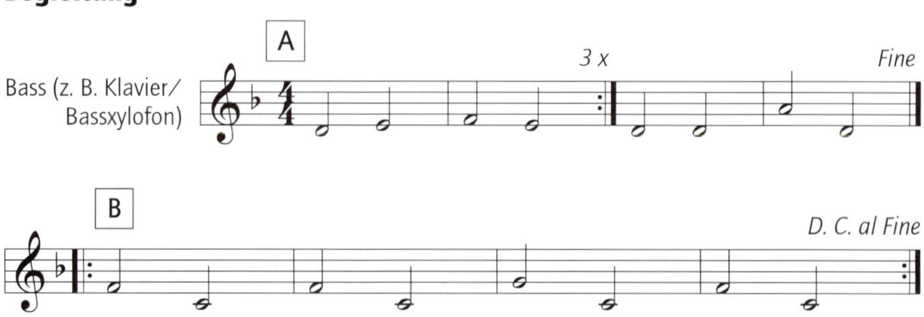

Begleitstimmen (z. B. Xylofone)

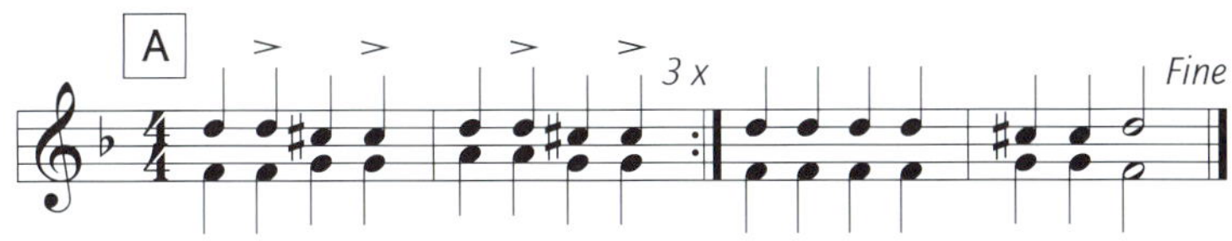


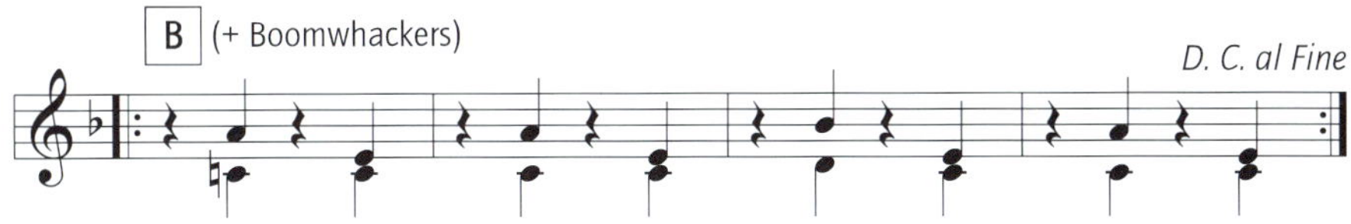


## Liedformen

Als Liedformen bezeichnen wir musikalische Formen, die sich ursprünglich von Liedern ableiten. Der Begriff ist jedoch nicht auf gesungene Lieder beschränkt, sondern wird allgemein bei der Beschreibung auch von größeren Formteilen der Instrumentalmusik verwendet.

**7** Untersucht andere Lieder aus „MusiX" auf ihre Form, z. B. „Shalala" (S. 6), „Hajd' Povedi" (S. 82), „Autumn Comes" (S. 156), „Samiotissa" (S. 234).

Man unterscheidet zwei- und dreiteilige Liedform: zweiteilige Liedform wie z. B. bei „Now Is the Month of Maying" (S. 117)

dreiteilige Liedform wie z. B. bei „Sing, Sing, Sing" (S. 118)

**! WISSEN**

**Formteile**

Um die Form von Liedern oder Instrumentalstücken genauer zu beschreiben, verwendet man folgende Bezeichnungen:

Ein **Motiv** ist der kleinste musikalische Baustein einer Komposition; es ist prägnant und hat hohen Wiedererkennungswert.

Eine **Phrase** ist eine Einheit aus einem oder mehreren Motiven.

Ein **Vordersatz** besteht häufig aus zwei sich ergänzenden Phrasen und hat öffnenden Charakter.

Der **Nachsatz** antwortet auf den Vordersatz mit bekräftigendem Abschluss und löst die Spannung auf.

Vordersatz und Nachsatz bilden einen **musikalischen Satz,** auch Periode genannt. Einen so gestalteten Abschnitt kann man auch als Thema oder als einteilige Liedform bezeichnen.

## Ganz vornehm: das Menuett

**INFO**

**Tanzen am Hof**
Die Tänze am Hofe waren von vielen Regeln bestimmt. So gab es eine bestimmte Auftrittsreihenfolge der Tänzer, die ihren Rang am Hofe widerspiegelte. Auch die Bewegungsabläufe der Tanzfiguren waren streng vorgeschrieben und mussten vorher mit einem Tanzlehrer lange geübt werden.

Komponisten aus vielen Jahrhunderten haben sich in ihren Werken immer wieder der zwei- und dreiteiligen Liedform bedient. Besonders bei Tänzen fanden diese einfachen Formen Anwendung. Einer der wichtigsten Tänze war über die Jahrhunderte das Menuett, das von einem französischen Volkstanz abstammen soll. Als Hoftanz wurde es (im 3/4-Takt und gemäßigtem Tempo) unter Ludwig XIV. eingeführt und stellte bald alle anderen Tänze in den Schatten. Als Tanz verlor das Menuett im Laufe des 18. Jahrhunderts an Bedeutung. Als stilisierter Tanz wurde es jedoch zunehmend Bestandteil von Suiten, Sonaten und Sinfonien.

### Ein Menuett von Johann Sebastian Bach

Das folgende Menuett stammt aus einer Suite (= Folge verschiedener Tänze), die Bach für Orchester komponierte.

**1** **a** Hört euch das Menuett an. Verfolgt beim Hören die notierte Melodielinie.
**b** Untersucht den Aufbau des Menuetts. Benennt vor allem Motive, Phrasen und Formteile.

**2** Hört das Menuett noch einmal an. Fertigt im Arbeitsheft eine Skizze des Formablaufs an. Tragt die Instrumentalbesetzung (Streichinstrumente, Blasinstrumente, ganzes Orchester) ein und kennzeichnet Wiederholungen der einzelnen Abschnitte.

D 10

## Menuett getanzt

In Mozarts Oper „Don Giovanni" erklingt ein berühmtes Menuett, zu dem eine Ballgesellschaft auf der Bühne tanzt. Probiert selbst zur Musik einige Tanzschritte aus.

**3** **a** Seht euch die Aufnahme des getanzten Menuetts an und achtet auf die Bewegungsfolgen.

**b** Hört euch das Menuett von Mozart an und führt die Tanzschritte zunächst einzeln aus. Achtet auf passende Gesten und eine entsprechende Körperhaltung.

D 11

**c** Gestaltet eine Tanz-Choreografie mit den beschriebenen Bausteinen. Die Videos helfen euch bei der Ausführung der Schrittfolgen.

**WISSEN**

**Menuett und Trio**

Das Menuett musste eine für die Tänzer ganz klar angelegte Form haben: der reguläre Bau besteht ursprünglich aus zwei achttaktigen Halbsätzen. Bald schon wurde jedoch der zweite Halbsatz erweitert. Daraus entwickelte sich die dreiteilige Form: Menuett – Trio – Menuett. Die Bezeichnung Trio kommt daher, dass ein kontrastierender Mittelteil von einem solistischen Trio (Blas- oder Streichinstrumente) gestaltet wurde. Das Trio hebt sich deshalb klanglich meist vom Menuett ab (Klangfarbe, Lautstärke) und steht oft in einer anderen Tonart.

Reverenz:
Verbeugung/Knicks zum Partner

Grundschritt:
Zz. 1: rechte Fußspitze tippt schräg rechts vorne
Zz. 2: rechte Fußspitze tippt zum linken Fuß zurück
Zz. 3: rechte Fußspitze tippt noch mal schräg rechts vorne

Elevé:
Zz. 1: rechten Fuß zur Seite stellen
Zz. 2: linken Fuß beistellen, dabei auf beide Fußspitzen heben
Zz. 3: Fersen senken

Wechselschritt:
Zz. 1: Schritt rechts vor
Zz. 2: linken Fuß dazustellen
Zz. 3: Schritt rechts vor

# Musik mit Wiedererkennungswert: das Rondo

## Manamana

D 12, 13

Text: F. Oldörp; Musik: P. Umiliani

**1** Teilt euch in zwei Gruppen und singt den Song. Verwendet verschiedene bekannte Lieder als weitere Zwischenspiele.

Den Song „Manamana“ könnt ihr mit „Sockys“ lustig in Szene setzen. Dafür braucht ihr ein altes Bettlaken, eine Schnur, ein paar Wäscheklammern und fünf alte Socken oder Strümpfe.

**2** Schneidet in das Laken fünf kurze, waagrechte Schlitze (ca. 15 cm): einen in der Mitte und je zwei übereinander rechts und links davon. Hängt das Laken in einen Türrahmen oder zwischen zwei Kartenständer. Drei bis fünf Schüler haben die Strümpfe über die Hand gestülpt und lassen diese „Sockys“ durch die Schlitze zum Song agieren; der mittlere Socky singt als Solist das „Manamana“, die anderen das „Du du bi du du“. Jedes Zwischenspiel kann von einem anderen Socky gestaltet werden.

D 13

**[ Tipp ]** Gestaltet die Sockys fantasievoll!

## Wie ein Rondo gebaut ist

Die einfachste Form des Rondos ist ein **Kettenrondo**. Dabei wechseln sich (wie bei „Manamana") ein immer wiederkehrender Teil (Ritornell) und ein jeweils unterschiedlicher Zwischenteil (Couplet) ab:

**WISSEN**

**Rondo**
Ein Rondo ist eine musikalische Form, bei der sich ein wiederkehrender Formteil (Ritornell) mit anderen Teilen (Couplets) abwechselt.

## Ein Rondo von Haydn

Nicht so regelmäßig gebaut wie ein Kettenrondo sind Werke in **erweiterter Rondoform.** Im Rondo aus dem Bläserquintett von Joseph Haydn werden manche Couplets wiederholt und das Ritornell erscheint in unregelmäßigen Abständen, teilweise zweimal nacheinander gespielt.

**3** a Singt oder spielt zunächst die Melodie des Ritornells.
b Übt dazu die Stiftpercussion ein.

**Ritornell**

**Stiftpercussion**

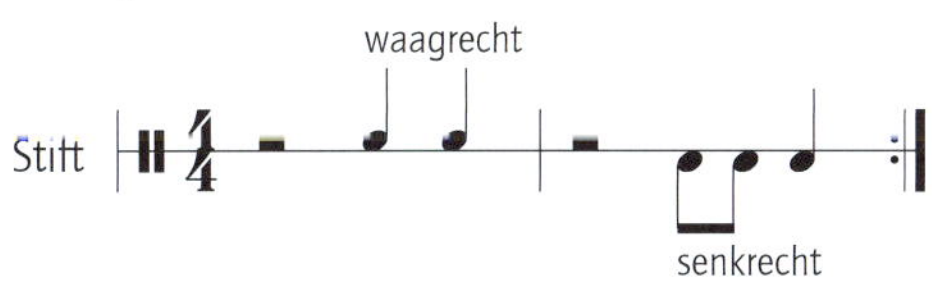


**4** a Hört nun das Rondo mehrmals an und spielt zum Ritornell die Stiftpercussion. Pausiert in den Couplets.
b Notiert die Form in euer Arbeitsheft.

D 14

## [ Das habt ihr gelernt ]

- die Parameter Lautstärke, Tonhöhe und Tempo zur Beschreibung von Musik zu nutzen
- was ein Motiv ist
- wie aus Motiven und Phrasen Lieder und Kompositionen entstehen
- den Aufbau der zweiteiligen und dreiteiligen Liedform
- was ein Menuett ist und wie man dazu tanzt
- wie ein Rondo aufgebaut ist

# [Kapitel 10]

# Let's dance

„Das Tanzen ist die Kunst, wo die Beine denken, sie seien der Kopf."
*Stanislaw Jerzy Lec*

Wenn ihr Tänzer beobachtet, werdet ihr sehr schnell an der Kopfhaltung erkennen können, wer schon erfahren ist und wer noch in den Anfängen steckt. Wer beim Tanzen die ganze Zeit auf seine Füße sieht, hat dem Kopf noch die Regie überlassen, statt auf das Gedächtnis und Gespür der Beine und Füße zu vertrauen. Genießen kann man das Tanzen eigentlich erst, wenn man die Mittänzer wahrnehmen kann und sich von ihnen inspirieren lässt. Dabei ist es besonders hilfreich, wenn man Tanzbewegungen in Gruppen synchron ausführt, denn dann hat man, auch wenn man mal nicht mehr selbst weiterweiß, immer eine Orientierung.

In diesem Kapitel lernt ihr, wie man mit einfachen Schritten zu Popsongs zusammen schöne Tänze selber entwickeln kann.

Körper und Bewegung

## Freeze-Spiel

Geht durch den Raum. Achtet gut auf eure Mitspieler: Sobald irgendein Spieler stehen bleibt („freeze"), bleiben alle anderen auch stehen. Sobald ein Spieler losläuft, laufen alle los.

Variationen:

- Bewegungsform verändern (rückwärts gehen, hüpfen ...)
- Gehen mit einem Rhythmus (Bodypercussion) verbinden

Körper und Bewegung

## Bewegungsspiegel

Stellt euch paarweise gegenüber (Spiegelbild) und ahmt die Bewegungen des Partners nach. Bezieht in eure Bewegungen alle drei Ebenen (hoch – mittel – tief) und auch die Raumdimensionen (vor – zurück – seit) ein. Wechselt nach einiger Zeit die Führungsaufgabe.

Stimme/Körper und Bewegung

## Formationstanz spontan: My Dancing Queen

D 15, 16

Text u. Musik: M. Detterbeck
© Helbling

- Stellt euch in Rautenform auf. Jeweils vier oder fünf Schüler bilden eine Gruppe.
- Der Schüler an der Spitze erfindet einfache Bewegungsformen zur Musik. Die dahinterstehenden Schüler machen die Bewegungen möglichst synchron mit.
- Nach einigen Durchgängen macht der „Vortänzer" eine Vierteldrehung nach rechts. Damit wechselt auch der Vortänzer.
- Der nächste Vortänzer übernimmt die Führung und erfindet neue Bewegungen.

## Summer Holiday

D 17, 18

Text: H. Puchta, G. Gerngross, C. Holzmann; Musik: M. Detterbeck

## Klassenarrangement

Keyboard

Bass

Drumset

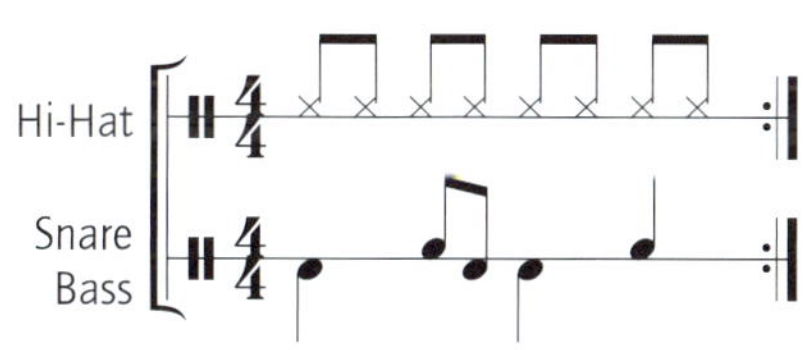


Percussion

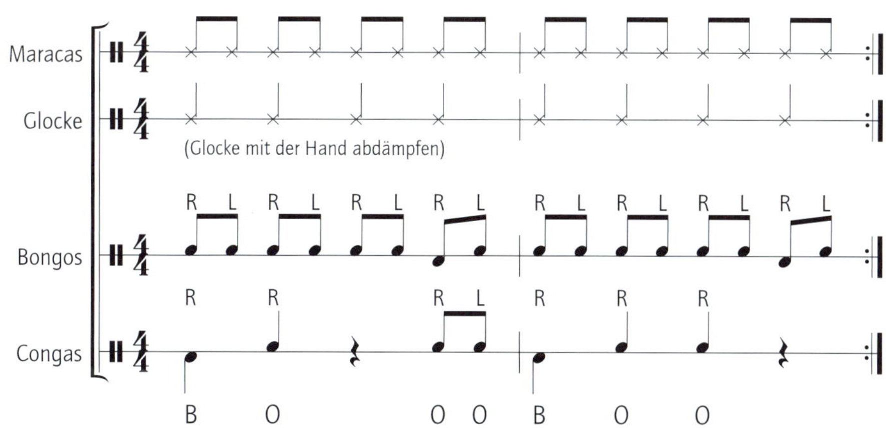


B = Bass-Sound (Fellmitte)
O = Open-Sound (Trommelrand)

## Ablauf des Songs „Summer Holiday"

| Intro | Strophe 1 | Refrain | Refrain | Strophe 2 | Refrain | Refrain | Refrain | Refrain | Outro |
|---|---|---|---|---|---|---|---|---|---|
| 4 Takte | 8 Takte | 8 Takte | 8 Takte | 8 Takte | 8 Takte | 8 Takte | 8 Takte | 8 Takte | 4 Takte |

# Bausteine für einen Poptanz

**INFO**

**Choreografie**
Eine Choreografie (griech., Tanzbeschreibung) war ursprünglich die Notation der Bewegungen des Chores im Theater. Heute bezeichnet man damit auch die Erfindung und Einstudierung von Bewegung. Eine gute Choreografie wird als eigenständiges Kunstwerk betrachtet.

Wenn viele Menschen etwas gleichzeitig tun sollen, benötigt man einen Plan, der Ordnung schafft: ein Startschuss z. B. gibt das Zeichen zum gleichzeitigen Start der Läufer bei einem Wettbewerb, Ordner weisen den Massen bei einem großen Open-Air-Konzert den richtigen Weg, ein Dirigent koordiniert die Einsätze der Musiker bzw. Sänger in einem Orchester oder Chor. So ist es auch wichtig, Vereinbarungen für einen geordneten Ablauf zu treffen, wenn ihr gemeinsam einen Poptanz aufführen wollt. Was ihr unbedingt braucht, ist also eine Choreografie für euren Tanz.

**1** **a** Bildet vier Gruppen. Sucht euch zunächst jeweils einen Baustein aus. Besprecht eure Auswahl unbedingt mit den anderen Gruppen, damit ihr unterschiedliche Figuren erarbeitet.
**b** Übt den Baustein Schritt für Schritt ohne Musik ein. Sind die Bewegungsabläufe sicher, könnt ihr zur Musik tanzen. (CD 17)

**2** Tanzt nun euren Baustein den anderen Schülern vor. Bringt anschließend den anderen Gruppen eure Bewegungsabfolge bei.

**3** Entwerft eine gemeinsame Choreografie: Hört euch den Song mehrmals an und überlegt, wie ihr die eingeübten Bausteine kombinieren könnt. Achtet darauf, welcher Baustein zu welchem Abschnitt der Musik passt. (CD 17)

**4** Für Profis: Erweitert eure Choreografie um weitere Bewegungsbausteine oder erfindet eigene Bewegungsabläufe.

**[ Tipps ]**
- Eine gute Showwirkung erzielt ihr durch eine exakte Handhaltung, gute Körperspannung und gleichzeitige (synchrone) Bewegungen.
- Die Tanzbausteine könnt ihr beliebig kombinieren. Achtet aber auf die unterschiedliche Länge der Bausteine.
- Für das Intro eignen sich besonders die Bausteine 1 und 2.
- Für den Refrain wirken die zweitaktigen Bausteine 9 und 10 besonders gut.
- Gestaltet im Outro ein gemeinsames Abschlussbild. Verharrt am Ende der Musik noch einen Augenblick in der Abschlussposition (Freeze).
- Notiert die Tanzbausteine als Merkhilfe auf ein großes Plakat.
- Einfache Variante: Jeweils eine Gruppe tanzt ihren Baustein alleine zur Strophe, alle tanzen eine gemeinsame Bewegungsfolge zum Refrain.
- Die Tanzbausteine könnt ihr auch für andere Songs nutzen.

## Ablauf des Songs „Summer Holiday"

| Intro | Strophe 1 | Refrain | Refrain | Strophe 2 | Refrain | Refrain | Refrain | Refrain | Outro |
|---|---|---|---|---|---|---|---|---|---|
| 4 Takte | 8 Takte | 8 Takte | 8 Takte | 8 Takte | 8 Takte | 8 Takte | 8 Takte | 8 Takte | 4 Takte |

**Baustein 1 „Hüfte"**

| | 1 | 2 | 3 | 4 |
|---|---|---|---|---|
| **Arme:** | nach rechts oben strecken | wie Zz. 1 | nach links oben strecken | wie Zz. 3 |
| **Hüfte:** | nach rechts bewegen | wie Zz. 1 | nach links bewegen | wie Zz. 3 |

**Baustein 2 „Seit-Tipp"**

| | 1 | 2 | 3 | 4 |
|---|---|---|---|---|
| **Arme:** | nach links unten strecken | vorne nach unten strecken | nach rechts unten strecken | vorne nach unten strecken |
| **Füße:** | Seit-Tipp rechts | schließen | Seit-Tipp links | schließen |

**Baustein 3 „Kreuz-Tipp"**

| | 1 | 2 | 3 | 4 |
|---|---|---|---|---|
| **Arme:** | vor Körper kreuzen | zur Seite strecken | vor Körper kreuzen | zur Seite strecken |
| **Füße:** | rechts kreuzt vor links | Seit-Tipp links | links kreuzt vor rechts | Seit-Tipp rechts |

**Baustein 4 „Pivot turn"**

| | 1 | 2 | 3 | 4 |
|---|---|---|---|---|
| **Arme:** | rechts zeigt nach vorn | Arm abwärts führen | wie Zz. 1 | wie Zz. 2 |
| **Füße:** | rechts vor | halbe Drehung über links | wie Zz. 1 | wie Zz. 2 |

**Baustein 5 „Tipp-Schritt/Zehenspitzen"**

| | 1 | 2 | 3 | 4 |
|---|---|---|---|---|
| **Arme:** | zur Seite und anwinkeln | Arme abwärts führen | Arme vor Gesicht kreuzen | Arme abwärts führen |
| **Füße:** | Tipp rechts am Platz (Zehenspitze) | rechts ab: ganzen Fuß aufsetzen | Tipp links am Platz (Zehenspitze) | links ab: ganzen Fuß aufsetzen |

**Baustein 6 „Mambo"**

| | 1 | 2 | 3 | 4 |
|---|---|---|---|---|
| **Arme:** | vor Gesicht kreuzen | Geste halten | seitlich nach unten strecken | Geste halten |
| **Füße:** | rechts vor | links zurück | rechts zurück | links vor |

**Baustein 7 „V-Step"**

| | 1 | 2 | 3 | 4 |
|---|---|---|---|---|
| **Arme:** | rechts hoch | links hoch | rechts ab | links ab |
| **Füße:** | rechts schräg vor | links schräg vor | rechts rück | links rück |

**Baustein 8 „Im Quadrat"**

| | 1 | 2 | 3 | 4 |
|---|---|---|---|---|
| **Arme:** | vor Gesicht kreuzen | Geste halten | seitlich nach unten strecken | Geste halten |
| **Füße:** | rechts vor | links schließen | Vierteldrehung nach rechts | links schließen |

**Baustein 9 „Arme I"**

| 1 | 2 | 3 | 4 | 5–8 |
|---|---|---|---|---|
| **Arme:** rechte Hand tippt an linke Hüfte | rechte Hand tippt an rechte Hüfte | 1 x in die Hände klatschen | vor dem Körper kreuzen (rechte Hand auf linke Schulter, linke Hand auf rechte Schulter) | Kreis von oben nach unten beschreiben |

**Baustein 10 „Arme II"**

| 1 | 2 | 3 | 4 |
|---|---|---|---|
| **Arme:** rechts nach oben strecken | rechts ab | links nach oben strecken | links ab |

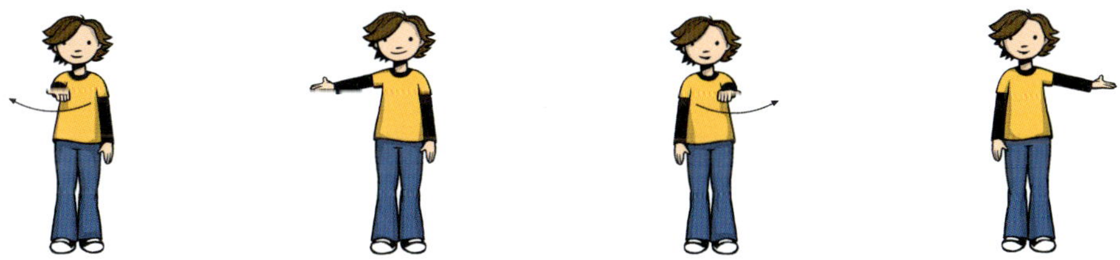

| 5 | 6 | 7 | 8 |
|---|---|---|---|
| rechter Arm bewegt sich vor dem Körper von links nach rechts | | linker Arm bewegt sich vor dem Körper von rechts nach links | |

## [ Das habt ihr gelernt ]

- den Song „Summer Holiday" zu singen und zu begleiten
- was eine Choreografie ist
- verschiedene Poptanzfiguren zu tanzen und sie euch zu merken
- aus Tanzbausteinen eine eigene Choreografie zu entwickeln

[Kapitel 11]

# Move and groove

Rhythmus ist spannend und spielt nicht nur für uns Menschen eine wichtige Rolle. Wusstet ihr schon, ...

- ... dass unser Herz an einem Tag etwa 100.000 Mal schlägt?
- ... dass das längste Musikstück der Welt 639 Jahre dauert? Seit 2001 wird in Halberstadt das Orgelstück „ASLSP“ (as slow as possible) von John Cage aufgeführt. Etwa einmal im Jahr wird ein neuer Ton hinzugefügt oder entfernt.
- ... dass der schnellste Rapper, Chojin aus Spanien, 921 Silben in einer Minute geschafft hat?
- ... dass der längste Solo-Schlagzeug-Marathon 120 Stunden dauerte? Russ Prager aus den USA trommelte in Sacramento ununterbrochen vom 9.–14. März 2009.
- ... dass Spechte Signale trommeln können, die wegen ihrer großen Reichweite gerade im dichten Wald von großer Bedeutung sind? Sie dienen der Reviermarkierung, dem Rivalenstreit, dem Höhlenzeigen oder als Anwesenheitsruf.
- ... dass Glühwürmchen bei der Partnersuche rhythmisches Blinken in einem bestimmten Tempo einsetzen, um auf sich aufmerksam zu machen?

In diesem Kapitel beschäftigt ihr euch mit spannenden Rhythmen, rhythmischen Songs und coolen Tänzen ganz nach dem Motto „move and groove“.

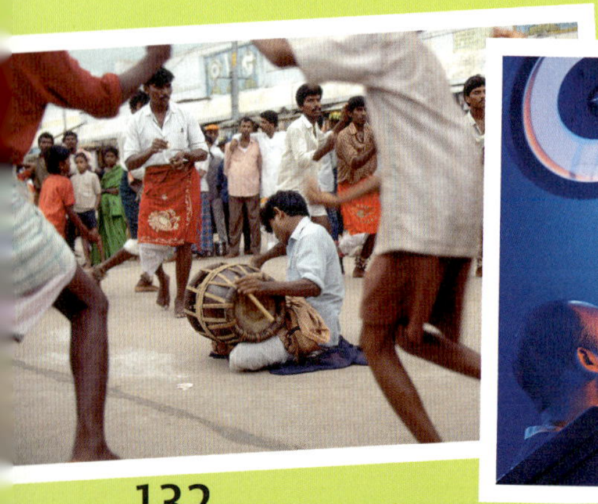

Stimme/Körper und Bewegung

## Pass It On

D 19, 20

With movement
♩ = 146

Text u. Musik: M. Detterbeck
© Helbling

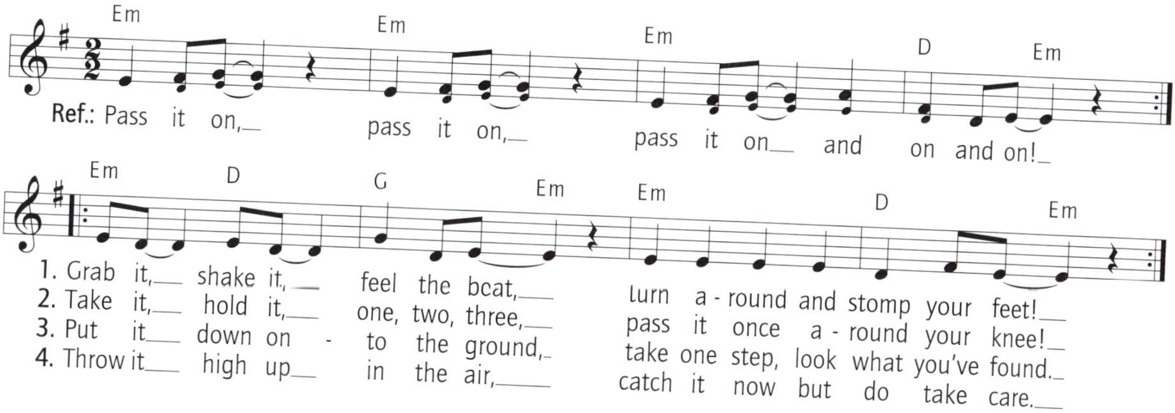


❖ Gebt im Refrain einen Gegenstand im Kreis weiter (z. B. Schüttel-Ei).
❖ Führt die in den Strophen beschriebenen Aktionen aus.

Rhythmus

## Schlagzeug-Rap

D 21

Text u. Musik: M. Detterbeck, G. Schmidt-Oberländer
(nach einer Idee von Vio de Galgoczy)
© Helbling

❖ Spielt die entsprechenden Klänge als Luftschlagzeug mit.

# Der Traum von der großen weiten Welt

Drei kleine Fische wollen die Welt entdecken. Bald aber müssen sie feststellen, dass das Leben draußen im weiten Meer wirklich kein Kinderspiel ist …

## Three Little Fishies

D 22, 23

Text u. Musik: S. Dowell; Einrichtung: M. Detterbeck

3. „Whee!", yelled the little fishies, „Here's a lot of fun, we'll swim in the sea till the day is done!"
They swam and they swam, and it was a lark,
till all of a sudden they saw a shark!
**Refrain:** Boop boop …
Till all of a sudden they saw a shark!

4. „Help!", cried the little fishies, „Gee! Look at all the whales!"
And quick as they could, they turned on their tails,
and back to the pool in the meadow they swam,
and they swam and they swam back over the dam.
**Refrain:** Boop boop …
And they swam and they swam back over the dam.

**Glossar**
meadow: Wiese
little bitty pool: klitzekleiner Teich
dam: Damm
to be bossed: herumkommandiert werden
to go on a spree: auf Tour gehen
lark: Spaß
to turn on the tail: auf der Schwanzflosse kehrt machen

## Swing-Feeling

Der Song „Three Little Fishies“ wird im Swing-Feeling gesungen. Das bedeutet, dass die gerade notierten Achtel (♫) wie Dreierunterteilungen (³♪♪♪) ausgeführt werden. Dadurch entsteht der swingende Charakter, der über dem Notat mit dem Hinweis ♫ = ³♪♪♪ angegeben wird.

**1** **a** Hört einen Ausschnitt des Songs in zwei Versionen. Welche der beiden Versionen wird im Swing-Feeling gespielt? (D 24, 25)

**b** Singt selbst zu den Ausschnitten. Beschreibt die unterschiedliche Wirkung.

Zweierunterteilung

Dreierunterteilung

**! WISSEN**

**Zweier- und Dreierunterteilungen**
Der Grundschlag, der Puls der Musik, kann in zwei oder drei kleinere Schläge unterteilt werden. Ist ein Song mit ♫ = ³♪♪♪ bezeichnet, werden die gerade notierten Achtel (♫) triolisch (³♪♪♪) gespielt bzw. gesungen. Man spricht vom „Swing-Feeling“.

## Choreografie und Begleitung zum Song

**2** Erfindet lustige Bewegungen zum Songtext.

**3** Begleitet den Song mit Bodypercussion und Rhythmusinstrumenten.

„over the dam“

„swam“

### Rhythmus-Ostinato

Bodypercussion

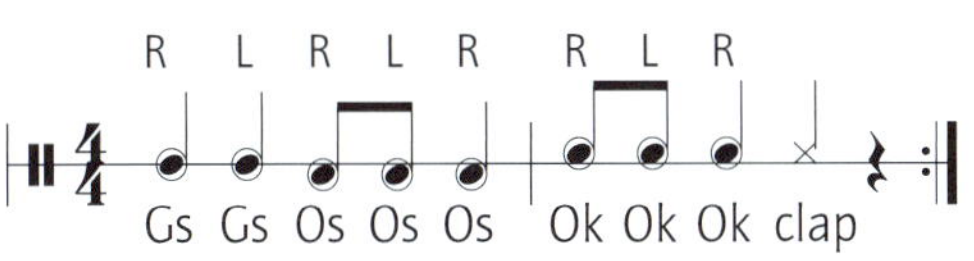


♩ = auf die Oberschenkel/das Gesäß/den Oberkörper klopfen
x = klatschen

Rhythmusinstrumente

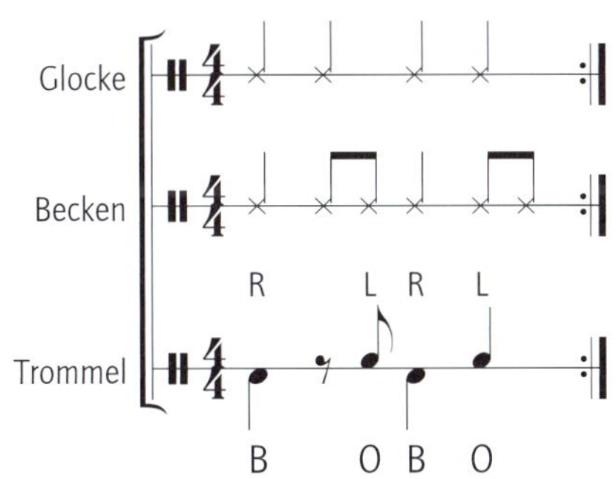


B = Bass-Sound (Fellmitte)
O = Open-Sound (Trommelrand)

# Die Synkope – eine Störung in der Musik?

Bus verpasst, Handy alle, der Computer stürzt ab ... Wird die gewohnte Ordnung gestört, ärgert uns das. Aber manchmal sind Störungen auch spannend: Wir müssen über andere Lösungen nachdenken und bekommen neue Ideen. Wenn alles immer geradlinig und wohlgeordnet zugeht, kann es schnell langweilig werden. Das Abweichen vom Üblichen kann eine Sache interessanter machen, sie in ein anderes Licht rücken. Dies gilt auch für die Musik.

## Marsch

D 26

Musik: C. Ph. E. Bach

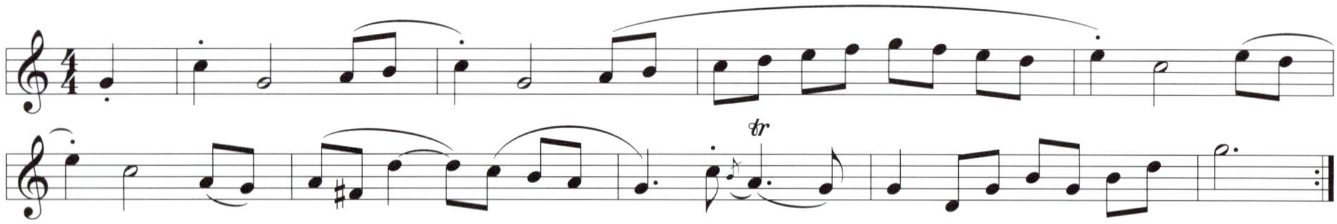

**1** Geht zur Musik im Rhythmus von halben Noten. D 26

**2** In einigen Takten der Komposition geht die ursprüngliche Betonungsordnung eines 4/4-Taktes verloren. Erklärt anhand des Notenbildes, wie diese Ordnung „gestört" wird.

## Turning hands

Werden in der Musik ursprünglich unbetonte Zählzeiten eines Taktes betont, entstehen spannende Rhythmen. In der Musik nennen wir diese Verschiebung der Betonung „Synkope".

**3** **a** Schlagt mit der rechten Hand wie abgebildet zwischen Oberschenkel und linker Hand auf und ab (T. 1).
**b** Dreht nun die rechte Hand mit der Handfläche nach oben (T. 2).

**4** **a** Sprecht die erste Zeile des Stücks „Neulich in Rio ...". Begleitet euch mit den „Turning hands".
**b** Führt das gesamte Sprechstück auf.
**c** Welche Takte enthalten Synkopen?

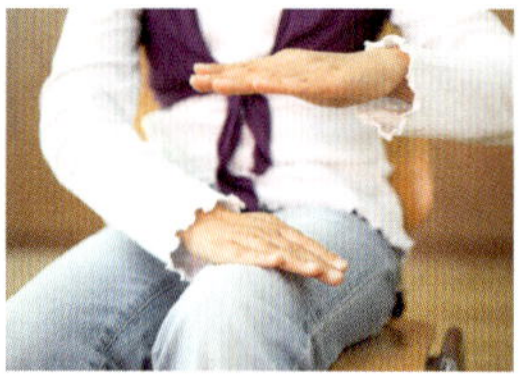
*Takt 1*

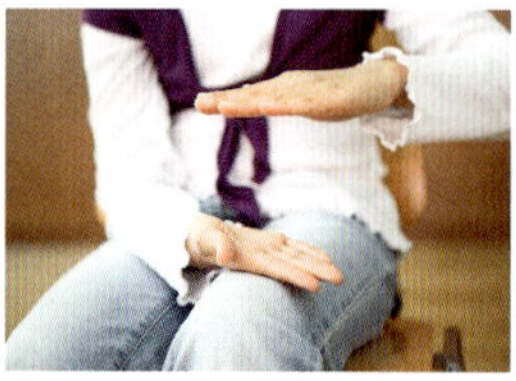
*Takt 2*

## Neulich in Rio ...

D 27

Text u. Musik: M. Detterbeck, G. Schmidt-Oberländer


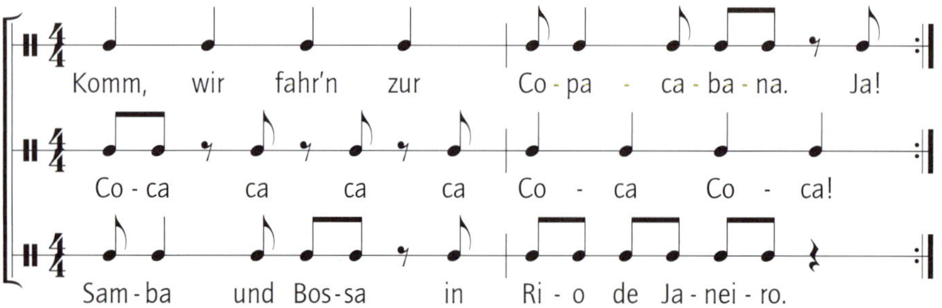

## Rhythmus mit Würze

### Synkopen-Song

D 28

Text u. Musik: M. Detterbeck, G. Schmidt-Oberländer

> **! WISSEN**
>
> **Synkope**
> Wird eine Betonung auf eine eigentlich unbetonte Zählzeit verlagert, so nennt man dies Synkope (griech., Zusammenstoß). Synkopen bringen Spannung und Abwechslung in die Musik.

### Begleitostinato

**5** Erarbeitet euch die zweite Zeile des Songs mithilfe der „Turning hands" (S. 136) in langsamem Tempo.

**6** **a** Singt den Song einstimmig.
**[ Tipp ]** Imitiert in der zweiten Zeile eine Trompete. Achtet auf eine kurze, „knackige" Ausführung der Silben („du" und „ba"). Die dritte Zeile kann weich wie ein Saxofon klingen (legato).

**b** Führt zum Song die Schlagfigur eines 4/4-Taktes aus.

**c** Singt den Song als Kanon. Bestimmt einen Dirigenten, der die Einsätze gibt; er wendet sich dabei rechtzeitig der nächsten Gruppe zu.

**7** Singt den „Ohne-Synkopen-Song". Beschreibt die veränderte Wirkung.

### Ohne-Synkopen-Song

D 29

Text u. Musik: M. Detterbeck, G. Schmidt-Oberländer

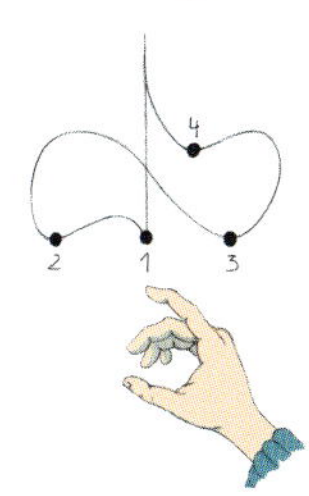


**8** Sucht Synkopen im Song „Pass It On", S. 133.

## Mit Synkopen zum Groove

In Rock und Pop spielen Synkopen eine besonders wichtige Rolle. Die Verschiebung von Betonungen bringt rhythmische Spannung in die Songs und ist ein wesentlicher Bestandteil der Wirkung – des „Grooves" – dieser Musik.

> **INFO**
>
> **Groove**
> „Groove" nennt man z. B. eine typische Rhythmusfigur (z. B. für Latin, Swing ...) oder auch ein Gefühl, das durch Rhythmus, Spannung und Tempo der Musik erzeugt wird.

### Y. M. C. A.

D 30–32

Text: H. Belolo; Musik: J. Morali

2. Young man, are you listening to me? I said,
young man, what do you want to be? I said,
young man, you can make real your dreams,
but you've got to know this one thing!
No man does it all by himself, I said,
young man, put your pride on the shelf, and just
go there to the Y. M. C. A.,
I'm sure they can help you today.

**1** Benennt die Takte im Song, in denen Synkopen vorkommen.

**2** Singt den Song „Y. M. C. A." als „Ohne-Synkopen-Song". Beschreibt die veränderte Wirkung.

**3** Führt den Song mit der vorgeschlagenen Choreografie (S. 139) auf.

**Rhythmus-Ostinato**

Vocussion/ Bodypercussion

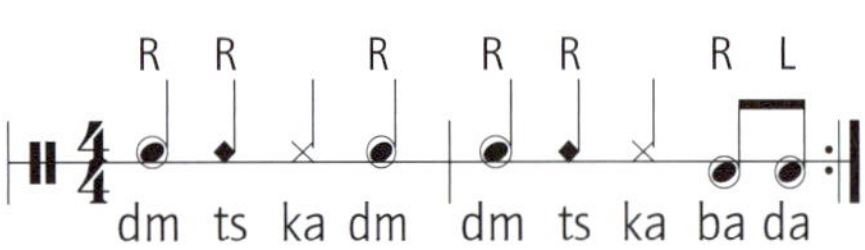


= auf die Oberschenkel/den Oberkörper klopfen

= schnipsen

= klatschen

## Choreografie zum Song

D 30, 31

*Intro (6 Takte):*
sitzend mit den Fußballen eine rhythmische Gehbewegung in Vierteln ausführen; die Ferse steht fest auf dem Boden

*Strophen (16 Takte):*
T. 1–8 = T. 9–16

| 4/4 1 2 | 3 4 | 1 2 | 3 4 | 1 2 | 3 4 | 1 2 | 3 4 |
|---|---|---|---|---|---|---|---|
| 2 x Schenkelschlag | 2 x klatschen | 2 x Schenkelschlag | 2 x r. Ellbogen mit l. Hand antippen | 2 x Schenkelschlag | 2 x l. Ellbogen mit r. Hand antippen | 2 x Schenkelschlag | 2 x mit Daumen über Schulter zeigen |

| 1 2 | 3 4 | 1 2 | 3 4 | 1 2 3 4 1 2 3 4 |
|---|---|---|---|---|
| 2 x Schenkelschlag | 2 x zur Seite schnipsen | 2 x Schenkelschlag | 2 x stampfen (links, rechts) | aufstehen, Hände über dem Kopf schütteln und mit 8 Schritten nach rechts um den Stuhl laufen, hinsetzen (in T. 16 für Refrain stehen bleiben!) |

*Zwischenspiel (2 Takte):* laufen wie im Intro

*Refrain (2 x 8 Takte):*

| T. 1–4 | T. 5 | T. 6 | T. 7/8 |
|---|---|---|---|
| die Buchstaben Y, M, C, A zur Musik darstellen | Arme führen doppelte Wischbewegung vor dem Körper nach rechts aus | Arme führen doppelte Wischbewegung nach links aus | Arme ausgestreckt vor dem Körper langsam über den Kopf führen; Hände dabei schütteln |

*Ablauf:*

| Intro | Strophe 1 | Zwischenspiel | Refrain | Strophe 2 | Zwischenspiel | Refrain |
|---|---|---|---|---|---|---|

## Eine Handvoll Trommeln: das Drumset

Mit der Vocussion-Begleitung zu „Y. M. C. A." habt ihr einen Rhythmus imitiert, den üblicherweise ein Schlagzeuger auf seinem Drumset spielt. In der Pop-, Rock- und Jazzmusik bildet das Schlagzeug oder Drumset zusammen mit dem E-Bass die Rhythmusgruppe einer Band.

### Die Instrumente eines Drumsets

3 **Becken** sind Metallscheiben in verschiedenen Größen. Ein Schlagzeuger hat zumindest zwei Becken zur Verfügung: ein Ride-Becken (Silbe **„ts"**) und ein Crash-Becken (Silbe **„tisch"** mit langem Nachklang). Akzente werden auf dem kleineren Crash-Becken gespielt.

1 Die aus einem Beckenpaar bestehende **Hi-Hat** könnt ihr mit der Silbe **„ts"** imitieren. Sprecht das „ts" ganz weit vorne an der Zungenspitze. Die Zunge berührt dabei den Ansatz der oberen Schneidezähne. Sprecht das „ts" locker und kurz (vom Zwerchfell unterstützt). Die Hi-Hat kann mittels Pedal geöffnet werden. Benutzt für diesen Klang die Silbe **„tsch"**.

4 **Tomtoms** sind Trommeln in verschiedenen Größen. Meist hat ein Schlagzeuger drei Tomtoms zur Verfügung. Die größte wird als Stand-Tomtom bezeichnet. Imitiert die Toms in drei Tonhöhen mit der Silbe **„dun"**.

2 An der Unterseite der **Snare-Drum** befinden sich Schnarrsaiten, die den typischen Klang dieser Trommel ausmachen. Sprecht die Silbe **„ka"** sehr leicht, hell und nicht zu laut.

5 Die **Bass-Drum** ist die größte Trommel des Drumsets. Benutzt die Silbe **„dm"** mit tiefem Klang. Ihr könnt sie unterschiedlich lang halten.
Für Rock-Grooves sollte der Klang eher kurz sein.

## Drumset-Sounds

**1** Übt die verschiedenen Sounds des Drumsets einzeln ein. Die folgenden Rhythmen helfen euch, die genaue Artikulation der Sounds zu trainieren.

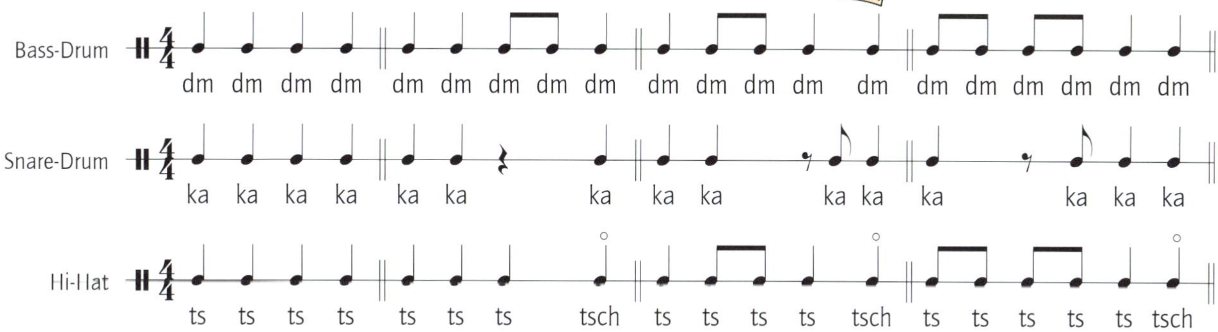


**2** a Sprecht das Pattern 1. Nutzt die Vocussion-Silben und spielt dabei auf einem „Luftschlagzeug". Das hilft euch, den Rhythmus präzise und ausdrucksvoll auszusprechen. Beim Lufttrommeln geht es wie beim Luftgitarrespielen darum, sich so zu bewegen, als ob man auf einem echten Instrument spielen würde.

**Pattern 1**

b Übertragt den Rhythmus nun auf das Drumset und spielt ihn zum Song „Pass It On" (S. 133).

c Als Variation könnt ihr das Pattern 2 einüben.

**Pattern 2**

**! WISSEN**

**Schlagzeugnotation**

Für Schlagzeuger wird ein Groove in der Regel im Fünfliniensystem notiert. Zu Beginn steht ein doppelter Strich, der sogenannte Schlagzeugschlüssel. Die wichtigsten Instrumente des Drumsets stehen auf unterschiedlichen Linien:

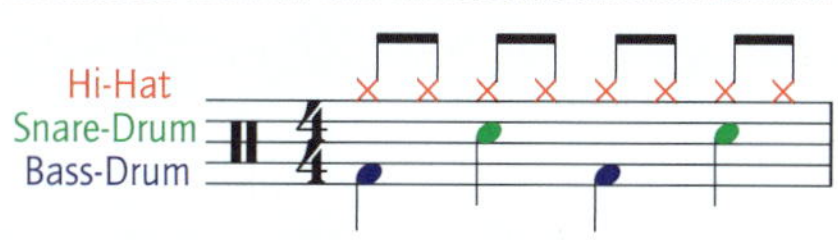


## [ Das habt ihr gelernt ]

- einen Song in Bewegung umzusetzen
- was eine Synkope ist und wie sie wirkt
- eine Pop-Choreografie zu tanzen
- wie ein Schlagzeug aufgebaut ist
- ein Schlagzeug mit der Stimme zu imitieren (Vocussion)
- einige einfache Schlagzeug-Patterns

# [Workshop] Improvisation

In diesem Workshop bekommt ihr Anregungen, wie ihr Musik spontan erfinden und mit euren eigenen musikalischen Ideen spielerisch umgehen könnt.

## Schritt 1: Im C-Dur-Tonraum unterwegs

Immer hilfreich für eine Improvisation ist eine Begleitung, die dem Spieler viel Freiraum lässt.

- Spielt das Begleitmodell (nicht zu schnell!) auf einem Stabspiel oder auf dem Klavier (auf dem Klavier: zweite Zeile zwei Oktaven tiefer spielen). Die zweite Zeile kann auch von Bass-Klangstäben oder einem E-Bass ausgeführt werden.

- An zwei oder mehr Instrumenten (Stabspiele, Keyboards, Melodieinstrumente) könnt ihr nun abwechselnd mit den Tönen der C-Dur-Tonleiter Melodien erfinden. Übt zunächst die abgebildeten Melodieausschnitte (Motive). Sucht euch eines der abgebildeten Motive aus und führt es mit beliebigen Stammtönen weiter.

## Schritt 2: Frage und Antwort

- Macht aus der Übung ein Frage-und-Antwort-Spiel (call and response). Alle spielen eines der Motive, abwechselnd ergänzt ein Solist einen zweiten Takt.

**[ Tipp ]** Achtet darauf, dass die musikalische Antwort einen Bezug zur Fragestellung hat: Ihr könnt in eure Antwort beispielsweise den Rhythmus oder einen Teil der in der Frage gespielten Melodie aufnehmen und diese Idee dann weiterführen.

## Schritt 3: Ein Ton, zwei Töne, viele Töne ...

- Überlegt euch nun selbst Fragen und Antworten, zunächst aber nur auf einem Ton (rhythmisch).
- Danach dürft ihr zwei verschiedene Töne nehmen.
- Wenn ihr mit dem Ergebnis zufrieden seid, könnt ihr den Tonraum um einen dritten, dann um einen vierten Ton erweitern.
- Sobald das Spiel mit einem Takt gut klappt, könnt ihr die Frage bzw. Antwort auf zwei Takte ausweiten.

## Schritt 4: Ein Motiv verändert sich

- Verändert euren musikalischen Einfall (Motiv) mit folgenden Mitteln:

**Pausen einbauen:**

**Versetzen des Motivs auf eine höhere oder tiefere Tonstufe:**

**Abspaltung (nur ein Teil des Motivs wird gespielt):**

## Schritt 5: Ein musikalisches Streitgespräch

- Gestaltet mit eurer Improvisation ein Streitgespräch: Stellt eure unterschiedlichen Meinungen mit zwei Motiven dar: Diskutiert, hört zu oder fallt euch auch mal ins Wort, werdet laut ... Versucht, am Ende eine Einigung zu erzielen.

**[Tipp]** Improvisiert so, dass ihr auf euren Partner eingeht: Übernehmt jeweils mehr und mehr Elemente aus der Improvisation eures Partners.

[Kapitel 12]

# Musik mit Programm

Kommt euch diese Diskussion bekannt vor?
*„Zapp doch nicht einfach so durch die Programme!" –*
*„Ich weiß aber gar nicht, ob irgendwo was Interessantes kommt." –*
*„Dann schau doch ins Fernsehprogramm! Dann weißt du, wo du was für dich findest."*

Die Programmzeitschrift informiert uns über den Inhalt der verschiedenen Fernsehprogramme. Ein Fernsehprogramm gibt an, wie die Abfolge der Sendungen im Fernsehen ist, welche Sendungen wann kommen und was der Inhalt ist: ein Film über eine Bergbesteigung, welche Etappen die Bergsteiger zurücklegen müssen, wie das Wetter ist, ein Film darüber, wie ein Gewitter entsteht ...

Auch in der Musik gibt manchmal ein Programm an, was sie ausdrücken soll: einen romantischen Sonnenuntergang, einen Gewittersturm, eine stürmische Seefahrt.
Viele Komponisten haben sich für ihre Musik ein Programm ausgedacht oder sich an einem Programm orientiert.
Wie so etwas klingen kann, erfahrt ihr in diesem Kapitel.

**Stimme**

## Leise pfeift der Wind

D 36

Text u. Musik: M. Detterbeck, G. Schmidt-Oberländer

**Rhythmus**

## Der verbotene Rhythmus 2

- ❖ Übt die abgebildeten Rhythmen (mit Rhythmussilben oder Körperklängen).
- ❖ Bestimmt nun einen der Rhythmen als „verbotenen Rhythmus". Ein Vorspieler macht verschiedene Rhythmen vor, die Klasse imitiert. Der verbotene Rhythmus ist tabu (nicht wiederholen!). Spielregeln: Wenn einer aus der Klasse den Taburhythmus wiederholt, bekommt der Vorspieler einen Punkt. Wenn die ganze Klasse schweigt, erhält die Klasse einen Punkt. Wer zuerst 3 Punkte hat, hat gewonnen.

**Rhythmus**

## Klapper-Groove

D 37

Text u. Musik: G. Schmidt-Oberländer


- ❖ Übt die Zeilen des Klapper-Grooves einzeln und tippt dazu mit den Fingerspitzen die Achtel auf euren Oberschenkeln.
- ❖ Flüstert den Klapper-Groove gespenstisch langsam, aber überdeutlich in drei Gruppen.
- ❖ Gestaltet eine Aufführung zum Playback.

## Soundtracks: musikalische Stimmungsbilder

Soundtracks sind ein unverzichtbarer Teil eines Films. Filmmusikkomponisten unterstützen mit ihrer Musik die Stimmungen bestimmter Szenen und illustrieren die Bilder ausdrucksstark. Auch wenn wir diese Musik ohne Film hören, werden in uns oft Bilder, Szenen oder bestimmte Gefühle lebendig.

traurig, tänzerisch, stark, bedrohlich, heiter, feierlich, dunkel, kraftvoll, hell, betrübt, träumerisch, wild, antreibend, sehnsüchtig, kämpferisch, sanft, düster, exotisch, ruhig

**1** Ihr hört drei Ausschnitte aus verschiedenen Soundtracks. Besprecht mit eurem Banknachbarn, welche Stimmung die Musik jeweils in euch hervorruft. Verwendet dazu die Adjektive im Auswahlkasten. D 38–40

**2** **a** Beschreibt die Bilder. Welche Stimmung vermitteln sie?
**b** Ordnet die Bilder den Musikbeispielen zu. D 38–40

# Töne malen Bilder: Programmmusik

Immer wieder haben sich Komponisten aller Epochen von Eindrücken oder Erlebnissen sowie von Texten oder Bildern zu ihren Werken inspirieren lassen. Da diese Musik meist nur mit Instrumenten gespielt wird (also keinen gesungenen Text enthält), haben sie oft in sogenannten „Programmen“ aufgeschrieben, was sie mit ihrer Musik schildern wollten. So konnten sich die Zuhörer mit den konkreten Inhalten der jeweiligen Musik vertraut machen.

**! WISSEN**

**Programmmusik**
Musik, die nur mit Instrumenten etwas Außermusikalisches darstellt, nennt man Programmmusik. Oft wurden die Komponisten von Dichtung, Malerei, Natur oder Technik inspiriert.

**1** a Ordnet die folgenden Beschreibungen den Hörbeispielen zu. D 41–44

1) Am Bahnhof steht schon der Zug bereit. Die große Dampf-Lokomotive faucht und zischt. Sie setzt sich langsam in Bewegung und nimmt allmählich Fahrt auf.

2) Aus der Ferne hört man ein Signal. Die feindlichen Armeen treffen aufeinander. Die Schlacht beginnt.

3) Die frisch geschlüpften Küken tanzen fröhlich um ihre Eierschalen.

4) Es ist früh am Morgen. Die Sonne wirft funkelndes Glitzern auf den kleinen See. Ein schneeweißer Schwan gleitet langsam und stolz über das Wasser.

b Erklärt, mit welchen musikalischen Mitteln die Komponisten die Beschreibungen (das Programm) umsetzen. Haltet die Ergebnisse in eurem Arbeitsheft in einer Tabelle fest. Verwendet dabei auch die Begriffe Wiederholung, Veränderung und Kontrast. D 41–44

| | Lautstärke | Tempo | Klangfarbe (Instrumente) | Tonhöhe |
|---|---|---|---|---|
| HB 1 | ? | Eindruck des Schnellerwerdens, Veränderung | ? | ? |
| HB 2 | plötzliche Akzente, Kontrast | ? | ? | ? |
| HB 3 | ? | ruhig, wiegend | ? | sanft auf- und abgleitende Melodie |
| HB 4 | halblaut *(mp)* | ? | heller, spitzer Klang, Wiederholung | ? |

**Gestaltungsprinzipien:** Wiederholung, Veränderung, Kontrast (siehe S. 114)

**Parameter (musikalische Merkmale):** Tonhöhe, Tempo, Lautstärke, Klangfarbe (siehe S. 20)

**2** a Könnten die Musikbeispiele auch etwas anderes ausdrücken, als in den Programmen beschrieben ist? Diskutiert Alternativen! D 41–44
b Überlegt, warum es oft gar nicht so leicht ist, die konkreten Absichten der Komponisten bzw. das Programm einer Komposition hörend zu erkennen.

**INFO**

**Partitur**
In einer Partitur (ital. „partitura" = Einteilung) sind alle beteiligten Instrumente so untereinander angeordnet, dass der Dirigent auf einen Blick erkennen kann, was die Instrumente gleichzeitig spielen, welche Instrumente neu einsetzen oder pausieren.

## Donner und Blitz: Ein Gewitter in der Musik

In seiner 6. Sinfonie hat Ludwig van Beethoven ein Gewitter in Musik umgesetzt. Bereits im Notenbild lassen sich die Elemente des Gewitters erkennen.

**1** Beschreibt das Notenbild der kurzen Ausschnitte aus der Orchesterpartitur so genau, dass eure Mitschüler sie erkennen können. Die Formulierungshilfen auf der rechten Seite helfen euch dabei.

A

B

C

**Formulierungshilfen**

ein lauter Schlag der Pauke

zuerst ein tiefer, dann ein hoher Klang

ein kurzes, aufwärts strebendes Motiv der Geigen

leise auf- und absteigende Tongirlanden

Tonwiederholungen in schnellem Tempo

alle Streicher spielen so laut wie möglich (*ff* = fortissimo)

die zweiten Geigen beginnen alleine, die ersten Geigen setzen später ein

die Noten werden kurz (staccato) gespielt

Im Workshop auf S. 108 habt ihr gelernt, wie man über Musik sprechen kann.

**2** a Ordnet die Notenausschnitte den drei Elementen eines Gewitters zu.

Sturm

Blitz und Donner

Regen

b Hört euch Beethovens Gewittervertonung an. In welcher Reihenfolge erklingen die drei Elemente? (CD 45)

c Erstellt in eurem Arbeitsheft eine grafische Ablaufskizze. Nutzt dazu die oben abgebildeten Vorschläge.

**3** Untersucht die Notenausschnitte auf S. 148 genauer: Wie hat Beethoven Regen, Blitz und Donner musikalisch umgesetzt? Geht in eurer Begründung auf Gestaltungsprinzipien (Wiederholung, Veränderung, Kontrast) und Parameter (Lautstärke, Rhythmus, Tonhöhe) ein. Berücksichtigt auch die jeweils verwendeten Instrumente.

**4** Versucht selbst eine Gewittervertonung mit Bodypercussion, Stimme und Klasseninstrumenten. Achtet dabei auf einen sinnvollen Aufbau eurer Musik. Setzt z. B. die verschiedenen Elemente nicht immer gleichzeitig ein.

**5** Hört euch eine weitere Vertonung eines Gewitters an und beschreibt, mit welchen Mitteln die einzelnen Elemente umgesetzt wurden. (CD 46)

# Eine Nacht auf dem kahlen Berge

Die Sonnenwende (Johannisnacht) gilt seit jeher als besonderer Zeitpunkt, an dem sich vielerorts die Menschen der Geisterwelt am nächsten fühlen.

## Eine Fantasiereise

Es ist Johannisnacht (23./24. Juni) in einer abgelegenen Berggegend.

**1** Hört euch die Hörgeschichte an. E 1

**2** So wie die kleine Hexe habt auch ihr euch mutig aufgemacht zum Berg Triglav. Der Comic illustriert, was in dieser Nacht passiert ist. Wählt einen Erzähler, der die Geschichte nacherzählt, alle anderen führen dazu die beschriebenen Aktionen aus.

**Eine entlegene Gegend**

- Lasst die Luft langsam und leise auf „f“, „s“, „sch“ ausströmen (Windgeräusche), schüttelt dabei eure Schultern.
- Lockert die Knie und lasst dann die Luft wieder tief einströmen.

**In der Finsternis der kahle Berg**

- Imitiert nächtliche Tierstimmen und lasst sirenenartig (Glissando) auf „ui“ Geisterstimmen erklingen.
- Erweitert langsam den Umfang der Stimme.

**Umschwirrt von Hexen und Geistern**

- Singt das Lied der Hexen und Geister:

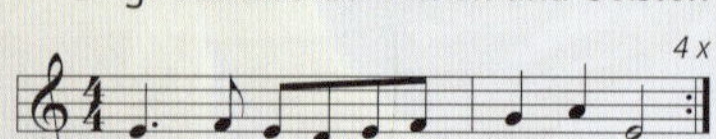


**Auch der Satan erscheint**

- Klopft das Motiv des Satans:

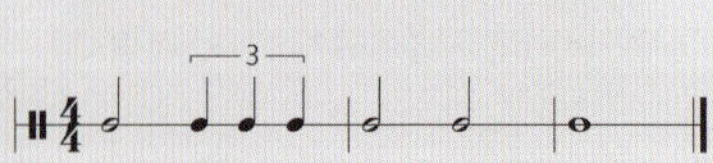


**Ein wilder Hexensabbat**

- Ein wildes Durcheinander aller Elemente: Geisterstimmen, heulender Wind, Hexenlied und Motiv des Satans.

**Die Sonne geht auf ...**

- Wiederholt die Geisterstimmen sechsmal, werdet immer leiser, bis fast unhörbar.
- Schüttelt Arme und Beine aus, streckt euch und gähnt ... ein Traum?

## Von Hexen und Geistern

Modest Mussorgski beschreibt in seiner Komposition das unheimliche Treiben in der Johannisnacht auf einem kahlen Berg. Dabei verwendet er die klanglichen Besonderheiten der Instrumente, um die Stimmung der jeweiligen Szene möglichst wirkungsvoll in Musik umzusetzen.

**3** **a** Hört euch vier kurze Ausschnitte aus dem Werk Mussorgskis an und ordnet sie den passenden Abschnitten des Comics zu. Besprecht euch dabei mit eurem Banknachbarn. Begründet die Zuordnung.

E 2–5

**b** Welche Instrumente verwendet der Komponist in den jeweiligen Hörbeispielen? Ordnet die Instrumente den Stationen des Programms zu.

Unterirdischer Lärm der Geister und Hexen

Erscheinung des Satans

Blechblasinstrumente (Trompeten, Posaunen)

Tagesanbruch

Glocke

Flöte und Harfe

Sonnenaufgang – Geister der Finsternis zerstreuen sich

Geigen und hohe Holzbläser (Flöten, Oboen, Klarinetten)

**c** Beschreibt den Charakter der Instrumente, die Mussorgski für die Erscheinung des Satans bzw. den Tagesanbruch eingesetzt hat. Überlegt, warum er gerade diese Instrumente ausgewählt hat.

**4** Hört abschließend die gesamte Komposition und achtet dabei auf die euch schon bekannten Stationen und Elemente. Wie oft schlägt die Glocke vor Sonnenaufgang?

E 6

**INFO**

**Modest Mussorgski**

Mussorgski (1839–1881) gilt als einer der bedeutendsten russischen Komponisten des 19. Jahrhunderts. Zusammen mit vier weiteren jungen Männern, auch „das mächtige Häuflein" genannt, pflegte er einen regen Ideenaustausch über Kunst, Philosophie und Politik. Die Gruppe wollte etwas Neues schaffen, das als typisch russisch gelten sollte.

Als Staatsbediensteter war Mussorgski wirtschaftlich abgesichert. Sogar nachdem er aufgrund seiner Trunksucht aus dem Staatsdienst entlassen worden war, bekam er eine Rente zugesprochen, die es ihm ermöglichte, sich weiterhin seinen Kompositionen zu widmen. Eines seiner bekanntesten Werke, „Bilder einer Ausstellung", entstand nach dem Besuch einer Ausstellung mit Zeichnungen seines verstorbenen Freundes Viktor Hartmann. Sein musikalisches Schaffen umfasst unter anderem die Oper „Boris Godunow", Orchesterstücke wie die „Nacht auf dem kahlen Berge" und einige Liederzyklen.

## Instrumente rufen Bilder wach

Wenn Komponisten mit ihren Werken eine Geschichte erzählen wollen, setzen sie oft Instrumente ein, die beim Hörer bestimmte Bilder oder Vorstellungen wachrufen. So werden beispielsweise in Filmen Trompeten verwendet, um das Erscheinen berittener Soldaten oder Könige zu signalisieren. Hörner zeigen das Herannahen der Post oder auch der Jäger an.

**1** Hört euch Ausschnitte aus verschiedenen Kompositionen an. Bestimmt das jeweilige Instrument und ordnet es einem der Bilder zu. E 7–9

**2** Überlegt mit eurem Partner, ob Signale in der Musik von allen Menschen auf gleiche Weise verstanden werden können. Denkt dabei auch an Menschen anderer Kulturkreise.

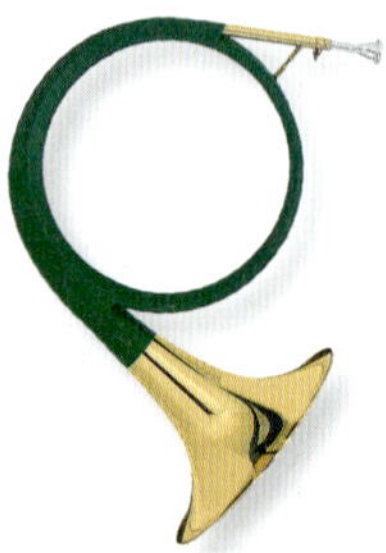

### Jagdsignale

In ländlichen Gegenden kann man im Herbst gelegentlich in der Ferne den Klang von Hörnern hören. In dieser Jahreszeit finden noch heute Treibjagden statt, die dazu dienen, den Wildbestand in den Wäldern im Gleichgewicht zu halten. Die folgenden zwei Jagdhornsignale werden von den Jägern benutzt, um allen an der Jagd beteiligten Personen wichtige Informationen zukommen zu lassen.

1) Aufbruch zur Jagd

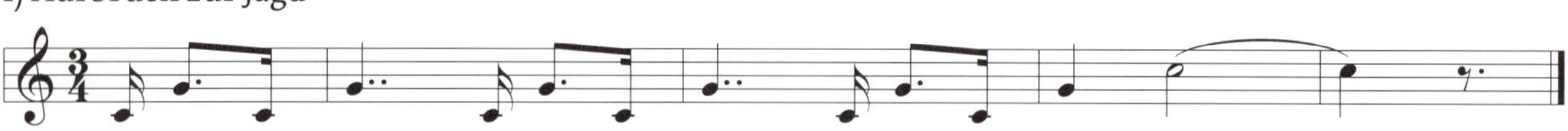

2) Ende der Jagd (Halali)

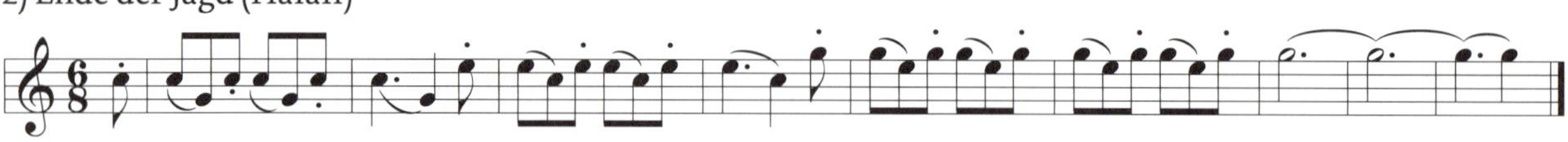

## Posthornsignale

Der Postillon, der Fahrer der Postkutsche, war verantwortlich für den reibungslosen Posttransport. Als wichtiges Hilfsmittel verwendete er ein Posthorn. Er konnte damit z. B. der Pferdewechselstation ankündigen, welche Art Post ankam oder wie viele neue Pferde er benötigte. Unterwegs nutzte der Postillon das Posthorn, um andere Verkehrsteilnehmer aufzufordern, Platz zu machen – die Postkutsche hatte Vorrang.

1) Ankunft einer Extrapost

2) Anzahl der zu wechselnden Pferde

## Trompetensignale

Trompetensignale sind schon aus dem frühen Militärwesen bekannt. Aufmärsche, Gefechts- und Alarmübungen wurden von Signalen begleitet; aber auch im Kampf orientierten sich die Soldaten an bestimmten Signalen. Fanfarenmusik wurde zuerst für militärische Zwecke in Frankreich verwendet, von wo aus sie sich über Europa ausbreitete.

1) Signal zur Versammlung der Truppen

2) Officer's Call

**3** Hört euch die beschriebenen Signale an. Welche besonderen musikalischen Merkmale weisen sie jeweils auf? Achtet bei eurer Analyse auf Rhythmus, Tondauern, Tonwiederholungen und Intervallsprünge. E 10–15

**4** Prägt euch die Signale gut ein, damit ihr die folgende Signalprüfung bestehen könnt: Ihr hört drei Signale nacheinander gespielt. Das Buch ist dabei geschlossen. Schreibt in euer Arbeitsheft, welche Signale ertönen. E 16, 17

> **INFO**
>
> **Naturtöne**
> Ein Naturhorn (ein Horn ohne Ventile) kann nur ganz bestimmte Töne spielen. Diese Töne nennen wir Naturtonreihe oder Obertonreihe. Da Hornsignale nur diese Töne benutzen, sind sie als Tonsymbol für den Hörer erkennbar (siehe S. 178/179).

## Im Wald mit Smetana

Das Horn wird nicht nur als Signalinstrument eingesetzt. Viele Komponisten verwenden es, um bestimmte Gedanken und Empfindungen hervorzurufen.
In seinem Werk „Die Moldau" beschreibt der Komponist Bedřich Smetana in mehreren Abschnitten den Weg des Flusses Moldau von der Quelle im Böhmerwald bis zur Mündung in die Elbe.

**5** **a** Hört euch die Szene „Im Wald" an. Welche Bilder möchte Smetana beim Hörer erzeugen? Beschreibt die musikalischen Mittel, die er dabei einsetzt. E 18

**b** Notiert den Tonvorrat der vier Hornstimmen (also alle vorkommenden Töne) in eurem Arbeitsheft. Welche Besonderheit fällt euch auf?

**c** Untersucht die ersten vier Takte der ersten Hornstimme bezüglich Taktart, des Aufbaus der Melodie und rhythmischer Besonderheiten.

**d** Warum verbindet man als Hörer den Ausschnitt unweigerlich mit der Thematik Jagd? Vergleicht dazu die Hornstimmen aus der Partitur Smetanas mit den Jagdhornsignalen auf S. 152/153.

> **INFO**
>
> **Das Horn**
> Eines der ursprünglichsten Musikinstrumente, die der Mensch verwendete, dürfte das Horn sein. In seiner Urform bestand es aus einem Tierhorn. Später wurde es aus Metall hergestellt. In der Barockzeit wurde das Rohr des Horns kreisrund gebogen und es fand Einzug in das Orchester. Ab etwa 1815 wurden auch beim Horn Ventile (1) verwendet, um alle Töne spielen zu können. Das moderne Horn hat drei Ventile und kreisförmige, enge Windungen (2), die sich am Ende zu einem breiten Schallbecher (3) öffnen. Die Tonhöhe verändern Hornisten entweder durch „Stopfen" (Hand in den Schallbecher) oder durch das Hinzuschalten von Rohrstücken (4) über Ventile. Das Mundstück (5) ist trichterförmig.

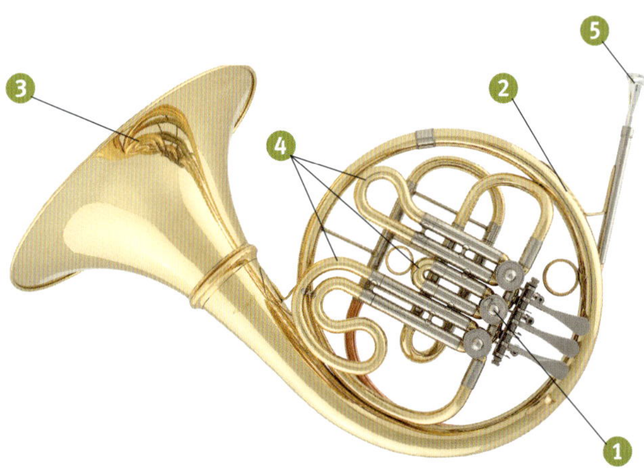

# 6/8-Takt mit Schwung

**1** a Führt die drei Rhythmen mit Körperklängen aus.

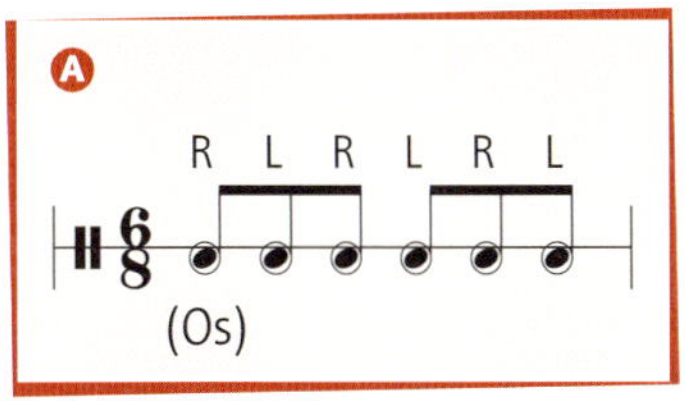


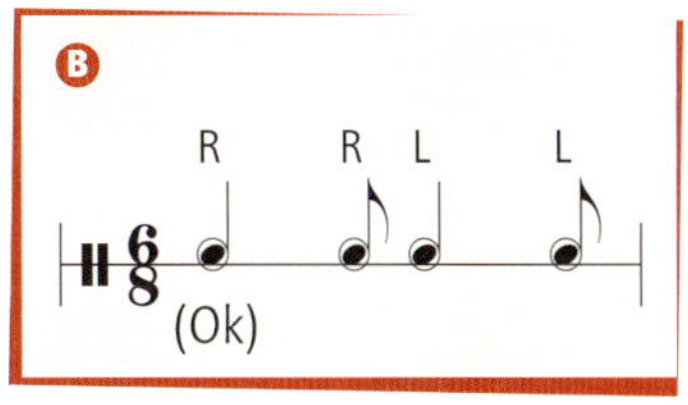


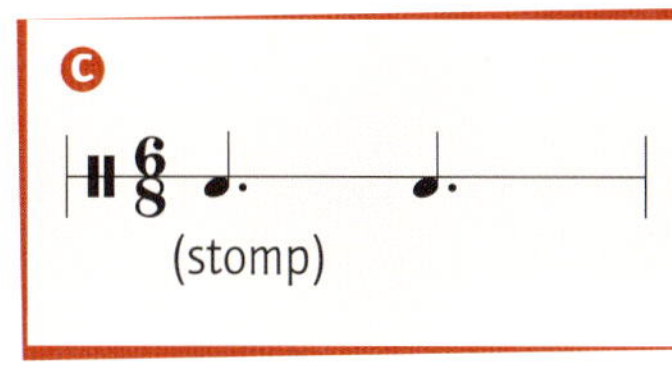


b Bildet drei Gruppen. Jede Gruppe übernimmt zunächst einen der drei Rhythmen. In einem zweiten Schritt könnt ihr sie auch hintereinander im Kanon ausführen.

**2** Spielt die folgenden Rhythmen. Setzt dann aus vier der acht Bausteine (A–H) einen Kanon zusammen und führt ihn in vier Gruppen aus.

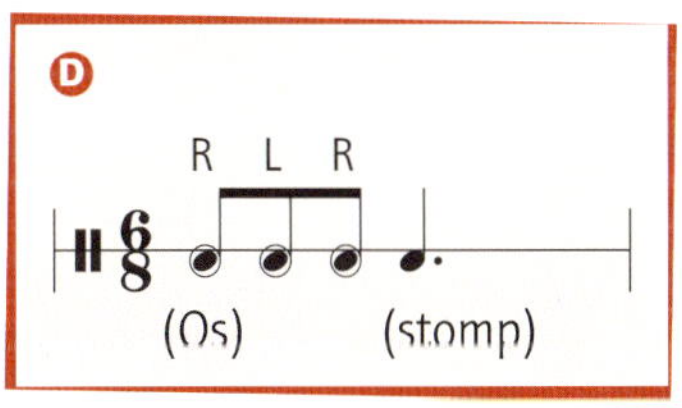


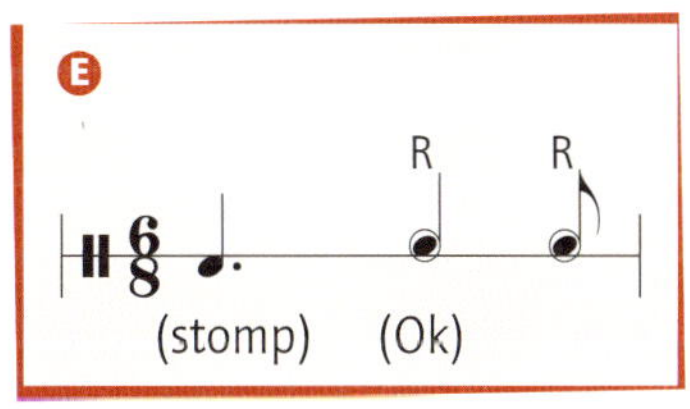


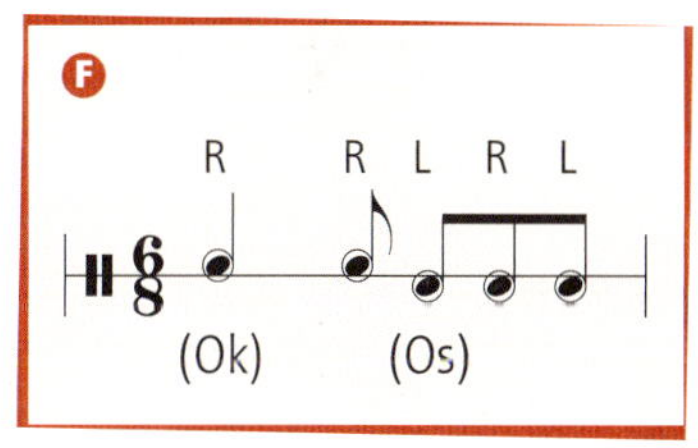


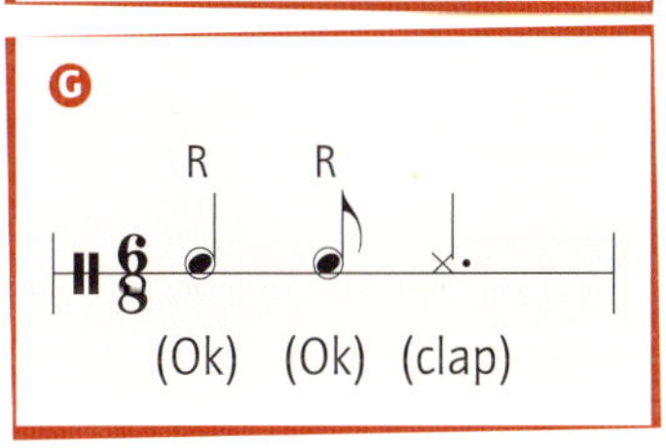


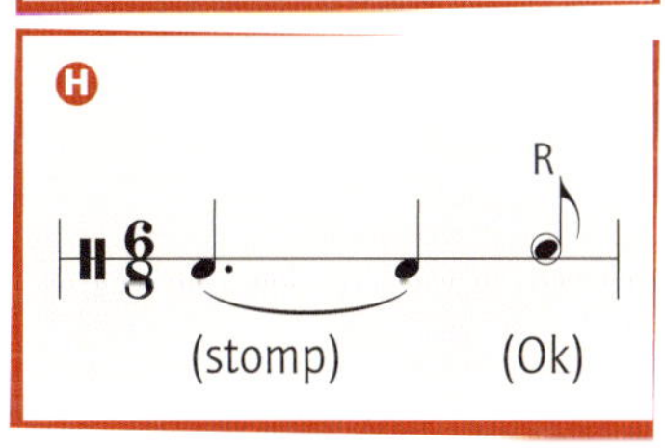


**3** Welche weiteren Kombinationen lassen sich mit Vierteln, Achteln und Punktierungen im 6/8-Takt bilden? Führt sie aus und notiert sie in euer Arbeitsheft.

**4** a Hört euch das Thema der „Moldau" von Smetana mehrmals an. Klopft den Rhythmus mit. E 19

b Erstellt einen Rhythmusablaufplan des Themas, indem ihr notiert, in welcher Reihenfolge die Rhythmen A–H vorkommen.

## Die Wirkung des 6/8-Taktes

Der 6/8-Takt hat eine besondere Wirkung: Er schwingt oder kann in schnellem Tempo fast „galoppierend" sein. Komponisten haben diese Taktart oft verwendet, um eine hymnische, erhabene Stimmung oder in schnellem Tempo Bewegung z. B. bei der Jagd darzustellen.

**5** Welche der Hörbeispiele stehen im 6/8-Takt? Beschreibt jeweils die Wirkung. E 20

**WISSEN**

**6/8-Takt**

Der 6/8-Takt ist neben der Triole eine weitere Möglichkeit, die Dreierunterteilung eines Grundbeats zu notieren.

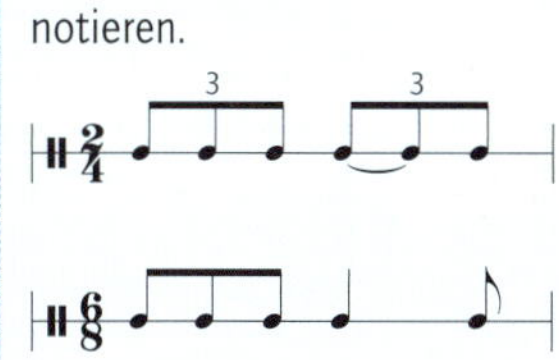

## Herbstimpressionen

Das Lied „Autumn Comes" nimmt in seinem 6/8-Takt den wiegenden Sprechrhythmus auf.

### Autumn Comes

Text u. Musik: überliefert

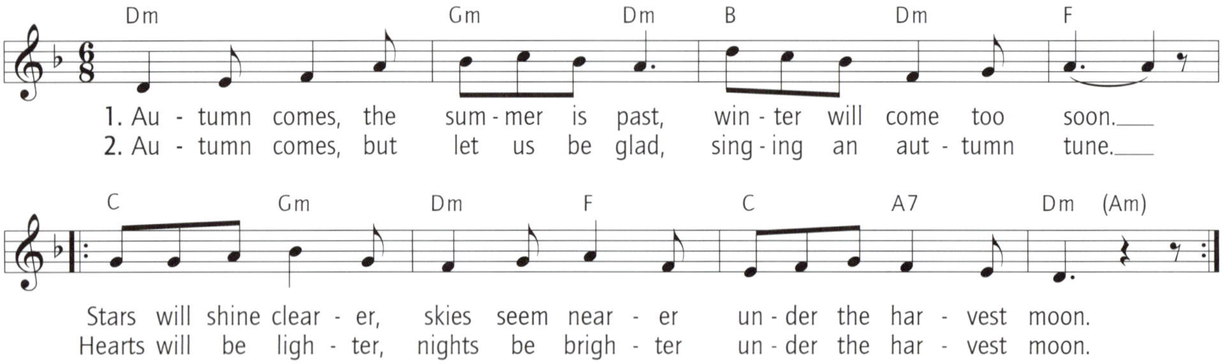


### Begleitung

Melodieinstrumente

Stabspiele

Boomwhackers

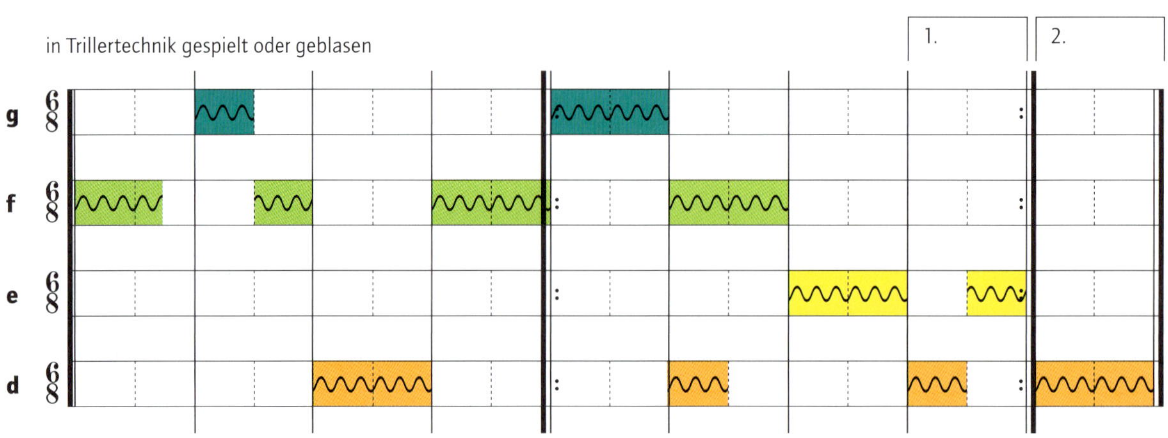

## Ein Herbstgedicht in Musik umsetzen

**Ein welkes Blatt**

Ein welkes Blatt – und jedermann weiß: Herbst.
Fröstelnd klirren die Fenster zur Nacht.
O grüne Welt, wie grell du dich verfärbst!

Schon raschelt der Winter im Laube.
Und die Vögel haben, husch, sich aus dem Staube
gemacht.

Wie letzte Früchte fielen ihre Lieder vom Baum.
Nun haust der Wind in den Zweigen.

Die Alten im Park, sie neigen
das Haupt noch tiefer. Und auch die Liebenden
schweigen.

Bald sind alle Boote im Hafen.
Die Schwäne am Weiher schlafen
im Nebellicht.

Sommer – entflogener Traum!
Und Frühling – welch sagenhaft fernes Gerücht!

Ein welkes Blatt treibt still im weiten Raum,
und alle wissen: Herbst. (Mascha Kaléko, 1907–1975)

**1** Lest euch in Partnerarbeit das Gedicht gegenseitig vor. Achtet beim Zuhören auf Wörter oder Ausdrücke, die „hörbar" sind, sich also besonders gut in Klänge umsetzen lassen (z. B. „klirren").

**2** **a** Gruppenarbeit: Entwickelt eine Klangpartitur für die Vertonung des Gedichts.
**b** Übt eure Komposition, damit ihr sie überzeugend und flüssig darbieten könnt. Wichtig sind vor allem die Übergänge zwischen Abschnitten.
**c** Macht euch beim Anhören der anderen Gruppen Notizen: Was ist besonders gelungen? Was könnte die Gruppe noch verbessern? Tauscht eure Beobachtungen aus und versucht, die Anmerkungen bei einem zweiten Durchgang umzusetzen.

**[ Tipps ]**

- Das Gedicht lässt sich ohne Worte vertonen oder als Melodram, d. h. mit zwischen den musikalischen Abschnitten gesprochenem Text. Vielleicht lassen sich Teile daraus auch singen.
- Überlegt euch ein kleines musikalisches Herbstblatt-Motiv, das ihr mit den euch bekannten Möglichkeiten der Motivbearbeitung (siehe S. 114) an passenden Stellen wiederkehren lasst.
- Denkt daran, dass nicht immer alle spielen müssen.
- Auch Pausen sind Gestaltungsmittel.
- Teilt das Gedicht in sinnvolle Abschnitte und gliedert eure Partitur dementsprechend.
- Nutzt für eure Komposition grafische Zeichen als Gedächtnisstütze für Klangaktionen.

## [ Das habt ihr gelernt ]

- was ein musikalisches Programm ist
- Programme in Musik wiederzuerkennen
- eine Klanggeschichte mit Stimme und Bewegung umzusetzen
- etwas über die Funktion von musikalischen Signalen und über typische Signalinstrumente
- Rhythmen im 6/8-Takt auszuführen
- wie Komponisten Instrumente einsetzen, um bestimmte Bilder beim Hörer zu erzeugen
- ein Herbstgedicht zu vertonen

## [Kapitel 13]

# Farbwechsel: Dur und Moll

Was ist schöner? Rot oder grün? Blau oder gelb? Schwarz oder weiß? Schwer zu sagen, oder? Es kommt darauf an, was man daraus macht. Ein schwarzes Kleid kann ein Trauergewand sein, oder es kann – mit entsprechendem Schmuck getragen – der Blickfang auf einer Party sein.
Viele von euch haben sicher eine Lieblingsfarbe. Aber wenn eure ganze Umgebung nur diese Farbe hätte, wäre dies sicher irgendwann langweilig und monoton.

„Monoton" heißt eigentlich „eintönig", das ist ein Begriff aus der Musiksprache. Eintönig ist Musik, wenn zu wenig passiert im Rhythmus, in der Melodie und in der Harmonie. Manchmal ist das beabsichtigt, aber meist soll Musik abwechslungsreich sein. Man will ja auch nicht die ganze Zeit von seiner Lieblingsfarbe umgeben sein. Der „Farbwechsel" zwischen Dur und Moll macht die Musik interessanter, die ihr in diesem Kapitel kennenlernen werdet.

Stimme

## Tassen-Tango

E 21, 22

Text: M. Detterbeck, G. Schmidt-Oberländer; Musik: G. Schmidt-Oberländer

### Ostinato zum Tassen-Tango

- ❖ Takt 1: „Rührt" mit einem Stift (Spitze nach oben) auf dem Tisch wie in einer unsichtbaren Kaffeetasse.
- ❖ Takt 2: Klopft mit dem Stift auf den Tisch.

Rhythmus/Körper und Bewegung

## Samba-Quartett

E 23, 24

Text u. Musik: R. Filz; 4. Stimme: M. Detterbeck


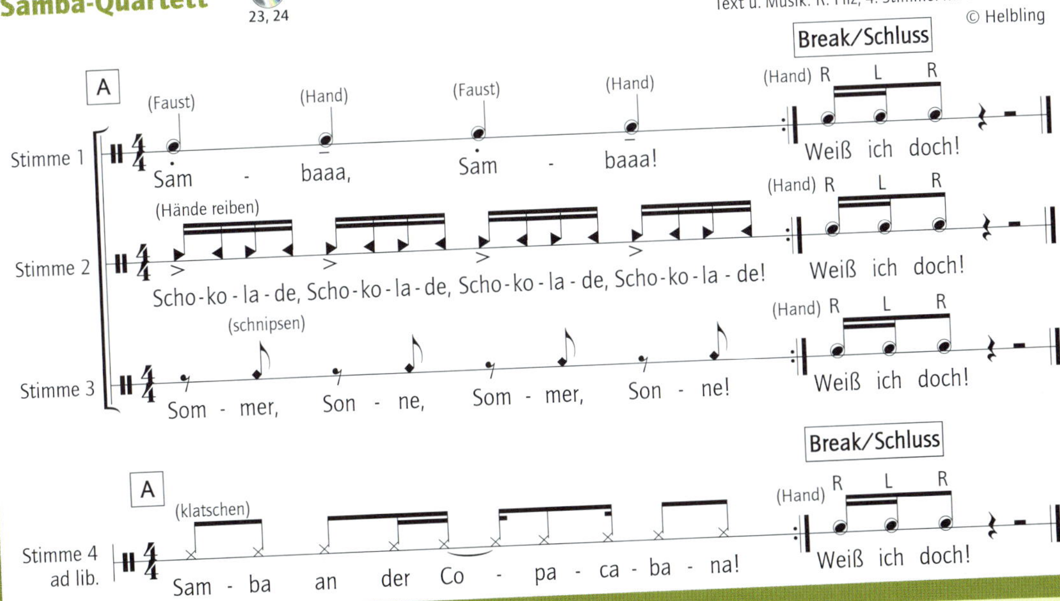

# Farbe für die Musik

Sonate in D-Dur, Messe in h-Moll, Sinfonie in c-Moll … Die Begriffe Dur und Moll begegnen uns überall in der Musik. Sie bezeichnen den Klangcharakter eines Stückes und bringen – wie im Song „Colour Your Life" – Farbe ins musikalische Geschehen.

## Colour Your Life

E 25, 26

Musik: M. Detterbeck, G. Schmidt-Oberländer; Text: M. Detterbeck

2. Look at the fields, look at the clouds
storming across the sky.
Look at the birds, look at the kites,
colours have learned to fly.

3. When you are down and full of doubt,
no change is on the way.
No sign of sun, hope seems to be
lost in a mist of grey.

## Der Tonvorrat der d-Moll-Tonleiter

**1** **a** Schreibt den Tonvorrat der vier Takte aus dem Song von *d'* aufsteigend in euer Arbeitsheft. Ergänzt den fehlenden Ton, um eine vollständige Tonleiter zu erhalten.

**b** Spielt und singt die Tonleiter auf- und abwärts.

## Improvisation in Moll

**2** **a** Nutzt den Tonvorrat aus Aufgabe 1, um auf euren Instrumenten zu improvisieren. Euer Partner gibt alle zwei Takte den ersten Ton vor; ihr improvisiert in den Pausen eures Partners.

E 27

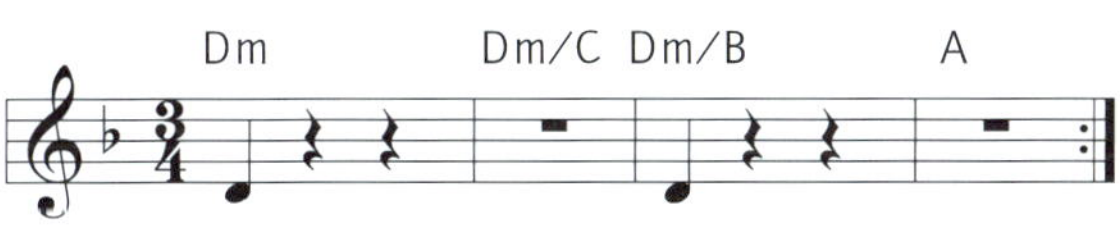


**b** Spielt zu den Improvisationen eurer Mitschüler die Begleitung zum Teil A des Songs.

**! WISSEN**

**Dur und Moll**
Neben der Dur-Tonleiter ist die Moll-Tonleiter der in unserem Kulturkreis geläufigste Tonvorrat. Man spricht daher auch vom abendländischen „Dur-Moll-System". Die beiden Klangqualitäten Dur und Moll bezeichnet man als Tongeschlechter.

### Begleitung zur Improvisation

**[ Tipp für die Xylofonstimmen ]**
In den Pausen auf Zählzeit 1 jeweils einen Luftschlag machen.

**3** Integriert eure improvisierten Abschnitte A in eine Aufführung des Songs. Während der Strophen ist Zeit für einen Wechsel.

### Ablauf

| Intro | Song (Strophe 1) | Improvisation | Song (Strophe 2) | Improvisation | Song (Strophe 3) |
|---|---|---|---|---|---|
| A | A B C | A A A A | A B C | A A A A | A B |

## Kleiner Unterschied – große Wirkung

Besonders charakteristisch für den Klangcharakter der Moll- bzw. Dur-Tonleiter ist die Abfolge der ersten fünf Töne – ein kleiner Unterschied mit großer klanglicher Wirkung.

Moll-Tonleiter

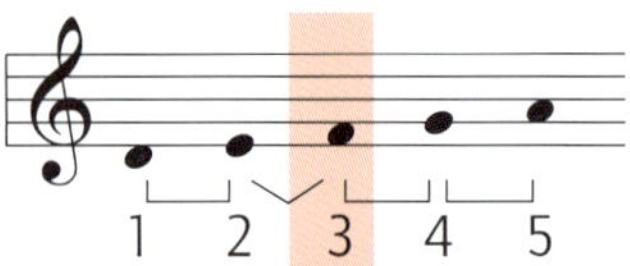


Dur-Tonleiter

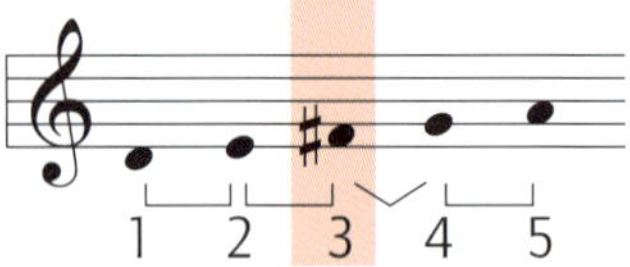


**! WISSEN**

**Kleine und große Terz**
Eine **kleine Terz** besteht aus drei Halbtonschritten (z. B. *d – f*), eine **große Terz** aus vier Halbtonschritten (z. B. *d – fis*). Das Intervall vom ersten zum dritten Ton bei einer Moll-Tonleiter ist also eine kleine Terz, bei der Dur-Tonleiter eine große Terz.

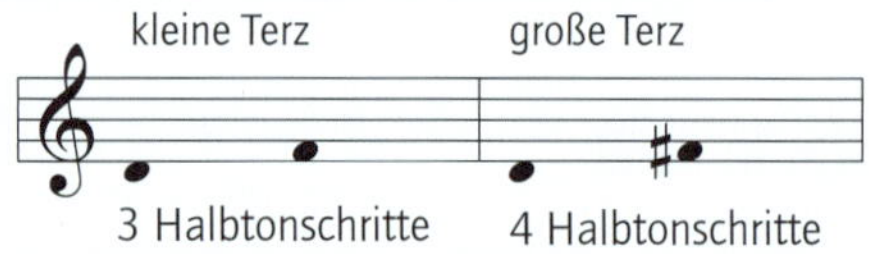


**1** **a** Notiert in eurem Arbeitsheft die d-Moll-Tonleiter und darunter die D-Dur-Tonleiter. Untersucht nun die Tonleitern nach Ganz- und Halbtonschritten.
**b** Spielt und singt beide Tonleitern. Vergleicht die Klanglichkeit.

**2** **a** Bestimmt singend oder spielend das Tongeschlecht der beiden Lieder.
**b** Verändert die Melodien nach Moll bzw. Dur und notiert sie in euer Arbeitsheft.
**c** Singt oder spielt nun beide Lieder in Dur und in Moll.

E 28–31

### Sascha

Text u. Musik: überliefert

## Bruder Jakob

Text u. Musik: überliefert

**3** Singt weitere, euch bereits bekannte Lieder (z. B. „Finster, finster", S. 22, oder „Ich bin Wolfgang Amadeus", S. 46) und bestimmt, ob sie in Dur oder Moll stehen. Verändert dann das Tongeschlecht und beschreibt die Wirkung beim Singen.

**4** Bestimmt das Tongeschlecht der Hörbeispiele. E 32–36

**! WISSEN**

**Moll-Tonleiter**
Die Moll-Tonleiter hat die charakteristischen Halbtonschritte an anderer Stelle als die Dur-Tonleiter, nämlich zwischen dem 2. und 3. sowie zwischen dem 5. und 6. Ton. Durch den Halbtonschritt vom 2. zum 3. Ton entsteht die typische kleine Mollterz über dem Grundton, an der man die Moll-Tonleiter von der Dur-Tonleiter mit der großen Durterz unterscheiden kann.

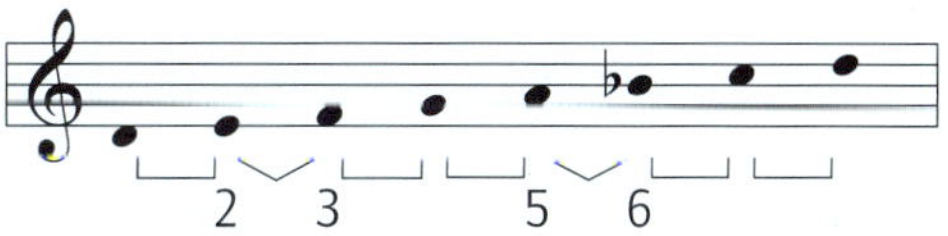


### Versetzungszeichen und Vorzeichen

Die Tonhöhe eines Stammtons kann durch ein Versetzungszeichen oder durch ein Vorzeichen verändert werden: Versetzungszeichen stehen direkt vor einer Note und gelten nur für diese Note. Vorzeichen werden am Anfang eines Stückes und an jedem Zeilenanfang (jeweils nach dem Notenschlüssel) notiert und gelten für das gesamte Stück.
Es gibt drei Arten von Versetzungszeichen:

| | | | |
|---|---|---|---|
| ♯ | Kreuz | Der Stammton wird um einen Halbtonschritt **erhöht.** | 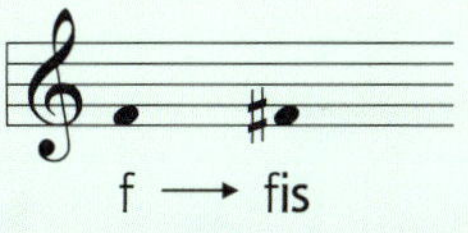  |
| ♭ | B | Der Stammton wird um einen Halbtonschritt **erniedrigt.** | 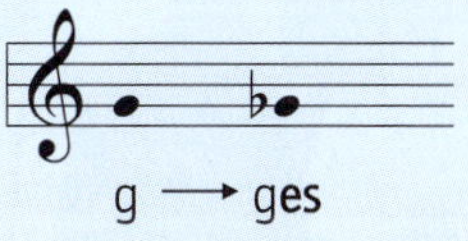  |
| ♮ | Auflösungszeichen | Die Versetzung durch ein Kreuz oder B wird **rückgängig** gemacht. |   |

**! WISSEN**

**Versetzungszeichen und Vorzeichen**
Die Stammtöne *(a, h, c, d, e, f, g)* können durch Versetzungszeichen verändert werden. Steht ein Kreuz oder B vor einer Note, so ändert sich deren Name: Bei **Kreuz** wird die Silbe **„is"** angehängt, bei **B** die Silbe **„es"**.

Achtung Ausnahmen!
statt *ees* → ***es***
statt *aes* → ***as***
statt *hes* → ***b***

Stehen die Versetzungszeichen am Beginn eines Notensystems, so heißen sie Vorzeichen und gelten für das ganze System.

# Eine Hymne zur Entdeckung der Neuen Welt

**INFO**

Der Text des Liedes wurde in einer Kunstsprache geschrieben, die Anklänge an Latein hat.

Der Film „1492: Conquest of Paradise" („Die Eroberung des Paradieses") erzählt die Geschichte der Entdeckung Amerikas durch Christoph Kolumbus. In den Kinos war der Film ein Flop und spielte kaum die Produktionskosten ein. Sehr erfolgreich wurde später aber die Filmmusik des Komponisten Vangelis.

## Conquest of Paradise

E 37–39

Text u. Musik: Vangelis Papathanassiu; Einrichtung u. Arr.: M. Detterbeck, G. Schmidt-Oberländer



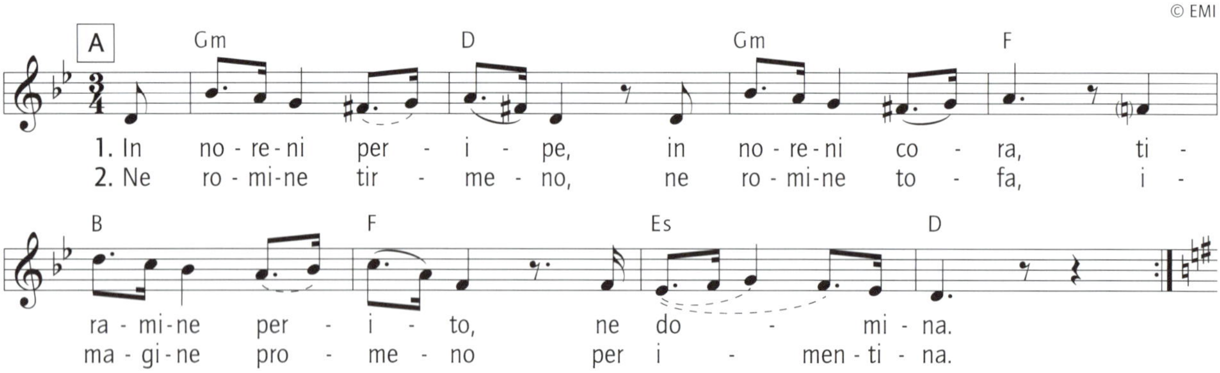

### Rhythmus-Ostinato

Ein Punkt hinter einer Note verlängert diese um die Hälfte ihres Wertes.

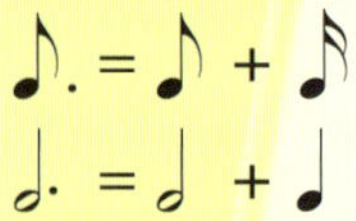

Der feierlich hymnische Charakter des Songs wird durch die Punktierung unterstützt.

**Begleitung**

**Ablauf**

| Intro | A | A | B | A | B | A | Schluss |
|---|---|---|---|---|---|---|---|
| 4 Takte | Summen, mit Wiederholung | 1. Strophe mit Wiederholung | mit Wiederholung | 2. Strophe mit Wiederholung | mit Wiederholung | Summen, mit Wiederholung | 4 Takte |

**1** a Übt die Schlagfigur des 3/4-Taktes.
b Dirigiert den Song zum Hörbeispiel. E 37

**2** Bestimmt beim Singen des Songs, welcher Teil in Dur, welcher in Moll steht. Tauscht euch über die Wirkung der beiden Teile aus.

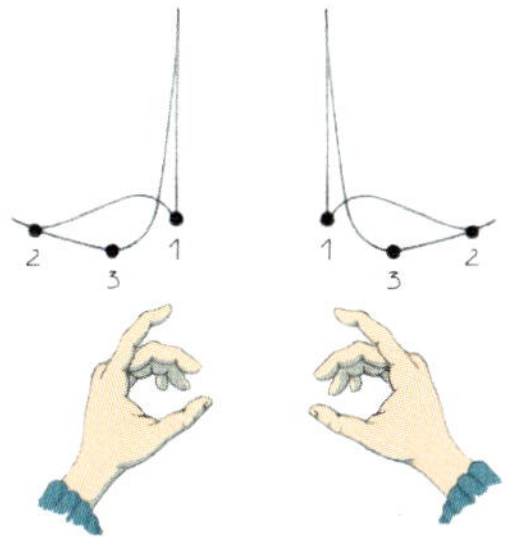

## Melodien begleiten: Dreiklänge in Dur und Moll

Mit den Grundlagen von Dur-Dreiklängen habt ihr euch schon auf S. 101 beschäftigt.

Dreiklänge, die wichtigsten Bausteine für die Begleitung von Melodien, werden aus dem Tonvorrat der Tonleitern gebildet. So wie es Dur- und Moll-Tonleitern gibt, so gibt es auch Dur- und Moll-Dreiklänge. Ihre Grundform besteht aus zwei Terzen, nämlich dem 1., 3. und 5. Ton der jeweiligen Tonleiter.

**1** Spielt auf dem Klavier die unten abgebildeten Dreiklänge. Prägt euch genau ein, wie Dreiklang 1 (Dur) und Dreiklang 2 (Moll) klingen. Versucht, mit Worten die unterschiedliche Klanglichkeit zu beschreiben.

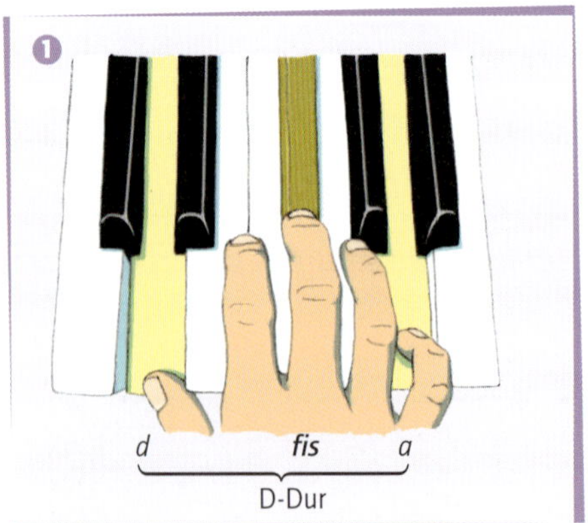


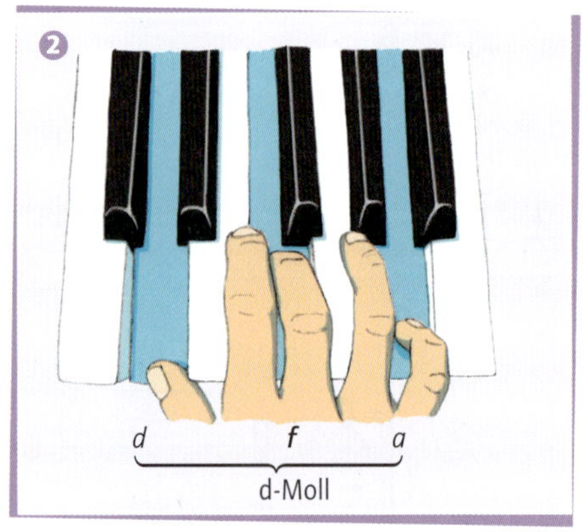


**2** Dur oder Moll? Ein Schüler spielt einen der beiden Dreiklänge. Ihr hebt entweder die Faust für Moll oder die offene Hand für Dur. Trainiert das mehrmals.

**3** Welche Dur- und welche Moll-Dreiklänge lassen sich aus den Stammtönen *(a, h, c, d, e, f, g)* bilden? Notiert sie nach Dur und Moll sortiert in euer Arbeitsheft. Vorsicht: An einer Stelle entsteht weder ein Dur- noch ein Moll-Dreiklang, sondern ein Klang, der als verminderter Dreiklang bezeichnet wird.

**! WISSEN**

**Dur- und Moll-Dreiklänge**

Dur- und Moll-Dreiklang unterscheiden sich durch die unterschiedliche Schichtung von kleiner und großer Terz. Beim Dur-Dreiklang (z. B. *d* – ***fis*** – *a*) liegt die große Terz (4 Halbtonschritte) unten und die kleine Terz (3 Halbtonschritte) oben, beim Moll-Dreiklang ist es umgekehrt (z. B. *d* – ***f*** – *a*).

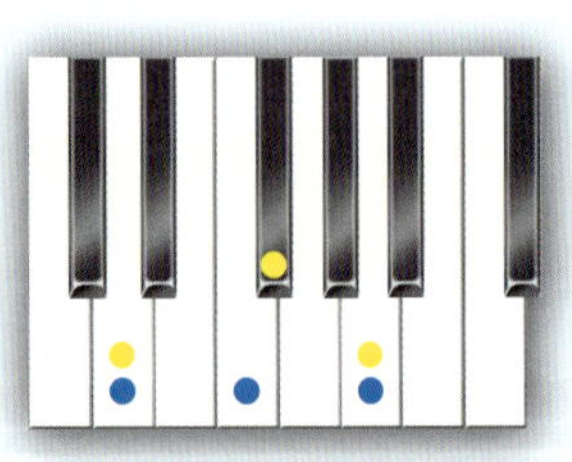

## What Shall We Do with the Drunken Sailor

E 40

überliefert aus Irland

2. Put him in the longboat till he's sober ... early in the morning.
3. Pull out the plug and wet him all over ... early in the morning.
4. Heave him by the leg in a running bowline ... early in the morning.
5. That's what to do with the drunken sailor ... early in the morning.

**4** **a** Untersucht die Melodie des Seemannsliedes auf Dur- und Moll-Dreiklänge. Notiert die Dreiklänge in euer Arbeitsheft.
**b** Mit welchen Dreiklängen kann das Lied in den einzelnen Takten begleitet werden? Erstellt ein Begleitarrangement und nutzt dazu folgendes rhythmisches Modell:

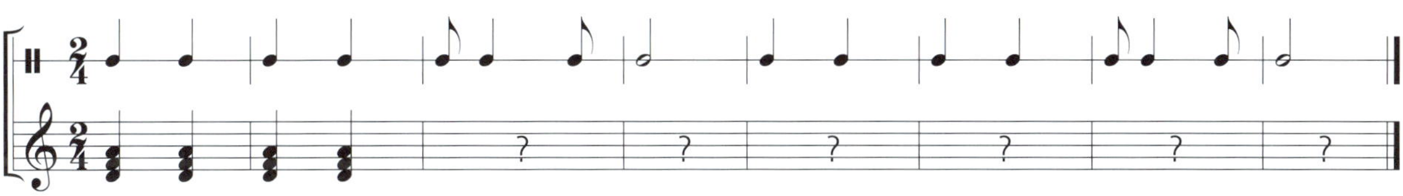


**[ Tipp ]** Die Begleitdreiklänge passen dann gut zur Melodie, wenn es gemeinsame Töne zwischen Melodie und Begleitdreiklang gibt.

# Ein Friedenslied mit Lichtertanz

Das israelische Tanzlied „Hewenu shalom alechem" ist gleichzeitig ein Friedenslied – „Shalom" heißt „Frieden" – und passt daher auch gut zum Weihnachtsfestkreis.

## Hewenu shalom alechem

E 41, 42

überliefert aus Israel; dt. Text: S. M. Kamm; Einrichtung u. Arr.: M. Detterbeck, G. Schmidt-Oberländer



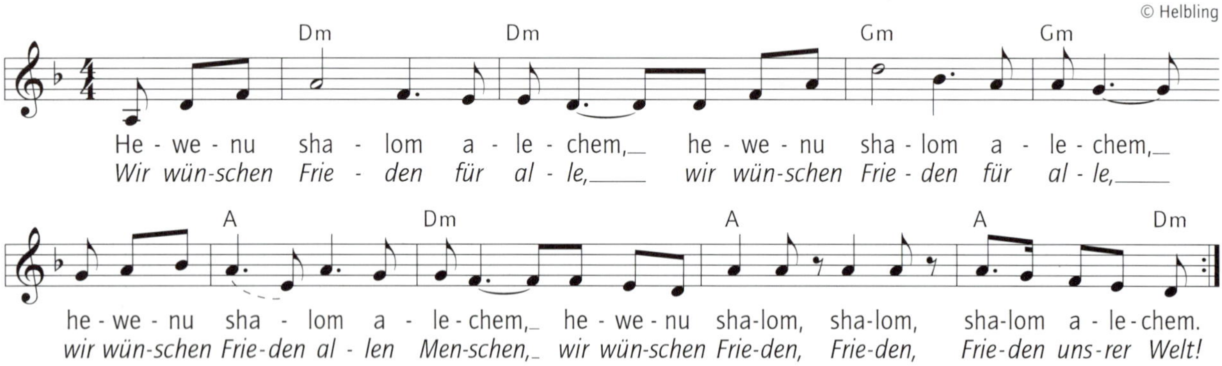


**Begleitung**

## Ein weihnachtlicher Lichtertanz

Stellt euch in Reihen auf. Jeder hält eine Kerze (z. B. ein Teelicht im Glas) mit beiden Händen vor dem Körper.

**1. Strophe**

T. 1: 2 Schritte vor
T. 2: 1 Schritt vor, 1 Beistellschritt
T. 3/4: im Stehen das Licht langsam auf Kopfhöhe heben
T. 5: 2 Schritte zurück
T. 6: 1 Schritt zurück, 1 Beistellschritt
T. 7/8: im Stehen das Licht langsam auf Brusthöhe senken

**2. Strophe**

T. 1–4: Rechtsdrehung mit 8 Schritten um die eigene Achse, dabei Kerze vor dem Körper halten
T. 5–8: Linksdrehung mit 8 Schritten um die eigene Achse, dabei Kerze hoch nach oben halten

**3. Strophe**

T. 1–4: Kerze langsam in einer spiralförmigen Bewegung zum Boden bringen
T. 5–8: Hinknien und die Kerze abstellen – in dieser Position verharren

# Musiklabor 4: Versetzungszeichen, Dur und Moll

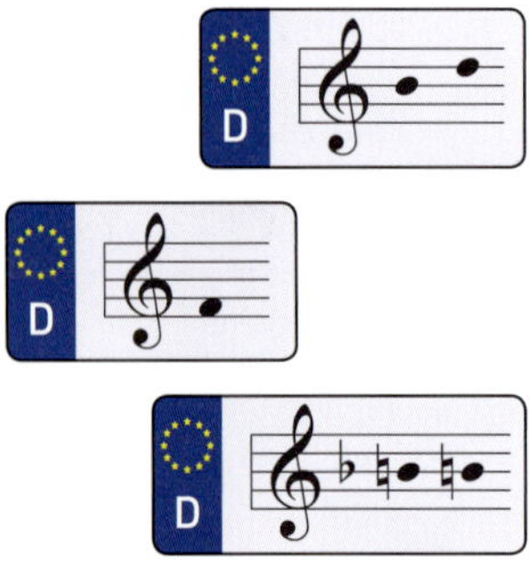


## Verschlüsselte Autokennzeichen

In München findet eine geheime Musikkonferenz statt. Auf dem Parkplatz stehen die Autos mit Noten-Nummernschildern.

**1** Findet heraus, aus welchen deutschen Städten die Teilnehmer angereist sind. Wer hatte die längste Fahrstrecke?

## Geheimbotschaft im Zoo

Als Geheimagenten erhaltet ihr einen wichtigen Auftrag. Miss Xisum Aleinad übergibt euch eine verschlüsselte Botschaft, die euch zum Einsatzcode und zur Kontaktperson führt.

**2** Entziffert nun den Code, der im Zoo versteckt war. In welcher Sprache ist er verfasst?

## Farbwechsel: Dur oder Moll?

**3** Bildet zwei Gruppen. Jede Gruppe ist für einen Klang (Dur/Moll) zuständig. Hört eine Folge verschiedener Dreiklänge und führt, sobald „euer" Dreiklang erklingt, die jeweilige Aktion aus. (E 43)

**4** Schnipst mit den Fingern, wenn im Hörbeispiel ein Abschnitt in Dur erklingt, tippt zur Musik mit den Fingerspitzen leise auf die Handfläche, wenn ein Abschnitt in Moll gespielt wird. (E 44)

❶ Dur: einmal auf der Stelle hüpfen

❷ Moll: in die Knie gehen

## Dur-Moll-Bestimmungsmaschine

**5** **a** Führt die beschriebenen Arbeitsgänge mit dem in der Maschine befindlichen Dreiklang durch.
**b** Etikettiert auch die anderen Dreiklänge.

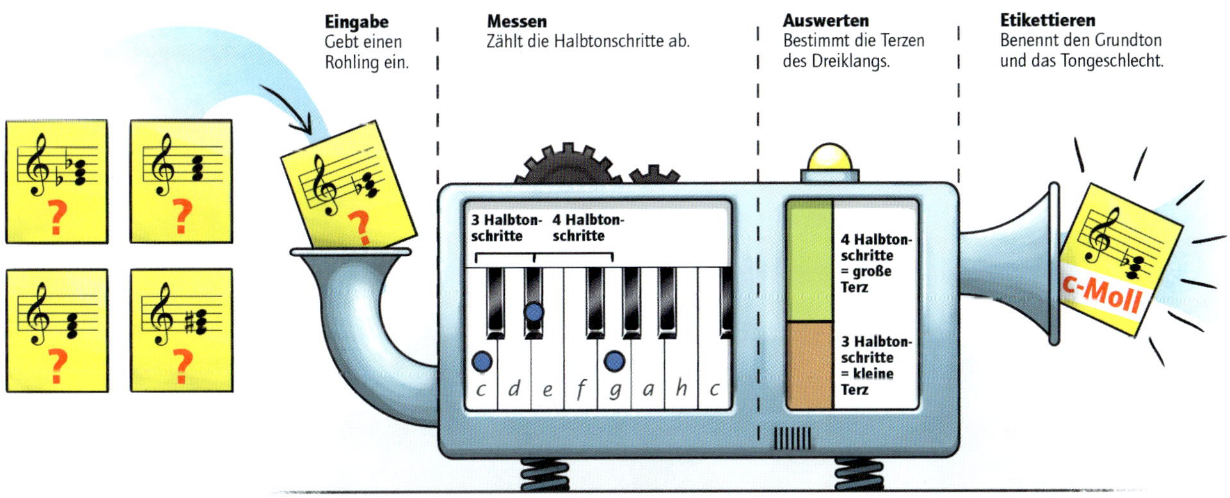


# [ Das habt ihr gelernt ]

- den Aufbau der Moll-Tonleiter
- mit den Tönen der Moll-Tonleiter ein Rondo zu improvisieren
- Melodien in Moll und Dur zu hören, zu singen, zu lesen und aufzuschreiben
- wie man mit Kreuz, B und Auflösungszeichen Tonhöhen verändern kann
- wie Dur- und Moll-Dreiklänge aufgebaut sind
- wie unterschiedlich Dur- und Moll-Dreiklänge klingen
- ein Tanzlied auszuführen

# [Workshop] **Line Dance**

> In diesem Workshop lernt ihr verschiedene Line-Dance-Grundschritte, die ihr in beliebiger Reihenfolge kombinieren könnt.

## Was ist Line Dance?

Line Dance wird, wie der Name bereits sagt, in Reihen (engl. „lines") neben- und hintereinander getanzt. Es gibt festgelegte, sich wiederholende Figuren, die von der Gruppe vorgeführt werden, ähnlich einem Formationstanz; man hat also keinen direkten Tanzpartner. Die Tänze bestehen aus verschiedenen Grundelementen, die für jeden Tanz neu kombiniert werden.
In allen Tänzen kommt normalerweise mindestens eine Drehung vor, damit sich die Blickrichtung beim Tanzen ändert.

## Schritt 1: Grundschritte

- Übt zunächst die einzelnen Figuren in langsamem Tempo. Sie werden immer als Achterfigur beschrieben (Zählzeiten 1–8 = zwei 4/4-Takte). Achtet darauf, die Bewegungen mit Energie auszuführen. Steigert allmählich das Tempo.

[**Tipp**] Gebt jeder Achterfigur einen kurzen Namen („Step right", „Grapevine" etc.), damit ihr während des Tanzens ein Signal geben könnt, und dadurch immer wisst, was als nächstes kommt.

## Schritt 2: Choreografie

- Erstellt nun eine eigene Choreografie zum Song „Summertime Blues". Ihr könnt die Figuren in beliebiger Reihenfolge kombinieren, wiederholen oder variieren. Beachtet aber Folgendes: Kombiniert immer vier Achterfiguren miteinander. Die letzte Figur sollte eine Vierteldrehung beinhalten.

E 45

### Figuren

#### Figur 1a: Step right + Zehenspitzen

| 4/4 | | | | | | | |
|---|---|---|---|---|---|---|---|
| 1 | 2 | 3 | 4 | 5 | 6 | 7 | 8 |
| rechts | schließen | rechts | schließen | hoch | tief | hoch | tief |

#### Figur 1b: Step left + Zehenspitzen

Figur 1a gegengleich getanzt: Schritt nach links mit linkem Fuß usw.

## Figur 2a: Heel touch right, Toe touch right, Swivel (Twist)

| 4/4 1 | 2 | 3 | 4 | 5 | 6 | 7 | 8 |
|---|---|---|---|---|---|---|---|
| Ferse | Spitze | Ferse | Spitze | Twist | Twist | Twist | Twist |

## Figur 2b: Heel touch left, Toe touch left, Swivel (Twist)

Figur 2a gegengleich getanzt, beginnend mit dem linken Fuß.

## Figur 3a: Grapevine (auch nur „Vine" genannt) rechts + Vierteldrehung rechts

| 4/4 1 | 2 | 3 | 4 | 5 | 6 | 7 | 8 |
|---|---|---|---|---|---|---|---|
| rechts | kreuz | rechts | streif | dreh | rechts | links | rechts |

Zählzeit 4: linker Fuß „brush": linkes Bein auf dem Boden nach vorn „durchstreifen", nur die Ferse berührt den Boden; alternativ: linker Fuß Ferse oder Spitze neben dem rechten auftippen.
Zählzeit 5: 90-Grad-Drehung nach rechts (auf dem rechten Ballen), dabei gleichzeitig linkes Bein absetzen und belasten.

## Figur 3b: Grapevine links + Vierteldrehung links

Figur 3a gegengleich getanzt, beginnend mit dem linken Fuß.

## Intro (4 x 8)

Für das Intro könnt ihr am Platz stehen und auf die Zählzeiten 2, 4, 6 und 8 leicht in die Knie gehen, dazu den Oberkörper frei bewegen.

## [Kapitel 14]

# Musikinstrumente II

Wusstet ihr, dass es ein Bundesjugendorchester gibt? Dort spielen etwa 100 Jugendliche aus ganz Deutschland mehrmals im Jahr Orchesterwerke, die sonst nur die Profi-Orchester auf dem Programm haben. Natürlich kann man da nicht einfach hingehen und sagen: „Ich will mitspielen." Man muss vorher lange und gut sein Instrument gelernt und viel Zeit ins Üben investiert haben.

In diesem Orchester können auch nicht alle Instrumente mitspielen: Einen E-Bass oder eine Blockflöte wird man dort nicht finden.

Vielleicht gibt es auch an eurer Schule oder in eurem Ort ein Orchester, eine Big Band oder eine Schulband. Habt ihr sie schon einmal gehört oder eine Probe besucht?

In diesem Kapitel stellt sich ein Orchester vor und die Blasinstrumente kommen zu Wort. Außerdem erfahrt ihr, wie man mit einem E-Bass doch in einem kleinen „Orchester" spielen kann.

Stimme/Körper und Bewegung

## Don daya

Text u. Musik: überliefert aus Kolumbien

### Bewegungsostinato im Viertelrhythmus

### Klang-Ostinato (mit Stabspielen oder Stimme)

❖ Singt den Song im Kreis sitzend oder stehend. Führt bei jeder Wiederholung eine andere Body-Action aus. Erfindet auch eigene Body-Actions.

Stimme/Rhythmus

## Tomatensalat

Text u. Musik: überliefert
Bearbeitung: M. Detterbeck, G. Schmidt-Oberländer

❖ Übt das Lied erst auf Silbe (don), dann mit dem Wort „Tomatensalat" in langsamem Tempo.
❖ Klatscht dazu den Grundbeat (Zz. 1 + 4). Steigert dann allmählich das Tempo.
❖ Level 1: Wer sich verhaspelt, muss ein Pfand abgeben. Denkt euch lustige Aktionen aus, um das Pfand auszulösen.
❖ Level 2: Probiert schwierigere fünfsilbige Wörter aus: Rhabarberkompott, Trompetenventil …

[ **Tipp** ] Sprecht die neuen Wörter erst im Rhythmus, bevor ihr sie singt.

## Ordnung muss sein: Sitzordnung im Orchester

Sicherlich habt ihr für eure Klasse eine Sitzordnung festgelegt. Vielleicht ändert sie sich sogar, je nachdem in welchem Raum ihr seid oder von welchem Lehrer ihr unterrichtet werdet. Auch in einem Orchester gibt es bestimmte Sitzordnungen, die sich im Laufe der Zeit entwickelt haben.

**1** Überlegt möglichst unterschiedliche Kriterien, nach denen Sitzordnungen gemacht werden können. Geht dabei von der Sitzordnung in eurer Klasse aus.

**2** Ordnet die Orchesterinstrumente den einzelnen Instrumentengruppen zu. Die Grafik auf der rechten Seite hilft euch dabei. Fertigt dazu in eurem Arbeitsheft eine Tabelle an.

**3** Das Bild zeigt das Bundesjugendorchester. Zählt die Anzahl der Spieler der einzelnen Instrumentengruppen. Was könnten Gründe für die zahlenmäßig recht ungleiche Verteilung sein?

**4** Diskutiert, welche Überlegungen bei der Sitzordnung eines Orchesters eine Rolle spielen könnten.

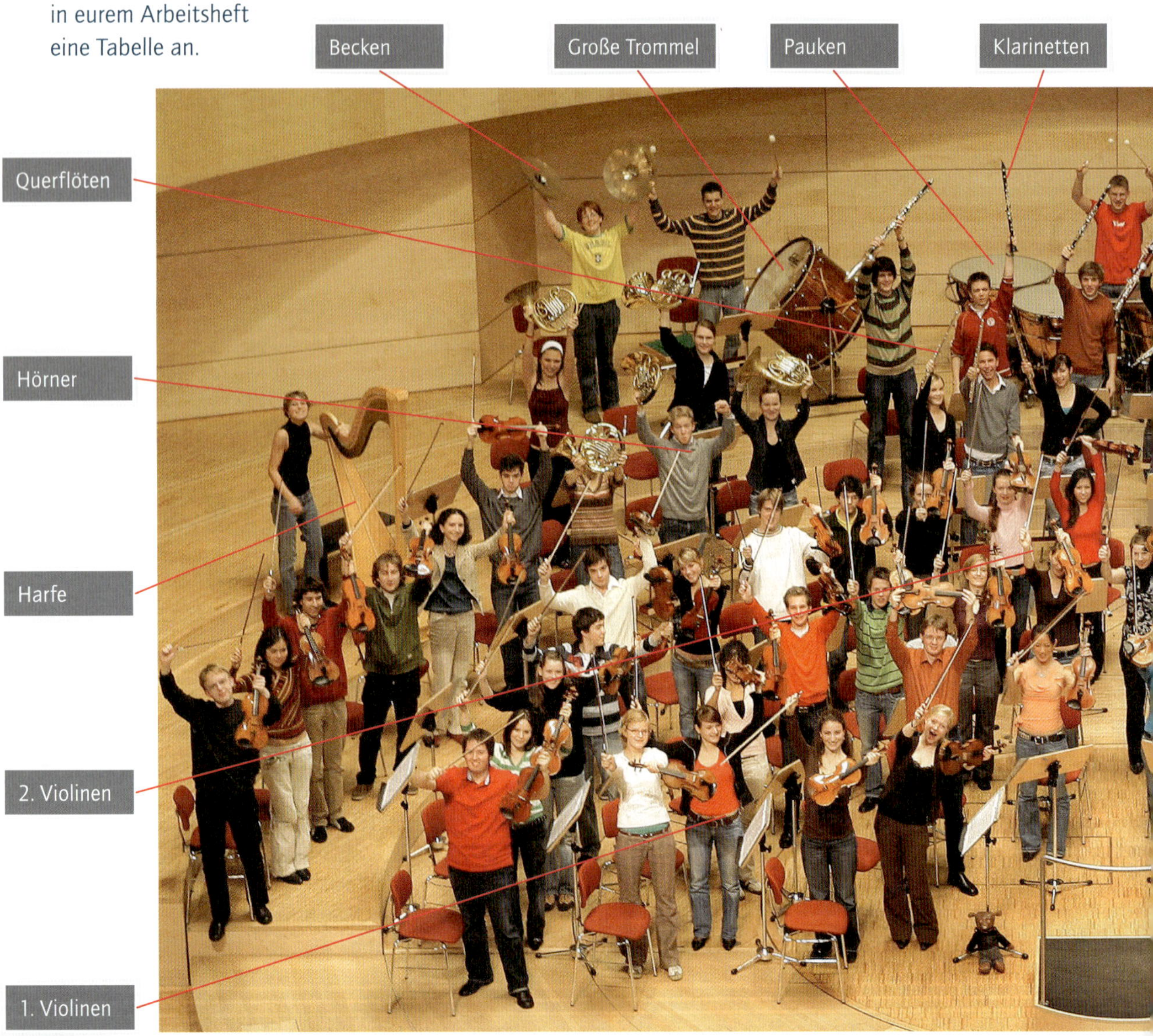

Der Komponist Benjamin Britten stellt mit seinem Stück „Young Person's Guide to the Orchestra" unter anderem die Instrumentengruppen des Orchesters musikalisch vor.

**5** **a** Hört euch das Hauptthema des Stückes, gespielt vom gesamten Orchester, an. F 1–6

**b** Notiert in eurem Arbeitsheft, in welcher Reihenfolge die vier großen Gruppen des Orchesters nach dem Thema erklingen.

**6** Benennt die Instrumente bzw. Instrumentengruppen, die in den Musikausschnitten eine führende Rolle spielen. F 7–10

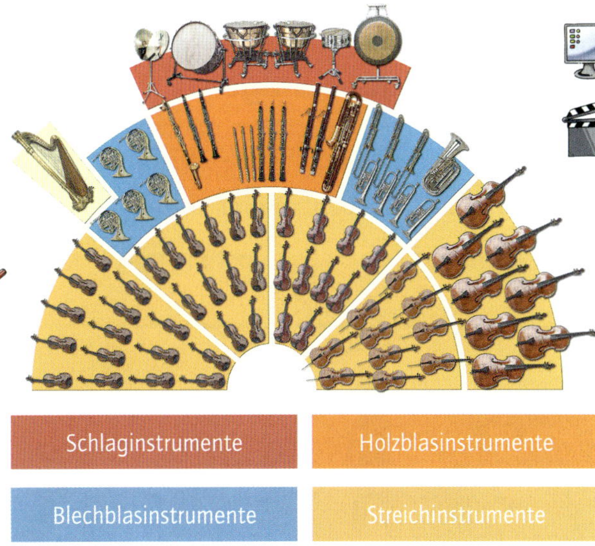


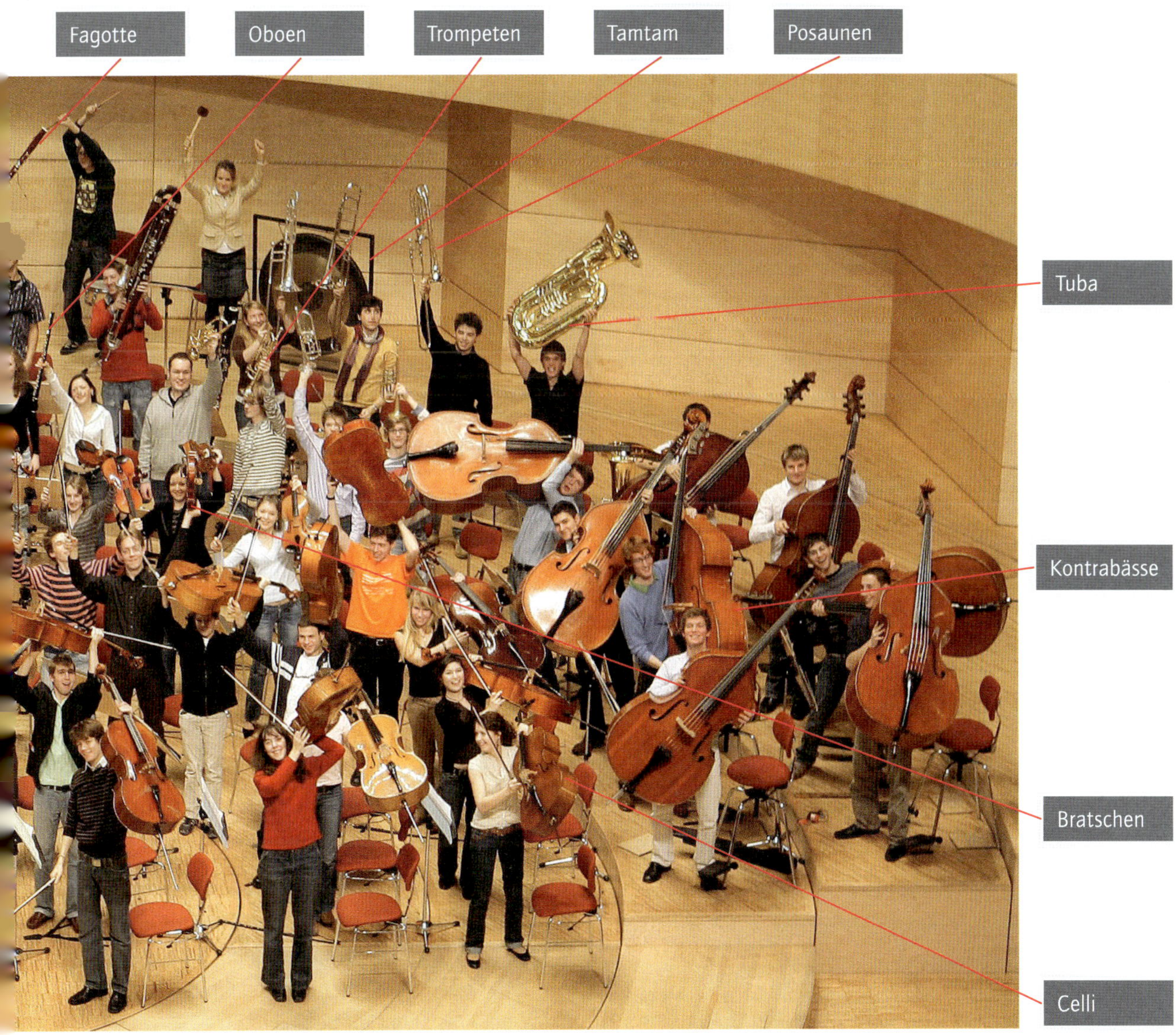

# Die Trompete: Instrument der Könige

Die Trompete war schon vor über 3500 Jahren in Ägypten Signal- und Fanfareninstrument.

*Wandmalerei aus einem Grabmal: Trompetenbläserinnen und Knechte mit Pferden bei einem Begräbniszug*

Im Mittelalter wurde an den Fürstenhöfen der Herrscher durch Trompeten angekündigt. Außerhalb des Hofes durften oft überhaupt keine Trompeten erklingen. Bis heute spielt die Trompete eine wichtige Rolle als Militärinstrument. Im 20. Jahrhundert wurde sie mit ihrem Spiel voller Humor und Virtuosität zu einem zentralen Soloinstrument im Jazz.

**1** **a** Ordnet die Werke aus den Hörbeispielen möglichen Musizierorten und Musiziersituationen zu. F 11–14

**b** Beschreibt die unterschiedliche Wirkung des Trompetenklangs. Die Adjektive in der Box helfen euch dabei.

> dunkel, durchdringend, näselnd, glänzend, hell, kalt, klar, knallig, kratzig, metallisch, rund, samtig, schlank, schrill, strahlend, voll, warm, edel, zart, fett

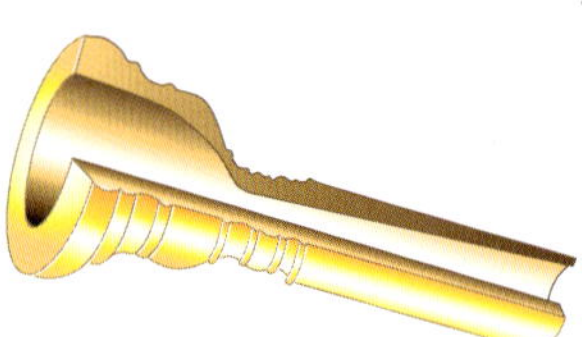

*Das Trompetenmundstück ist wie bei den meisten Blechblasinstrumenten kesselförmig.*

*Musiker am fürstlichen Hof (15. Jahrhundert)*

*Der amerikanische Jazzmusiker Dave Douglas*

## Bau und Spieltechnik der Trompete

Das wichtigste Teil der Trompete – das Mundstück – ist nicht besonders groß. Damit und mithilfe der Lippenspannung entstehen die Töne auf der Trompete: Durch stärker oder schwächer gespannte Lippen kann man bereits die Tonhöhe verändern.

**2** Baut euch eine Trompete, indem ihr von einer Plastikflasche vorsichtig den Boden entfernt. Probiert nun, eure Lippen mit unterschiedlicher Spannung auf der oberen Flaschenöffnung vibrieren zu lassen. Was könnt ihr beobachten?

Aus Kapitel 12 wisst ihr bereits, was Naturtöne sind (siehe S. 154).

Ohne Veränderung der Rohrlänge kann ein Trompeter nur wenige bestimmte Töne („Naturtöne“) spielen. Um auch andere Töne spielen zu können, wurden Ventile eingebaut, mit denen der Luftweg verlängert wird.

**3** Mithilfe eines Computerprogramms könnt ihr die Funktion der Ventile ausprobieren.

**4** Erklärt die Funktionsweise der Ventile. Nutzt dazu auch die Abbildungen.

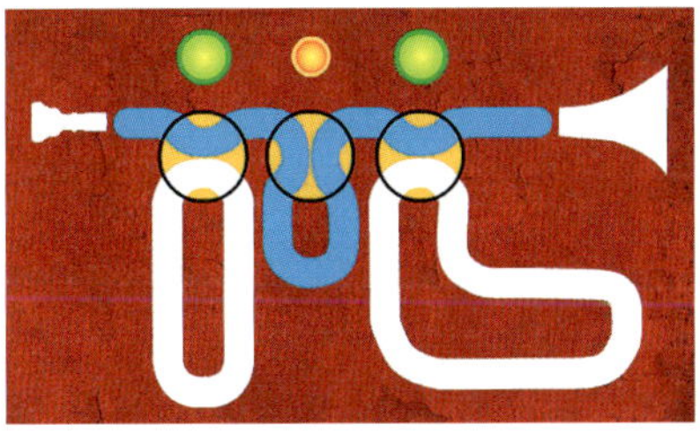

*Mit Ventil 2 → ein Halbton tiefer*

*Mit Ventil 1 → ein Ganzton tiefer*

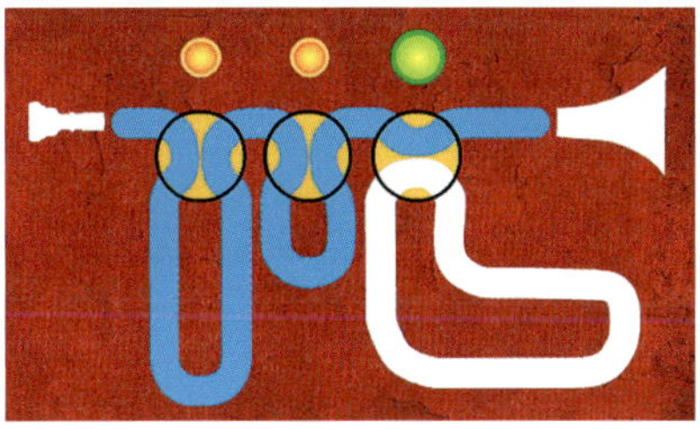

*Mit Ventil 1 und 2 (oder mit Ventil 3) → eineinhalb Töne tiefer*

## Blechblasinstrumente

Neben den Trompeten als höchsten Blechblasinstrumenten gibt es im Orchester noch Hörner, Posaunen und die Tuba. Allen gemeinsam ist die Spieltechnik mit einem Mundstück ähnlich dem der Trompete. Während das Horn und die Tuba Ventile wie die Trompete besitzen, wird der Posaunenton durch das Bewegen eines langen Rohres („Zug“) verändert.

**5** **a** Im Hörbeispiel sind nacheinander die Blechblasinstrumente Trompete, Horn, Posaune und Tuba zu hören. Prägt euch den Klang jedes Instruments gut ein. (F 15–18)
**b** Im Hörquiz könnt ihr euer Klanggedächtnis testen. Findet heraus, in welcher Reihenfolge die Instrumente erklingen. (F 19, 20)

**6** Ihr hört ein Orchester mit einem Soloinstrument. Benennt das solistisch spielende Instrument. (F 21)

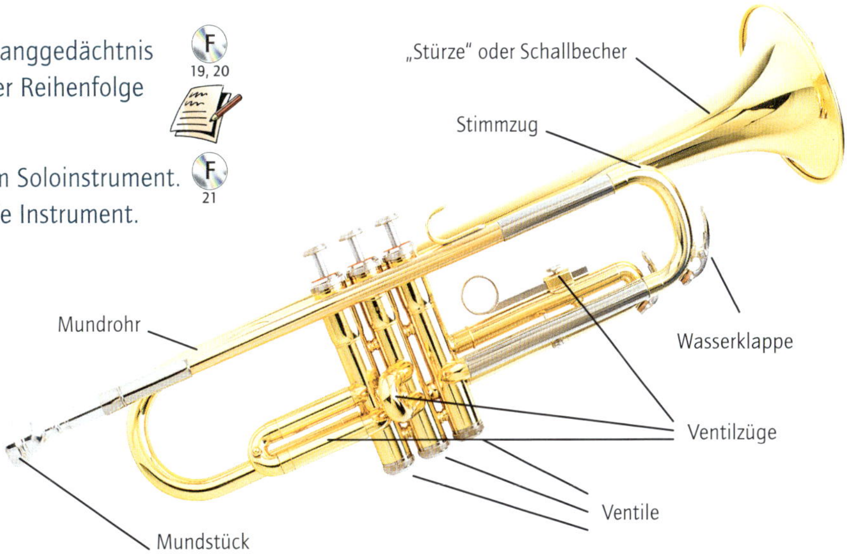

# Eine Familie stellt sich vor: die Holzblasinstrumente

## Flöte

F 22

Flöten gehören zu den ältesten Instrumenten der Welt. Dies beweist der Fund einer ca. 35 000 Jahre alten Knochenflöte auf der Schwäbischen Alb. In den Kulturen der Welt finden sich unzählige Flötenarten. Wenn man bei uns von Flöten spricht, meint man meist entweder die Blockflöte oder die Querflöte. Während die Blockflöte im frühen Mittelalter entstand, gelangte die Querflöte von China aus nach Europa. Erst im 19. Jahrhundert wurde sie mit Klappen versehen. So konnte man virtuoser spielen.

## Oboe

F 23

Der Ton der Oboenfamilie (Oboe, Englischhorn, Fagott und Kontrafagott) wird über ein Doppelrohrblatt erzeugt. Die Oboe entstand aus der Schalmei, einem Hirteninstrument. Deshalb nutzten sie Komponisten gern zur Schilderung ländlicher Szenen.

## Fagott

F 24

Das Fagott übernimmt den Basspart der Oboenfamilie. Obwohl die gesamte Rohrlänge des Fagotts fast drei Meter beträgt, ist es nur etwa eineinhalb Meter hoch: Am unteren Ende wird die Schallröhre im sogenannten Stiefel um 180 Grad geknickt. Sein vielseitiger Klang kann lustig, aber auch sehr empfindsam wirken.

## Saxofon

F 25

Der belgische Instrumentenbauer Adolphe Sax erfand das Saxofon im Jahre 1840. Obwohl es aus Metall gebaut ist, zählt es zur Familie der Holzblasinstrumente, da der Ton wie bei der Klarinette mit einem einfachen Rohrblatt erzeugt wird (siehe S. 181). Besonders im Jazz bekam das Saxofon eine überragende Bedeutung.

**1** Seht das Video über Tonerzeugung bei Holzblasinstrumenten an. Erläutert die verschiedenen Möglichkeiten und ordnet sie den Instrumenten zu.

**2** In den Musikausschnitten spielen Rohrblattinstrumente mit anderen Instrumenten gemeinsam. Hört euch die Musikbeispiele an und ordnet die Instrumente zu.

F 26–29

**3** Stellt eine Strohhalm-Oboe her und probiert die Tonerzeugung eines Doppelrohrblatts selbst aus. Drückt einen Trinkhalm am oberen Ende flach und schneidet beide Ecken schräg ab. Mit etwas Geschick könnt ihr jetzt Töne erzeugen.

*Doppelrohrblatt einer Oboe*

# Die Klarinette: ein Instrument wie die menschliche Stimme

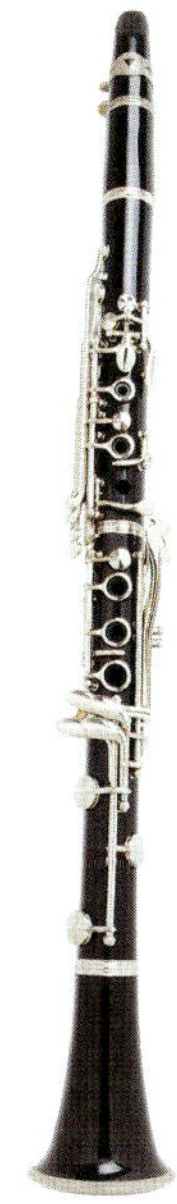


Mozart schwärmte begeistert von ihrer Ähnlichkeit mit der menschlichen Stimme und komponierte für sie eines seiner schönsten Werke. Die Klarinette, ein vergleichsweise junges Holzblasinstrument, entstand vor etwa 300 Jahren. Erst die Komponisten der Klassik konnten dieses Instrument in ihren Werken verwenden. Heute wird die Klarinette in vielen Bereichen gespielt: solistisch, in Kammer- und Orchestermusik, im Jazz und in der Blasmusik.

## Tonerzeugung

Bei der Klarinette wird der Ton über ein einfaches Rohrblatt erzeugt, indem der Spieler die Luft in einen Spalt zwischen dem Rohrblatt (hergestellt aus Bambus) und dem Mundstück bläst. Wenn alle Tonlöcher geschlossen sind, erklingt der tiefste Ton.

## Wir bauen eine Papierklarinette

Ihr benötigt für das Basteln einer Papierklarinette lediglich ein Blatt Papier und eine Schere. Faltet das Blatt so, dass ein Quadrat entsteht, und schneidet den überschüssigen Papierrand ab. Rollt das Quadrat dann über einen Stift in Richtung des Falzes auf. Schneidet das Röhrchen an einem Ende fast ganz ab: Das obere Ende hängt nur noch an einem kleinen Stückchen. Wenn ihr dieses obere Ende nach vorne umgeknickt habt, ist eure Papierklarinette fertig. Nehmt das Mundstück ganz in den Mund und blast leicht hinein.

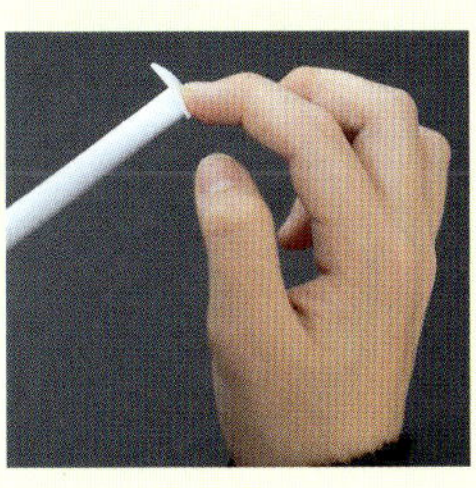

1. Informiert euch im Internet über die Klarinette (www.die-klarinetten.de). Das Video „Besuch beim Klarinettenbauer“ lässt euch miterleben, wie eine Klarinette entsteht.
2. Die Prinzipien der Tonerzeugung könnt ihr anhand von selbstgebauten Papierklarinetten nachvollziehen. Das Video „Bau einer Papierklarinette“ liefert euch eine Anleitung. Ihr benötigt lediglich ein Blatt Papier und eine Schere.
3. Hört euch kurze Ausschnitte aus bekannten Musikstücken an. Benennt, in welchem musikalischen Zusammenhang die Klarinette jeweils als Soloinstrument zu hören ist. F 30–34

# Die Band

Auf Schulfesten sind die Mitglieder der Band oft die Stars des Tages, besonders wenn neben Coverversionen auch eigene Songs zur Aufführung kommen. „Ein Song für uns" erzählt die musikalische Entstehungsgeschichte eines Bandsongs.

## Ein Song für uns

F 35, 36

Text: A. Kirmse, M. Detterbeck; Musik: M. Detterbeck

### Rapstrophen

1. Zuerst da brauchen wir die Drums,
ein grooviger Beat muss her!
Mit Hi-Hat, Bass-Drum, Snare-Drum, Toms
ist Rhythmus – nicht schwer!

2. Zum Schlagzeug – gehört der Bass,
der gibt dem Groove den Kick!
Der Bass ist unser Fundament,
das ist der ganze Trick.

3. Und jetzt noch eine Melodie,
ich sing sie euch mal vor.
Die wird ganz sicher auch ein Hit,
hey, die geht voll ins Ohr!

4. Nun kommt auch noch das Keyboard dran,
das die Akkorde checkt.
Den Drive bringt die Gitarre mit,
so wird der Sound perfekt.

5. Jetzt fehlt uns noch ein Saxofon,
das gibt den letzten Schliff.
Es hat gar nicht so viel zu tun,
es spielt nur diesen Riff.

**[ Tipps zur Aufführung des Songs ]**

- Eine Gruppe führt den Rap aus, die andere begleitet mit der notierten Bodypercussion.
- Eine im Viertelpuls geschlagene Cowbell hilft euch, das Tempo zu halten, und gibt zusätzlichen Drive.
- Imitiert gestisch die jeweils neu hinzukommenden Instrumente.

### Begleitung zu den Rapstrophen

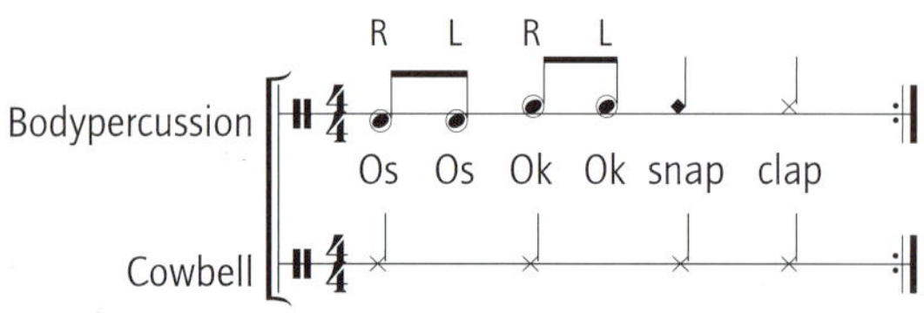


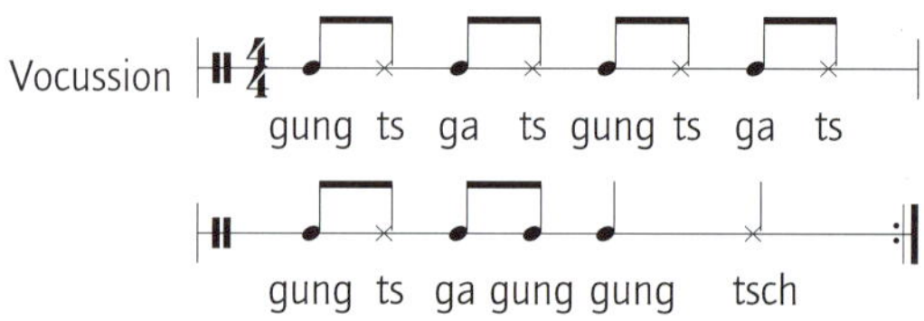


(Luft durch die Zähne einsaugen)

## Die Instrumente der Band

Der **E-Bass-Spieler** gibt der Band das klangliche Fundament. Sein Instrument hat einen längeren Hals als die E-Gitarre und meist nur vier, manchmal fünf Saiten. Sie sind dicker, weil mit ihnen besonders tiefe Töne erzeugt werden.

Der **E-Gitarrist** spielt entweder Rhythmusgitarre (also Begleitung) oder Lead-Gitarre (Soloeinwürfe).

Der **Saxofonist** spielt charakteristische Melodieeinwürfe (Riffs) und bringt so Abwechslung in den Song.

Der **Schlagzeuger (Drummer)** gibt der Band zusammen mit dem Bass das rhythmische Fundament (Rhythmusgruppe). Er spielt die unterschiedlichen Instrumente (siehe S. 140) mit beiden Händen und Füßen (über Pedale). Das erfordert gutes Koordinationsvermögen.

Der **Keyboarder** hat sehr unterschiedliche Aufgaben: Er sorgt durch Akkorde für klangliche Fülle oder spielt an besonderen Stellen solistisch. Keyboards können viele unterschiedliche Klänge erzeugen.

Das Aushängeschild der Band ist meist die **Sängerin** oder der **Sänger**. Als „Leadsänger" (auch Frontmann) sind sie die eigentlichen Hauptpersonen der Band.

**1** Beschreibt die Aufgaben der einzelnen Instrumente in einer Band mit eigenen Worten. Tragt eure Ergebnisse in eine Tabelle in eurem Arbeitsheft ein.

**2** Ein Computerprogramm ermöglicht euch, mit einem Mischpult den Sound der Band zu verändern.

## [ Das habt ihr gelernt ]

- welche Instrumente in einem Orchester mitspielen und wie die Sitzordnung ist
- Wissenswertes über die Trompete und weitere Blechblasinstrumente
- Klangeigenschaften und Spieltechnik der Klarinette
- welche Instrumente zur Familie der Holzblasinstrumente gehören
- wie eine Band aufgebaut ist
- welche besonderen Aufgaben die einzelnen Instrumente in einer Band übernehmen

[Kapitel 15]

# Musik in Form II

Sudokus gibt es für Normalos, Könner und Genies. Die zum Teil sehr schweren japanischen Zahlenrätsel verlangen eine gehörige Portion Rätselgeschick. Man muss nach oben und unten, nach rechts und links, in Quadraten und Reihen prüfen, ob eine bestimmte Zahl – und nur diese – in ein Kästchen passt, damit sich langsam die Form des Rätselquadrates füllt. Sollte am Schluss hoffentlich alles aufgehen, dann hat man ein kleines mathematisches Kunstwerk produziert.

Manche musikalischen Formen sind mit ihren strengen Regeln wie Sudokus. Die Komponisten mussten ganz schön mit den Noten tüfteln, damit am Schluss alles zusammenpasste und auch noch gut klang. Einem der größten musikalischen Tüftler aller Zeiten – Johann Sebastian Bach – könnt ihr in diesem Kapitel über die Schulter schauen.

Stimme

## Ghost of John

F 37

Text u. Musik: überliefert aus den USA
Rhythmus-Ostinato: G. Schmidt-Oberländer

**Ostinato**

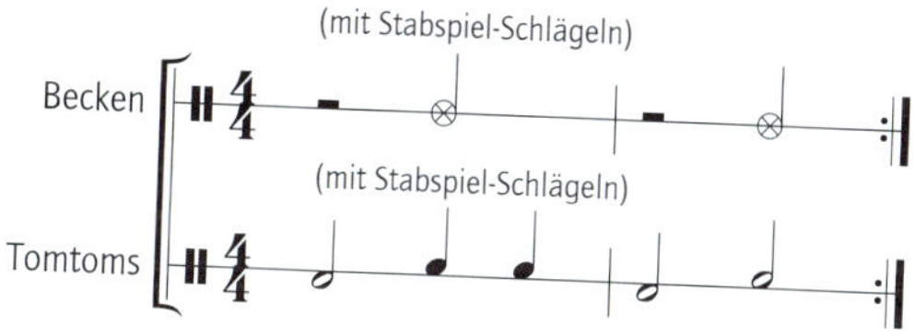


❖ Singt den Kanon mit normaler Stimme und wechselt dann allmählich zu einer flüsternden „Geisterstimme". Werdet auch in der Begleitung leiser.

Rhythmus

## Bach geht stiften

F 38

Musik: J. S. Bach; Arr.: M. Detterbeck, G. Schmidt-Oberländer
© Helbling

❖ Nehmt zwei Stifte locker in die rechte Hand (Stifte wie Drumsticks halten und mit Zeigefinger und Daumen umfassen) und schlagt sie zwischen Oberschenkel (Os) und linker Hand (Hd) hin und her, sodass sie klappern.

❖ Spielt nun in zwei Gruppen die Stifte-Stimme zur kleinen Melodie von Johann Sebastian Bach (Stabspielstimmen).

# Der Kanon: eine kunstvolle Anweisung

Der lateinische Begriff „canon“ bezeichnete ursprünglich keine musikalische Gattung, sondern bedeutete soviel wie „Anweisung“. Sie zeigte an, wie in einem Musikstück eine Melodie durch verschiedene Musiker mit zeitlich versetzten Einsätzen gespielt werden konnte.

Viele bedeutende Komponisten haben sich mit der kunstvollen Technik der Kanonkomposition beschäftigt. In England war es zur Zeit des Komponisten Henry Purcell große Mode, im Gasthaus mit ausgefeilten Kanonkompositionen gegeneinander in Wettstreit zu treten. Mozart hat eine ganze Reihe Kanons mit frechen Texten geschrieben. Einer der größten Meister dieser Kompositionstechnik war aber Johann Sebastian Bach. Sogar auf einem berühmten Porträt hält er einen Kanon in der Hand.

## Was ist ein Kanon?

Text u. Musik: M. Detterbeck, G. Schmidt-Oberländer

**1** a Singt die Melodie zunächst einstimmig.
b Für Profis: Führt das Stück dann als Kanon aus. Bestimmt dazu einen Dirigenten, der den einzelnen Stimmgruppen den Einsatz gibt und den gemeinsamen Schluss anzeigt. F 39

**2** Fasst in eurem Arbeitsheft nun die Zeilen 1–3 in einer einzigen Notenzeile zusammen. Beschreibt das Ergebnis und benennt die Abfolge der entstandenen Dreiklänge.

**3** Für Profis: Leitet Regeln für den Bau eines einfachen Kanons ab. Versucht selbst, einen kurzen Kanon zu komponieren.

**! WISSEN**

**Kanon**
Ein Kanon (lat. „canon“ = Regel) war ursprünglich eine Anweisung für die Ausführenden, die der Komponist einer Melodie voranstellte. Darin erläuterte er, wie mehrere Stimmen die Melodie zeitversetzt singen können, sodass eine mehrstimmige Komposition entsteht.

## Swinging Bach

F 40

Text u. Musik: M. Detterbeck, G. Schmidt-Oberländer

### Begleitostinato

**4** a Übt das Ostinato; achtet dabei auf eine perkussive Ausführung (Imitation von Bass und Schlagzeug).

[ **Tipp** ] Nehmt ein Bassinstrument zur Unterstützung hinzu.

b Singt die Melodie einstimmig zum Ostinato, evtl. auch im Kanon.

Die **Sechzehntelnote** ist der nächst kleinere Notenwert nach der Achtelnote (siehe S. 63).

### Bewegungsgestaltung

**5** Erfindet eine Choreografie zum Song.

# Die Invention: eine musikalische Tüftelei

*Siegel von J. S. Bach*

Johann Sebastian Bach hat eine Sammlung von Kompositionen geschrieben, die er „Inventionen" (d. h. Erfindungen) nannte. Mit diesen kleinen Meisterwerken stellte er seinen Schülern Übungsstücke zur Verfügung, damit sie ihr Klavierspiel vertiefen und sich mit den Regeln des Komponierens vertraut machen konnten.

## Fingerübungen

Wie zu Bachs Zeiten müssen auch heute Klavierschüler ihre Finger trainieren, um die Grundlagen für gutes Klavierspiel zu erlernen.

**1** **a** Führt zunächst Übung 1 in langsamem Tempo aus. Dazu legt ihr den Daumen auf das *c* und die anderen Finger auf die nächsten weißen Tasten.
**b** Spielt nun Übung 1 rückwärts, also im sogenannten Krebsgang.

Übung 1

**2** Erarbeitet euch auf ähnliche Weise Übung 2.

Übung 2

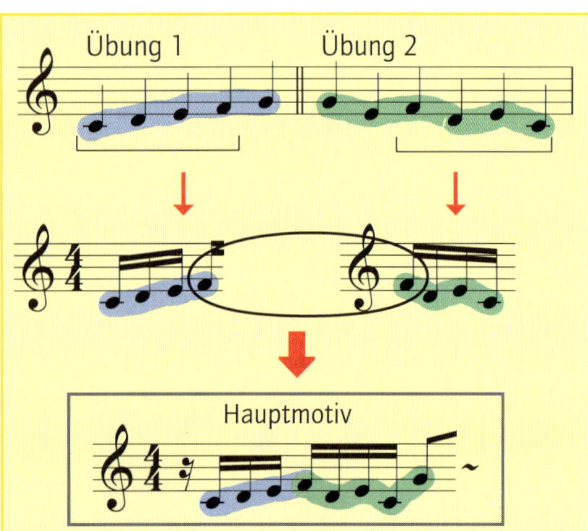


## Johann Sebastian Bach als Tüftler

F 41

Die Tonfolgen, die ihr gerade gespielt habt, bilden die Grundlage für Bachs „Invention Nr. 1".

**3** **a** Beschreibt anhand der Grafik, wie sich das Hauptmotiv aus den Tonfolgen der beiden Fingerübungen zusammensetzt. Ein Computerprogramm gibt euch wertvolle Hinweise.
**b** Spielt das Hauptmotiv auf dem Klavier. Achtet auf die Sechzehntelpause am Beginn des Motivs.

Bach hat aus diesem Hauptmotiv eine ganze Komposition „getüftelt“.

**4** Betrachtet die Ausschnitte A–D aus Bachs Invention. Was hat sich gegenüber dem Hauptmotiv jeweils verändert?

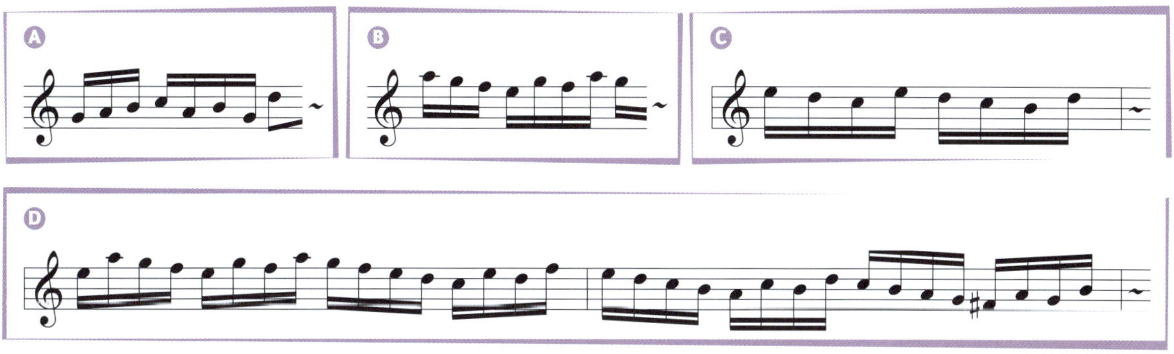


## Aus der Werkstatt des Komponisten: Wie ein Motiv verändert werden kann

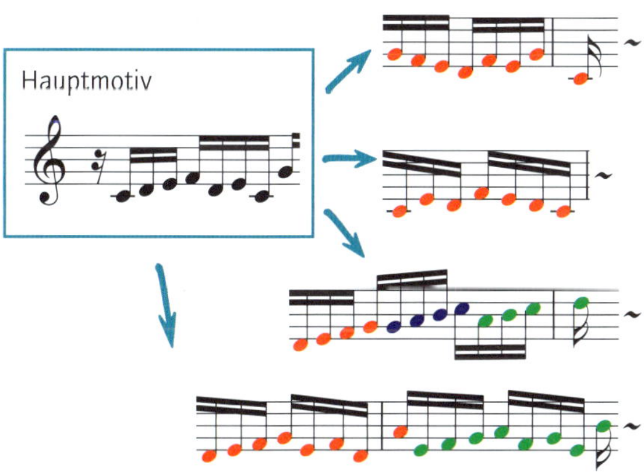


**Umkehrung:** Die Bewegungsrichtung (aufwärts oder abwärts) einer Melodie wird umgedreht.

**Krebs:** Das Motiv wird von hinten nach vorne gespielt.

**Abspaltung:** Es wird nur ein Teil eines Motivs als neues kleines Motiv – verwendet.

**Sequenzierung:** Das Motiv wird von einem anderen Ausgangston aus wiederholt.

**5** Für Profis: Das folgende Notenbeispiel ist ein Ausschnitt aus der Klavierpartitur. Das obere Notensystem wird von der rechten, das untere von der linken Hand gespielt. Untersucht den Ausschnitt und erläutert, mit welchen Mitteln Bach das Motiv verändert hat.

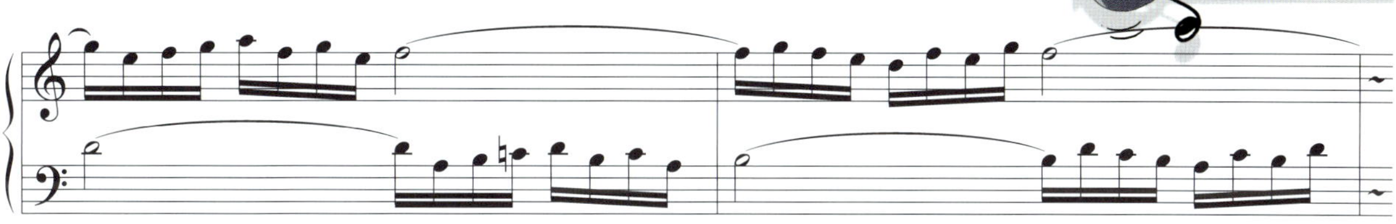

**6** Bach war wahrlich ein Tüftler: Er hat ein Familiensiegel (siehe S. 188) entworfen und darin Buchstaben seines Namens versteckt. Findet heraus, welche Buchstaben er wie oft verwendet hat.

# Johann Sebastian Bach: der „Tüftelkünstler"

**Lebensdaten Bachs**

| | |
|---|---|
| 1685 | geb. in Eisenach |
| 1700 | zweijährige Schulzeit in Lüneburg |
| 1703 | Organist in Arnstadt |
| 1707 | Organist in Mühlhausen |
| 1708 | Organist, später Konzertmeister in Weimar |
| 1717 | Hofkapellmeister in Köthen |
| 1723 | Thomaskantor in Leipzig |
| 1750 | gest. in Leipzig |

„Nicht Bach sondern Meer sollte er heißen, wegen seines unerschöpflichen Reichtums an Tonkombinationen und Harmonien", so urteilte kein geringerer als Ludwig van Beethoven über Johann Sebastian Bach. Beethoven war begeistert von dessen „Tüftelkünsten", denn Bach hatte in seinen über 1000 Werken auf unerreichte und höchst kunstvolle Weise Kanons, Fugen und andere Imitationsformen komponiert.

Bach begann seine Laufbahn als Organist, war dann an unterschiedlichen Orten Kirchenmusiker und Hofkapellmeister, bis er in Leipzig Thomaskantor wurde.

*Bach-Denkmal in Leipzig, gestiftet von Felix Mendelssohn Bartholdy (1809–1847), der Bach sehr verehrte.*

## Aus Bachs Tagebuch

Johann Sebastian Bach hat kein Tagebuch hinterlassen. Wenn er aber eines geschrieben hätte, könnte aus seiner Leipziger Zeit Ähnliches darin gestanden haben:

» ***Sonntagabend:*** *Heute Gottesdienste in St. Thomas, St. Nikolai und St. Peter, nachmittags in der Paulinerkirche. Die neue Kantate klang mäßig, muss einen Brief an den Magistrat schreiben über die Qualität und Zahl der Instrumentalisten.*
***Montag:*** *Zwei Trauerfeiern, dann Latein und Musiktheorie an der Thomasschule. In den Aborten stinkt es, aber das Geld für den Klempner fehlt. Nachmittags Gesang geprüft. Abends die Kantate für nächsten Sonntag begonnen.*
***Mittwoch:*** *nach der Schule (Klavier, Katechismus) Orgelprüfung in Störmthal. Ein schönes Instrument von Meister Hildebrandt mit guter Lunge. Kantate fertig, mit Thomanern geprobt. Es sind zu wenige gute Sänger unter den Thomasschülern!*
***Donnerstag:*** *Der Magistrat unterstützt mich weder mit Geld noch mit meinem Ansinnen, Musikdirector der Universität zu werden.*
***Freitag:*** *Hochzeit in St. Nikolai. Man hat sich über meine langen Orgelvorspiele beschwert. Die Leute sind alle unmusikalisch hier! Meine Einkünfte reichen hinten und vorne nicht. Wann soll ich komponieren? Ich werde mich weg bewerben.* «

**1** **a** Erstellt einen fiktiven Wochenplan für Bach auf der Basis des abgebildeten Tagebucheintrags. Ergänzt diese Informationen mithilfe von Internetrecherchen über Bachs Leipziger Zeit.

**b** Warum wollte Bach sich wohl von Leipzig weg bewerben? Schreibt einen Brief, den Bach an einen Freund über seine Situation geschrieben haben könnte.

## Der große, unbekannte Komponist

Obwohl Johann Sebastian Bach neben Beethoven und Mozart heute wohl zu den bekanntesten Komponisten zählt, sind doch nur relativ wenige Dokumente und Informationen aus seiner Zeit erhalten. So bleibt Bach der große Unbekannte, um dessen Leben sich zahlreiche Legenden und Mythen weben lassen. Seine Bedeutung für die Musikgeschichte ist jedoch enorm: Er setzte kompositorische Maßstäbe in nahezu allen musikalischen Gattungen. Für eine bestimmte Form der Kirchenmusik hat sich sogar der Begriff der „Bach-Kantate" eingebürgert.

**2** Bach-Hitparade: Überprüft, wie bekannt Bachs Musik in eurer Klasse ist.

F 42

**a** Hört acht kurze Hörbeispiele an und notiert euch, welche davon ihr schon einmal gehört habt.

**b** Erstellt nun ein Ranking der bekanntesten Bach-Werke in eurer Klasse. Welches sind die Top 3?

**c** Tauscht euch aus: In welchem Zusammenhang habt ihr die Musik kennengelernt?

**INFO**

Im **B**ach-**W**erke-**V**erzeichnis (BWV) sind 1080 Kompositionen Bachs aufgelistet.

## Wohnorte und Wirkungsstätten

Johann Sebastian Bachs Leben fand in einem relativ kleinen Gebiet in Mitteldeutschland statt, was für einen Komponisten seiner Bedeutung ungewöhnlich ist. Mit Ausnahme seines kurzen Aufenthalts in Lüneburg liegen alle Wohnorte Bachs im Gebiet der heutigen Bundesländer Thüringen, Sachsen-Anhalt und Sachsen.

**3** Vergleicht Leben und künstlerisches Wirken von Bach und Mozart. Nutzt dazu die Informationen in Kapitel 4 und die Karte über eine Reise Mozarts auf S. 48.

**4** Entwerft in Gruppen ein Konzept für ein Bach-Museum in eurer Stadt. Überlegt, welche Themen interessant sein könnten. Nutzt für eure Recherchen das Internet. Fertigt für die einzelnen Räume des Museums ein Plakat mit den wichtigsten Inhalten an und bringt sie in eine sinnvolle Reihenfolge. Mögliche Themen:

- Bachs Berufe und Wirkungsstätten
- Die Familie Bach
- Bachs große Werke
- Bach im Gefängnis
- Die Söhne Bachs

## Haydn: eine Sinfonie mit Paukenschlag

**INFO**

**Die Pauke**
Die Pauke ist das am häufigsten eingesetzte Schlaginstrument im Orchester. Über einem Metallkessel ist ein Fell gespannt. Aufgrund ihrer Bauweise hat die Pauke im Unterschied zu anderen Trommeln eine bestimmte Tonhöhe. Sie wird meistens paarweise verwendet.

Die Sinfonie mit dem Paukenschlag zählt zu den bekanntesten Sinfonien Joseph Haydns. Haydn sagt über seine Sinfonie:

» *... es war mir daran gelegen, das Publikum durch etwas Neues zu überraschen (...). Der Enthusiasmus [des Publikums] erreichte bey dem Andante mit dem Paukenschlag den höchsten Grad. Ancora! Ancora! [Zugabe!] Schallte es aus allen Kehlen ...* «

Zur Zeit der Entstehung dieser Sinfonie war es unüblich, eine Pauke im zweiten, langsamen Satz einer Sinfonie erklingen zu lassen. So war das Publikum bei der Aufführung in London über den Einsatz der Pauke derart überrascht, dass die Sinfonie den Namen „The Surprise" („Die Überraschung") erhielt.

### Paukenschlag im Kreis

**1** Bildet einen Stuhlkreis. Zwei Schüler, die sich gegenüber sitzen, geben einen kleinen Ball oder ein Reissäckchen zur Musik im Metrum (Viertelschlag) an die rechte Hand des linken Nachbarn weiter. Dieser nimmt ihn dann in die linke Hand und gibt ihn anschließend ebenfalls weiter. Achtung: Richtungswechsel bei jedem Paukenschlag!

F 43

### Joseph Haydn: Sinfonie mit dem Paukenschlag (Spiel-mit-Satz)

F 43

Spiel-mit-Satz: W. Kern
© Helbling

*) überraschender Paukenschlag: mit Stampfen und Klatschen so laut wie möglich markieren

## Ein Thema mit Variation

Ihr habt die Veränderung als eine wichtige Möglichkeit der musikalischen Gestaltung bereits kennengelernt. Viele Komponisten haben die Veränderung in Form von Variationen über bekannte Themen sogar zum Prinzip von kleineren oder größeren Kompositionen gemacht. So verändert Haydn in seiner Sinfonie das Thema auf unterschiedlichste Weise.

**2** Hört nach dem Thema die erste bzw. zweite Variation an. Beschreibt, was sich jeweils gegenüber dem Thema verändert hat. (F 44, 45)

**3** Hört euch eine Interpretation von Gerard Hoffnung an und vergleicht sie mit dem Original. (F 46)

**! WISSEN**

**Variation**
Bei einer Variation eines Themas können verschiedene Bereiche verändert werden:
**Melodie:** z. B. Umspielung, höhere/tiefere Tonlage
**Rhythmus:** z. B. kleinere/größere Notenwerte, Punktierungen, Triolen
**Begleitung:** z. B. mit Dreiklängen, mit Gegenstimme
**Dynamik:** z. B. Lautstärkekontraste
**Tongeschlecht:** z. B. Wechsel von Dur/Moll

### Variation 1

### Variation 2

**INFO**

**Joseph Haydn**
Der österreichische Komponist Joseph Haydn (1732–1809) gehört mit seinem Freund Mozart und seinem Schüler Beethoven zu den Vertretern der „Wiener Klassik". Als Hofmusiker einer kleinen Residenz schrieb er sehr viele Sinfonien und Kammermusikwerke. Besonders berühmt ist sein „Kaiserquartett", dessen Melodie heute die deutsche Nationalhymne ist. Bekannt war Haydn für seinen Humor. Er komponierte z. B. eine Abschiedssinfonie, bei der die Musiker der Reihe nach zu spielen aufhörten und die Bühne verließen – ein Zeichen für den Fürst, dass der Urlaub überfällig war.

## [ Das habt ihr gelernt ]

- was ein Kanon ist
- wie man einen Kanon dirigiert
- etwas über Bachs Kompositionstechnik am Beispiel einer Invention
- Wissenswertes über das Leben des Komponisten Johann Sebastian Bach
- wie ein Thema durch Variationen verändert werden kann

# [Kapitel **16**]

# Haste tiefe Töne?

In einer Band ist der Star fast immer die Sängerin oder der Sänger. Sie stehen im Vordergrund und haben den größten Kontakt zum Publikum. Sie sind oft nicht an ein Instrument gebunden, wie ein Schlagzeuger, Keyboarder oder Bassist. Deshalb haben es z. B. auch relativ wenige Bassisten geschafft, Stars zu werden. Immerhin: Paul McCartney von den *Beatles* oder Sting von *The Police* sind Stars in der Pop- und Rock-Szene geworden.

Der E-Bass hat scheinbar die am wenigsten attraktive Aufgabe in einer Band: Während das Schlagzeug die Rhythmusmaschine ist und die anderen Instrumente auch Melodien spielen können, spielt er immer nur tiefe Töne.
„Nur"? Wenn man bei einer Band den Bass wegließe, wäre mit Sicherheit jeder Hit plötzlich ganz lahm. Wie tiefe Töne selbst zu einem Hit werden und wie man auf einem E-Bass Songs begleitet, lernt ihr in diesem Kapitel.

**Rhythmus/Stimme**

## Lazy and Low

F 47

Text u. Musik: M. Detterbeck, G. Schmidt-Oberländer
© Helbling

### Bass-Ostinato

- Singt das Bass-Ostinato. Imitiert dabei einen Kontrabass mit Schlagzeugbegleitung.
- Übt die Melodie und singt den Song dann als Kanon zum Bass-Ostinato.
- Erfindet eine kleine Choreografie zum Song, in der Charakter und Textinhalt zum Ausdruck kommen.

**Stimme**

## Trommelklang

F 48

Text u. Musik: L. Maierhofer
© Helbling

### Ostinato für Stimme oder Instrumente

# Kanon mit Bass-Ostinato

## Shoobeedoowah

F 49, 50

Text u. Musik: M. Detterbeck

### Bass-Ostinato

### Rhythmus-Ostinato

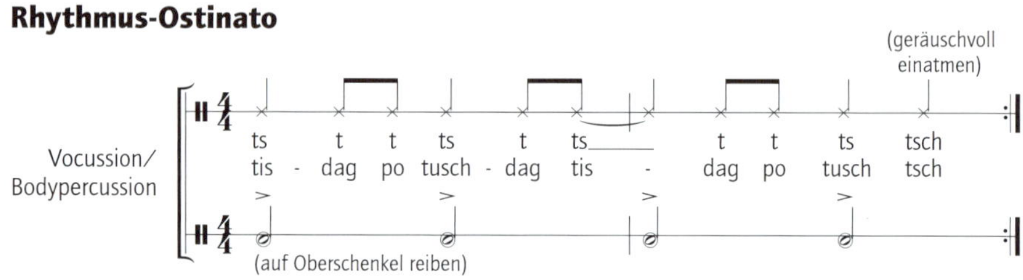


**1** **a** Übt zunächst die Bassbegleitung. Imitiert dabei mit eurer Stimme einen Kontrabass: Singt die Silbe „dm" perkussiv und verbindet die einzelnen Silben möglichst dicht miteinander (legato). Ihr könnt euch auch am Klavier oder mit einem Stabspiel begleiten. Fügt dann die Vocussion und die Bodypercussion hinzu.

**b** Erarbeitet euch den Kanon und führt ihn zur Begleitung aus.

**2** Bindet die Bewegungsimpulse auf S. 197 in eure Umsetzung ein. Erfindet weitere Bewegungen und gestaltet eine Choreografie zum Kanon.

## Bausteine für eine Choreografie

**Baustein 1**

Takt 1

Takt 2

**Arme:** mit rechts Geste „Heranwinken"

**Füße:**
- Takt 1: auf Halbe: rechts vor – links Beistellschritt
- Takt 2: rechts zurück – links Beistellschritt

**Baustein 2**

Takt 1/2

**Arme:** auf Zz. 2 und 4 schnipsen

**Füße:** Körper ist zum Zuschauer hin gedreht, rechte Schulter zeigt nach vorne; auf Zz. 1 und 3 rechts leicht aufstampfen

**Baustein 3**

Takt 1

Takt 2

**Arme:**
- Takt 1: auf Zz. 3 rechts schnipsen
- Takt 2: auf Zz. 3 Klatscher links oben

**Füße:**
- Takt 1: auf Halbe: Seitschritt rechts – Beistellschritt links
- Takt 2: Seitschritt links – Beistellschritt rechts

**Baustein 4**

Takt 1

Takt 2

**Arme:** mit den Armen einen Kreis vor dem Körper beschreiben; Finger sind dabei gespreizt

**Füße:**
- Takt 1: auf Halbe: rechts vor – links Beistellschritt
- Takt 2: rechts zurück – links Beistellschritt

# Der Bass-Schlüssel

Der **Violinschlüssel** umschließt die zweite Linie des Notensystems und weist dieser den Ton *g'* zu. Der Violinschlüssel wird deshalb auch G-Schlüssel genannt.

## Ein Spezialschlüssel für tiefe Töne

Ein Notenschlüssel weist in einem Notensystem jeder Note eine bestimmte Tonhöhe zu. Den Violinschlüssel habt ihr in den letzten Kapiteln immer wieder verwendet.

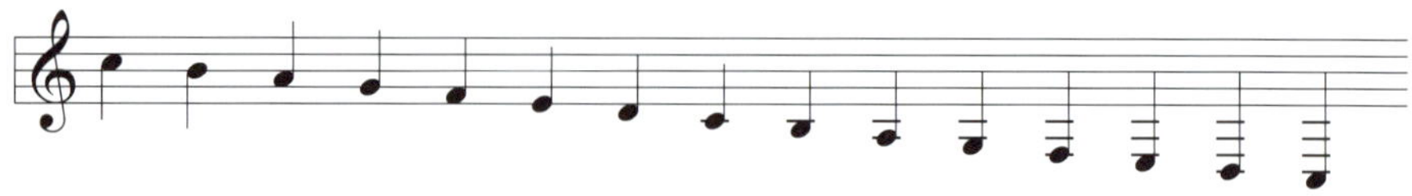

**1** Benennt die letzten drei Töne. Begründet, warum dies gar nicht so leicht ist.

Für tiefe Töne wird ein spezieller Notenschlüssel verwendet. Sie können damit viel übersichtlicher notiert werden:

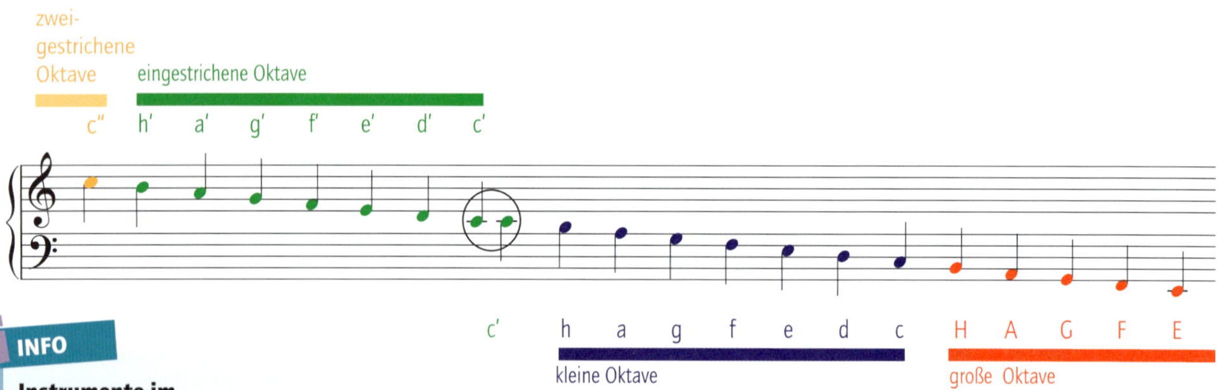


**INFO**

**Instrumente im Bass-Schlüssel**
Folgende Instrumente werden meist im Bass-Schlüssel notiert:
Cello, Kontrabass, Fagott, Tuba, Pauke, E-Bass und die linke Hand beim Klavier.

## Ordnung des Tonraums

Unser Tonsystem ist in Oktavräume eingeteilt, die jeweils vom Ton *c* bis zum nächst höheren Ton *h* reichen. Nach einer Oktave wiederholen sich die Notennamen. Zur eindeutigen Benennung von Tönen aus unterschiedlichen Oktavräumen hat jeder Oktavraum eine eigene Bezeichnung: tiefere Oktaven werden mit Großbuchstaben, höhere mit Kleinbuchstaben notiert und zusätzlich mit einem Strich oder alternativ einer Zahl unterschieden (*c'* = *c1*, *c''* = *c2* usw.).

**WISSEN**

**Der Bass-Schlüssel**
Damit man Töne unterhalb des *c'* leichter erkennen und spielen kann, werden sie im Bass-Schlüssel aufgeschrieben. Er heißt auch F-Schlüssel, da er die Linie markiert, auf der das kleine *f* sitzt. Merkhilfe: Die beiden Punkte hinter dem Schlüssel umschließen den Ton *f*.
Die Schlüsselform ist tatsächlich aus dem Buchstaben F entstanden und hat sich im Laufe der Zeit verändert:

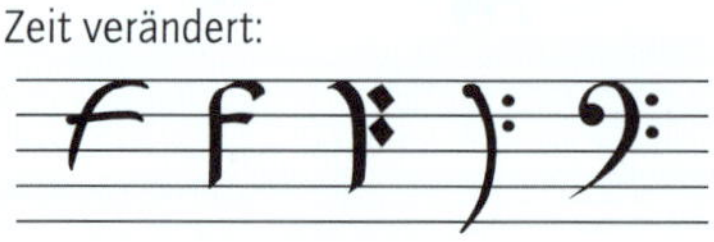

## Musiklabor 5: tiefe Töne

### Twitter-Musik

**1** a Ihr habt einen MusiX-Tweet einer Freundin erhalten. Könnt ihr ihn entschlüsseln? In welchem Land macht sie wohl gerade Urlaub?

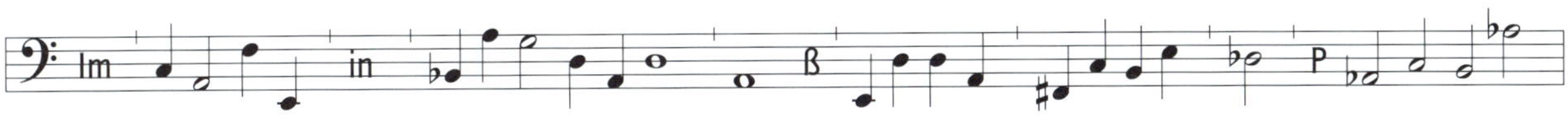


b Schreibt folgende Wörter mit Noten im Bass-Schlüssel in euer Arbeitsheft: FEHDE, GESCHAH, BEGEHE, FISCH

c Findet weitere Wörter, die sich in Notenschrift notieren lassen, und erstellt einen eigenen MusiX-Tweet. Lasst ihn von eurem Banknachbarn entschlüsseln.

**2** Hier stehen Noten im Violin- und Bass-Schlüssel übereinander.

a Nennt jeweils die Notennamen mit Bezeichnung des Oktavraumes.

b Findet die Paare, die nicht den gleichen Notennamen haben.

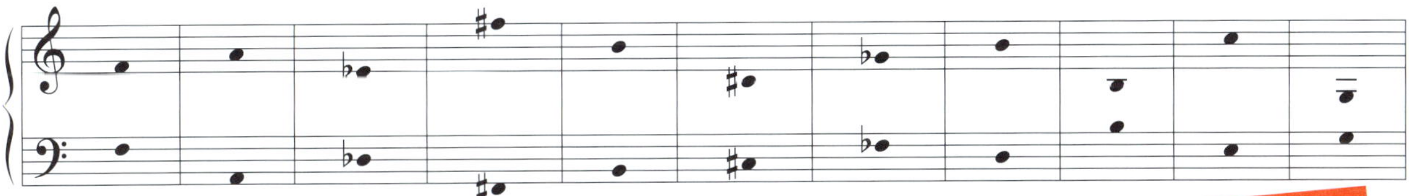

### Populäre Riffs

Viele Hits aus Rock und Pop haben markante Riffs (kurze, prägnante, sich wiederholende Ton- oder Akkordfolgen). Einige davon sind so bekannt, dass jeder sie mitsingen kann.

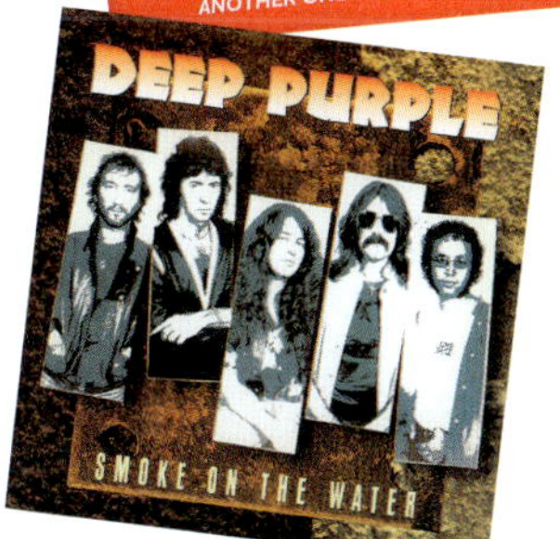

**3** a Hört euch die Riffs an und singt sie mit. Ordnet die Hörbeispiele den Notenbeispielen zu.

F 51–53

b Wählt eines der drei Beispiele aus. Notiert es eine Oktave höher im Violinschlüssel in euer Arbeitsheft.

# Ein Jahrhundert-Hit: der Pachelbel-Kanon

**INFO**

Die Komposition von Pachelbel ist eigentlich eine Folge von Variationen (siehe Kap. 8) über einer immer wiederkehrenden Bassfigur.

## Ganz schön alt und doch topaktuell

Eine der populärsten aller Bassfiguren ist schon über 300 Jahre alt und kommt im berühmten „Canon per 3 Violini e Basso" („Kanon für 3 Geigen und Bass") des Nürnberger Barockkomponisten Johann Pachelbel (1653–1706) vor. Der Kanon ist ein wahrer Jahrhundert-Hit: Die Harmoniefolge findet sich in allen Musikrichtungen und wurde in zahlreichen Aufnahmen, Coverversionen und Bearbeitungen immer wieder verwendet.

**INFO**

**Coverversion**
Von einer Coverversion spricht man, wenn ein bereits veröffentlichter Titel von anderen Musikern neu eingespielt wird.

### Kanon

F 54

### Begleitmodell

**1** a Singt die viertaktige Bassfigur. Begleitet euch dabei mit einem Bassinstrument (z. B. Stabspiel, Klavier, Keyboard).

F 55

b Findet heraus, aus welchen Intervallen die Basslinie zusammengesetzt ist.

c Musiziert den Kanon mit euren Klasseninstrumenten.

**2** Beschreibt, auf welche Weise der Komponist in den Zeilen 3 und 4 die Melodie verändert (variiert) hat.

## Pachelbel: ein wahrer Chartstürmer

Das Harmonieschema des Pachelbel-Kanons wurde von Komponisten und Songwritern aller Zeiten immer wieder aufgegriffen – von Mozart über die *Pet Shop Boys* bis zu dem Rapper Coolio.

*Ralph McTell*

### Streets of London

Der erste Hit, der auf Pachelbels Kanon beruht, war der Song „Streets of London" des englischen Songwriters Ralph McTell. 1975 erreichte er damit Platz 2 in den britischen Charts. Im Song werden die Alltagsprobleme der Durchschnittsbürger denen der sozial Benachteiligten gegenübergestellt.

**3** Vergleicht das Original von Pachelbel mit dem Song „Streets of London". Benennt die Teile des Originals, die McTell in seinem Song verwendet hat. (F 56)

### Pachelbel auf dem Fußballplatz

Eine Version des Kanons kennen viele von euch auch vom Fußballplatz: „Go West" ist ein Titel der US-amerikanischen Disco-Band *Village People* aus dem Jahr 1979. In der Coverversion der *Pet Shop Boys* (1993) belegte der Song wochenlang Platz 1 der deutschen Charts.

*Pet Shop Boys*

**4** **a** Untersucht anhand des Notenbeispiels, wie die Melodie des Originals variiert wurde.

**b** Diskutiert nach dem Anhören des Songausschnitts, was den Song so eingängig macht, dass er zum Fußballlied werden konnte. (F 57)

### Pachelbel als Rap

Coolio nutzt für seinen Song „C U When U Get There" (1997) das Original in noch stärkerem Maße als Vorlage.

**5** Hört euch Coolios Version an und vergleicht sie mit den beiden anderen Songs. Welche Elemente des Originals finden sich in Coolios Song wieder? (F 58)

### „Canon Rock" im Internet

Seit einigen Jahren findet im Internet eine Art Wettbewerb um den „Canon Rock" von JerryC. statt. Der taiwanesische Gitarrist hat 2005 ein Amateurvideo ins Netz gestellt, das ihn zeigt, wie er auf seinem Bett sitzend eine höchst virtuose Metal-Version des Pachelbel-Kanons spielt. Inzwischen haben viele andere Musiker ihre Version des „Canon Rock" ins Internet gestellt.

**6** Recherchiert im Internet zum „Canon Rock" und berichtet in der Klasse von euren Eindrücken.

*Coolio*

## Das erste Mal verliebt

Vielleicht habt ihr das Gefühl auch schon kennengelernt: Das erste Mal verliebt ... so heißt auch der Titel einer Coverversion des Songs „Love Is All Around“. Der Song ist ein echter „Evergreen“ (also ein Hit, der zeitlos populär ist) und wurde auch als Soundtrack und mehrfach in der Werbung verwendet.

### Love Is All Around

F 59–61

Text u. Musik: R. Presley

**Begleitung für die Klassenband**

> **! WISSEN**
>
> **E-Bass**
>
> Der E-Bass ist in der Rockband nicht nur für das Bassfundament, sondern auch für den Rhythmus sehr wichtig. Gewöhnlich hat der E-Bass vier Saiten. Es gibt aber auch Instrumente mit einer fünften Saite. Man kann den Bass auf unterschiedliche Weise zum Klingen bringen (z. B. nur mit der Fingerkuppe oder durch Schlagen auf die Saiten).

## Mini-Workshop: Eine Bass-Stimme entsteht

Die Bassbegleitung für den Song könnt ihr euch leicht selbst erarbeiten.

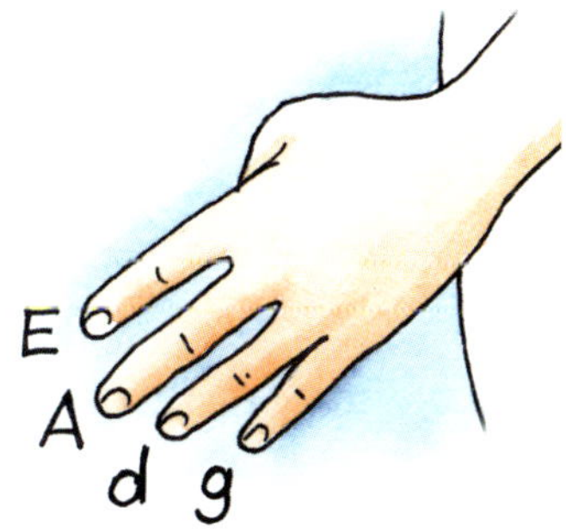


**1** **a** Übt die Basstöne zunächst ohne Instrument: Haltet dazu die linke Hand vor euren Bauch; die vier Finger symbolisieren die Saiten des E-Basses: *E – A – d – g*.

**b** In der Strophe werden nur die Akkorde D-Dur, e-Moll, G-Dur und A-Dur verwendet. Zupft in langsamem Tempo mit dem Zeigefinger der rechten Hand die entsprechenden Finger eurer linken Hand.

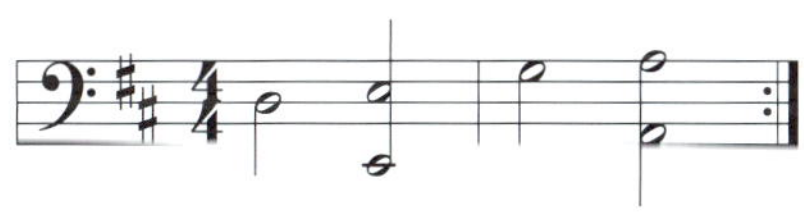

**2** Übertragt die Fingerübung auf den E-Bass.

**3** Nun könnt ihr auch den Refrain begleiten. Er enthält die gleichen Akkorde, nur in anderer Reihenfolge.

**[ Tipp für Fortgeschrittene ]**

Die Basslinie klingt um einiges besser, wenn ihr den Basston *E* auf der *d*-Saite und den Ton *A* auf der *g*-Saite spielt. Dazu müsst ihr mit der linken Hand den zweiten Bund der *d*-Saite bzw. *g*-Saite drücken.

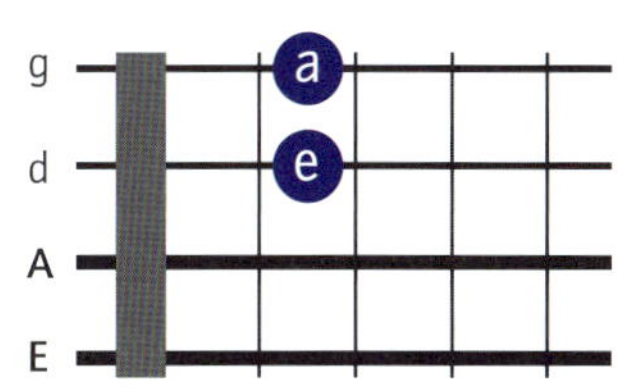


## [ Das habt ihr gelernt ]

- die genaue Bezeichnung der verschiedenen Oktavräume
- Noten im Bass-Schlüssel zu lesen und zu schreiben
- berühmte Bassfiguren (Queen, Pachelbel-Kanon)
- wie man einen E-Bass spielt
- einen Song mit dem E-Bass zu begleiten

# [Workshop] Latin

In diesem Workshop lernt ihr, einen Song im Latin-Stil zu musizieren, euch auf passenden Percussioninstrumenten zu begleiten und dabei verschiedene Rhythmen zu einem Groove zu kombinieren. „Latin" ist übrigens die englische Abkürzung für Musik aus Lateinamerika.

## Le o la!

Text u. Musik: M. Detterbeck, G. Schmidt-Oberländer

**Schritt 1:** Zunächst brauchen wir als „Timekeeper" die **Cowbell.** Spielt sie mit einem Schlagzeug-Stock. Dämpft die Glocke mit der Hand ab.

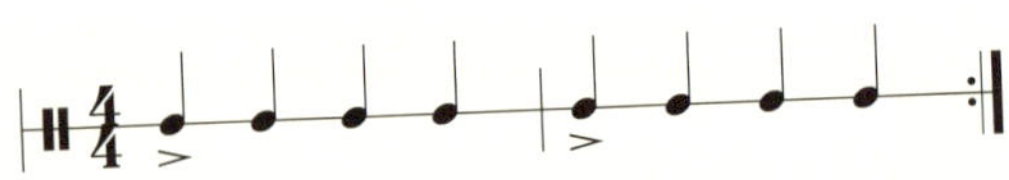


**Schritt 2:** Dazu kommen die **Shaker,** z. B. die Maracas. Achtet darauf, dass ihr die Schüttelbewegung waagrecht (nach vorne) ausführt, damit ihr gleichmäßige Achtel spielt.

**Schritt 3:** Unverzichtbar ist die **Guiro** mit ihrem unverwechselbaren Rrrrratsch-Klang. Führt den Stab mit etwas Druck abwechselnd ab- und aufwärts über die Guiro.

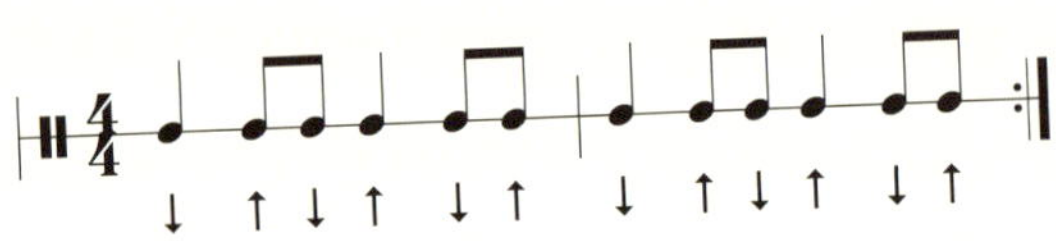


**Schritt 4:** Die **Conga** gibt dem Arrangement ein Fundament mit ihren tiefen Klängen. Wir nutzen zwei Sounds auf der Conga, den Bass-Sound (bu) und den Open-Sound (to).

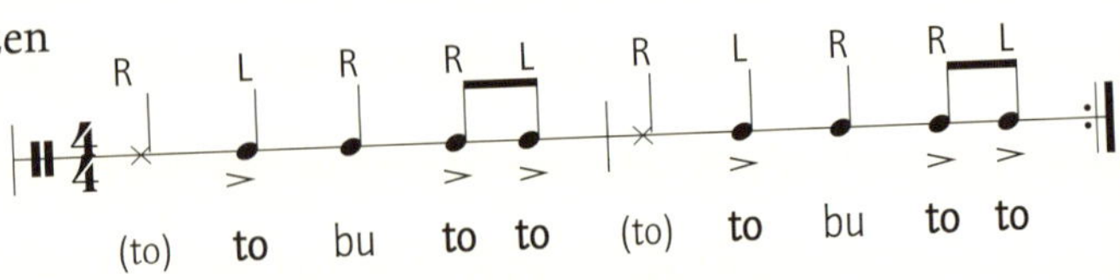

Cowbell

Maracas

Guiro

Conga

Claves

## INFO

**Trommeltechnik**
Der **Open-Sound** wird mit den Fingern auf dem Rand der Trommel erzeugt. Die Hand schlägt auf das Fell und schnellt gleich wieder hoch. Die Finger bleiben zusammen, der Daumen schlägt nicht aufs Fell.

Der **Bass-Sound** wird mit der flachen Hand in der Mitte des Trommelfells erzeugt. Schlägt man stärker, werden nur die Nebengeräusche lauter, der Bass jedoch eher undeutlich.

**Schritt 5:** Nun fehlen noch die **Claves.** Sie haben einen typischen, nach ihnen benannten Clave-Rhythmus, den ihr am besten mit Rhythmussilben lernt:

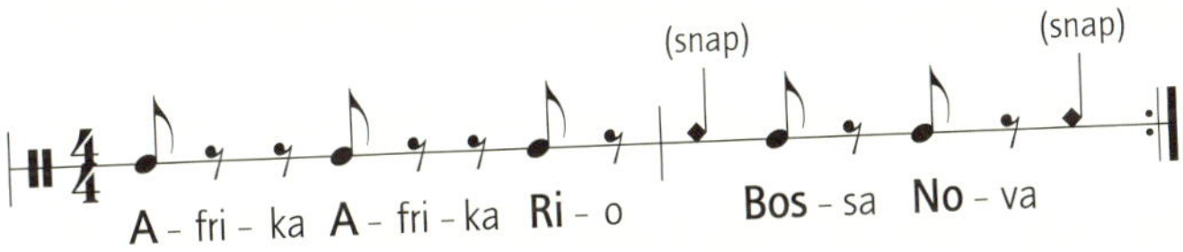


Sprecht zunächst die Rhythmussilben und klatscht die betonten Noten mit. Besonders gut geht das, wenn Cowbell und Maracas euch begleiten. Übertragt den Rhythmus dann auf die Claves.

**[Tipps]**
- Übt zunächst die Begleitung und den Song separat, bevor ihr beides zusammensetzt.
- Die Liedmelodie kann von Instrumenten mitgespielt werden (z. B. von Blockflöten).
- Typisch für Latin-Musik sind sogenannte „Breaks", also Takte, in denen alle Instrumente nach Zählzeit 1 pausieren, am besten im letzten Takt eines Abschnittes.

**Schritt 6:** Die **Stabspielstimmen** liefern die harmonische Farbe. Alternativ könnt ihr sie auch auf einem Keyboard spielen.

**Schritt 7:** Dazu könnt ihr den Bass auf dem **Klavier** oder auf **Bass-Klangstäben** spielen.

[Kapitel **17**]

# Multitalent Leonard Bernstein

Es gibt Menschen, die können einfach alles ... Im Sport sind das die Zehnkämpfer, die Kurz- und Langstrecke rennen, weit und hoch springen, Speer und Diskus werfen und noch mehr – und das alles auf höchstem Niveau. Deshalb wird der Zehnkampf auch die Königsdisziplin der Leichtathletik genannt.
Leonardo da Vinci war ein sogenanntes Universalgenie. Er malte (unter anderem die Mona Lisa), erfand Fluggeräte und Fallschirme, zeichnete den ersten genauen Stadtplan, war medizinisch interessiert, ersann Verteidigungsanlagen und schrieb in Spiegelschrift.

Sein Namensvetter Leonard Bernstein war ein musikalisches Universalgenie. Als Dirigent, Pianist und Komponist in verschiedensten Stilen, aber auch als Erfinder der musikalischen Kinder-Universität spielte er in der Champions-League der Musiker im 20. Jahrhundert. Dabei war er immer mit Humor bei der Sache, wie ihr gleich zu Beginn dieses ihm gewidmeten Kapitels merken werdet.

Stimme/Körper und Bewegung

## Spread Your Wings

G 2

Text u. Musik: M. Detterbeck, G. Schmidt-Oberländer

### Begleitung

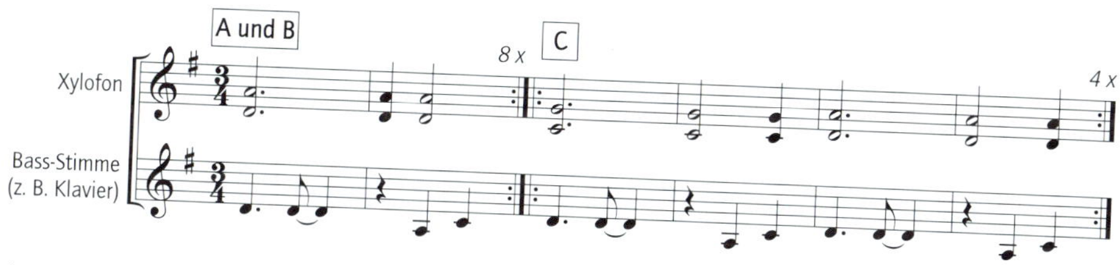


- Singt den englischen Text, bei der Wiederholung auf „u“. Achtet auf Leichtigkeit.
- Unterstützt die immer größer werdenden Tonsprünge mit Bewegungen.
  Englischer Text: Die Arme wie imaginäre Flügel seitlich schwingen lassen und immer weiter ausbreiten.
  Vokal „u“: Das U vor dem Körper immer länger ziehen (wie ein Gummiband).

Rhythmus

## Tisch-Percussion 2

Musik: nach M. Grohé


Rhythmus 1

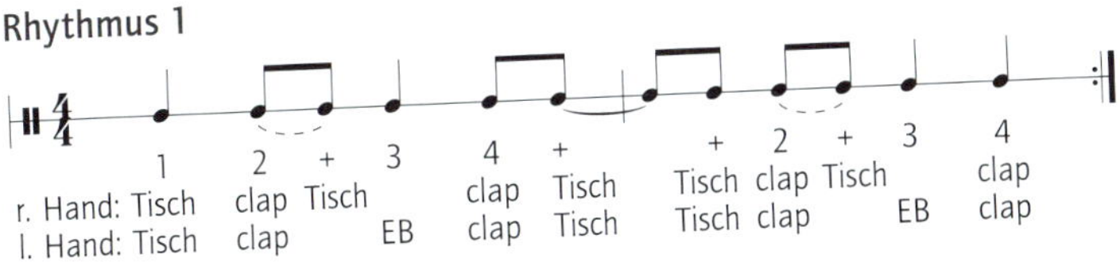


**Tisch:** mit der Hand auf den Tisch patschen
**EB:** Ellbogen auf den Tisch stützen
**clap:** klatschen

Rhythmus 2

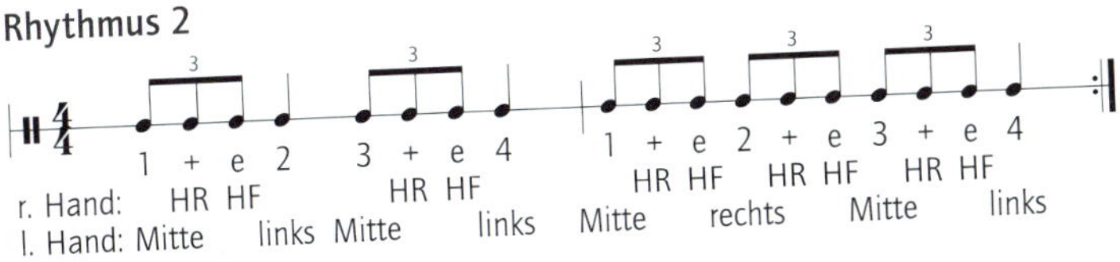


Beide Hände liegen flach auf dem Tisch.
**Mitte:** mit der l. Hand auf den Handrücken der r. Hand patschen
**links:** l. Hand flach auf den Tisch schlagen
**rechts:** l. Hand über die r. Hand kreuzen und auf der r. Seite flach auf den Tisch schlagen
**HR:** Hand auf den Handrücken drehen
**HF:** Hand auf die Handfläche drehen

## Ein lustiger Tanz der Truthähne

Der amerikanische Komponist Leonard Bernstein gehört zu den wichtigsten Musikerpersönlichkeiten des 20. Jahrhunderts. Als Komponist beweist er Humor. Am Thanksgiving Day (eine besondere Form des Erntedankfestes) werden im Süden der USA mancherorts bis zu 20 000 Truthähne durch die Stadt getrieben. Diesen „Turkey Trot" der stolzierenden Truthähne ahmt er in einem seiner Werke nach.

### Turkey Trot

G 3

Text: M. Detterbeck; Musik: L. Bernstein
© Boosey

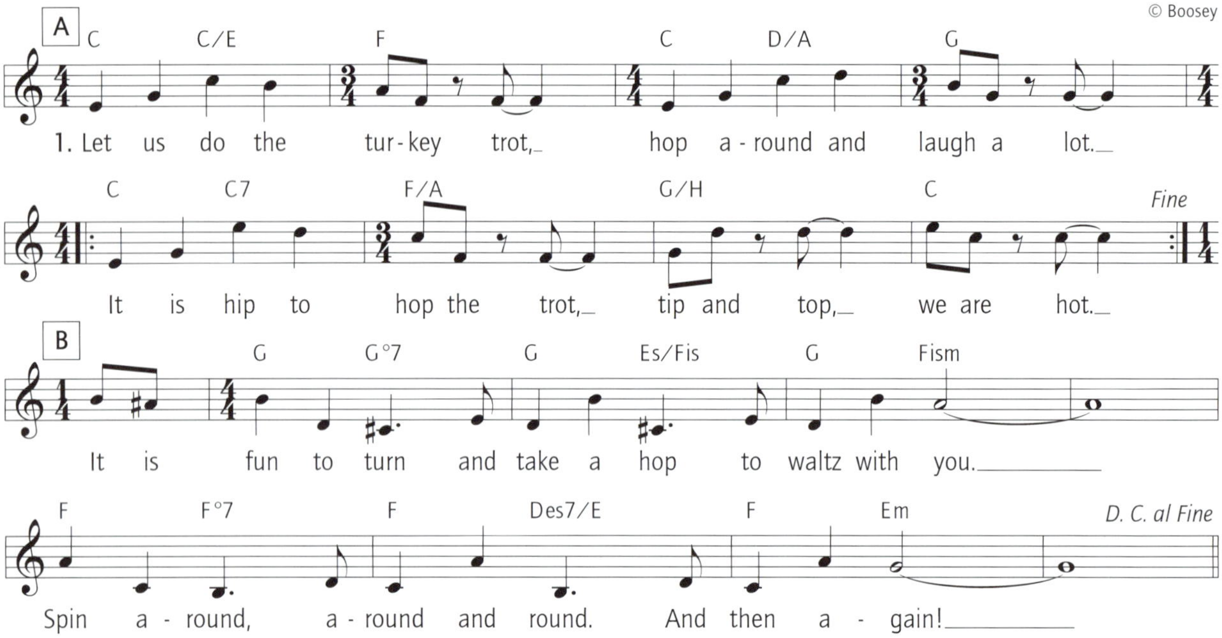


2. Let us do the turkey trot,
hop around and laugh a lot.
Come and join us flop and drop,
when we trot, let's not stop.

3. = 1.

**Bridge:** It is fun to turn and take a hop to waltz with you.
Spin around, around and round. And then again!

## Leonard Bernstein: Turkey Trot (Spiel-mit-Satz)

### Ablauf des Originals

| Intro (3 x) | A | Intro (2 x) | A | B | A | Zwischenspiel (Spiel-mit-Satz pausiert) (3/4-Takt; Länge: 10 Takte) | A | Intro (2 x) = Schluss |
|---|---|---|---|---|---|---|---|---|

**1** a Übt zunächst die Bodypercussion.
b Spielt den Spiel-mit-Satz zur Aufnahme.

**2** Erläutert mit welchen musikalischen Mitteln Bernstein die stolzierenden Truthähne beschreibt. Welche musikalischen Besonderheiten machen den Humor in der Musik aus?

**! WISSEN**

**Taktwechsel**
Viele Musikstücke stehen in einer einzigen Taktart. Ändert sich die Taktart ein- oder mehrmals innerhalb eines Musikstücks, spricht man von einem Taktwechsel. Komponisten nutzen dieses Mittel oft, um Abwechslung, Spannung oder – wie beim „Turkey Trot" – Humor in die Musik zu bringen.

## Bernstein – ein musikalisches Universum

»*Nichts kann zum Verständnis von Musik mehr beitragen, als sich hinzusetzen und selbst Musik zu machen.*«
(LEONARD BERNSTEIN)

Leonard Bernstein war ein Weltbürger, der nicht nur als Komponist, sondern auch als Dirigent und Pianist in vielen Kulturen und Ländern gewirkt hat. Darüber hinaus hinterließ er auch Spuren als Lehrer.

### Bernstein als Person

Burton berichtet über seinen älteren Bruder Leonard Bernstein: „Sein Humor war berauschend. Einen Witz zu erzählen war der große Auftritt von Lenny. Er konnte lachen und uns zum Lachen bringen – in einem Dutzend verschiedener Sprachen, einschließlich unserer eigenen Familien-Sprache, die wir ‚Rybernian' nannten."

### Bernstein als Lehrer

„Lenny nur zuzuhören war schon faszinierend. Es gab wirklich nichts, was er lieber tat, als junge Menschen zu neuen Gedanken herauszufordern", so beschreibt Burton die pädagogischen Fähigkeiten seines Bruders. Obwohl Bernstein auf so vielen Gebieten erfolgreich war, war er am meisten auf seine Erfolge als Lehrer stolz. Seine Tätigkeitsfelder als Pädagoge umfassten unter anderem Fernsehsendungen, Vorlesungen an Universitäten und Meisterkurse für Dirigenten.
1958 übernahm Bernstein eine Art musikalische „Kinder-Universität", die er „Young People's Concerts" nannte. Zur Hauptsendezeit im größten amerikanischen Fernsehsender CBS erklärte er jungen Zuhörern klassische Musik live mit dem *New York Philharmonic Orchestra* und erlangte große Popularität.

### Bernstein als Komponist

Leonard Bernstein erzählt: „1964 und 1965 gewährten mir die *Wiener Philharmoniker* ein Jahr Urlaub. Und ich beschloss, dieses freie Jahr ausschließlich dem Komponieren zu widmen. Ich machte damals viele Experimente ... Einiges davon war sehr gut, und trotzdem habe ich alles in den Papierkorb geworfen. Was aber am Ende des Jahres übrig blieb, war ein Stück mit dem Namen ‚Chichester Psalms'. Es ist einfach und tonal und voller Melodien ..."
Das berühmteste Werk Bernsteins ist sicherlich das Musical „West Side Story" (komponiert 1957). Darin wird die Liebesgeschichte von Romeo und Julia in die von verschiedenen Gangs beherrschte West Side von New York verlegt. Viele Songs aus diesem Musical sind heute weltbekannt, so der Lovesong „Maria" oder das rhythmische „I Like To Be in America".

**1** Hört euch drei Ausschnitte aus Bernsteins Kompositionen an. Beschreibt die Musik und überlegt, an welchen Orten die einzelnen Werke wohl aufgeführt werden. Ordnet die Hörbeispiele den Bildern zu. (CD G 5–7)

**2** Recherchiert im Internet über Bernstein und erarbeitet eine kurze Präsentation. Ergänzt eure Darstellung mit Musikausschnitten seiner Werke.
**[Tipp]** Ihr könnt diese Präsentation als Bericht für eure Schülerzeitung verfassen oder als Feature für das Schülerradio erstellen.

**3** In den Kapiteln über Bach (S. 186 ff.) und Mozart (S. 46 ff.) habt ihr euch bereits näher mit dem Berufsfeld des Musikers und Komponisten auseinandergesetzt. Vergleicht diese Musikerpersönlichkeiten mit Bernstein und beschreibt die Möglichkeiten und die veränderte Situation für einen Komponisten im 20. Jahrhundert.
Denkt an: Anstellung oder Freiberuflichkeit; Wirken in der Heimat oder im Ausland; Austauschmöglichkeiten mit anderen Künstlern; Medien.

**INFO**

**Leonard Bernstein**

- geb. 1918 in Lawrence (USA), gest. 1990 in New York
- begann mit 11 Jahren Klavier zu spielen, als eine Tante der Familie ein altes Klavier schenkte
- Studium (Klavier, Komposition) an der Harvard University
- spielte während des Studiums regelmäßig in Clubs und auf Hochzeiten, um seinen Lebensunterhalt zu sichern
- hatte seinen großen Durchbruch, als er mit 25 Jahren für den erkrankten Gastdirigenten des *New York Philharmonic Orchestra* einsprang und die Leitung eines landesweit über Rundfunk ausgestrahlten Konzerts übernahm
- führte in TV-Sendungen Kinder und Jugendliche unterhaltsam an musikalische Themen heran
- sein Musical „West Side Story" (Uraufführung 1957) wird heute immer noch regelmäßig und sehr erfolgreich aufgeführt

## Bernstein als Dirigent

Die Bilder zeigen Leonard Bernstein als ausdrucksstarken Dirigenten.

1

2

3

4

**4** Bringt die Bilder in die richtige zeitliche Reihenfolge. Wie unterscheidet sich der ganz junge Dirigent vom gealterten Maestro?

**5** Imitiert als „Standbild" die einzelnen Dirigiergesten. Stellt Vermutungen an, wie die Musik in der jeweiligen Situation wohl geklungen haben mag.

**6** Überlegt gemeinsam, welche Eigenschaften und Fähigkeiten ein Orchesterdirigent haben muss.

## Kleiner Dirigierkurs

Ihr habt bereits gelernt, mit Gesten Musik zu leiten und verschiedene Taktarten zu dirigieren. In diesem kleinen Dirigierkurs erfahrt ihr, was man außer der Taktart den Musikern noch anzeigen kann und wie man das macht.

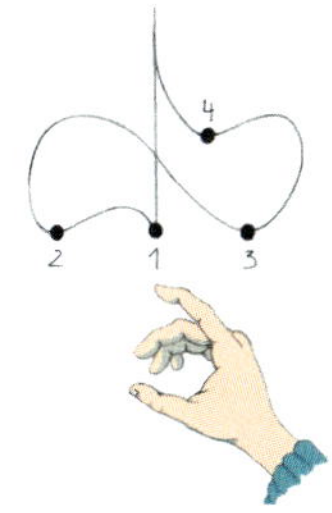


Schlagfigur 4/4-Takt

### I Like the Flowers

überliefert aus England

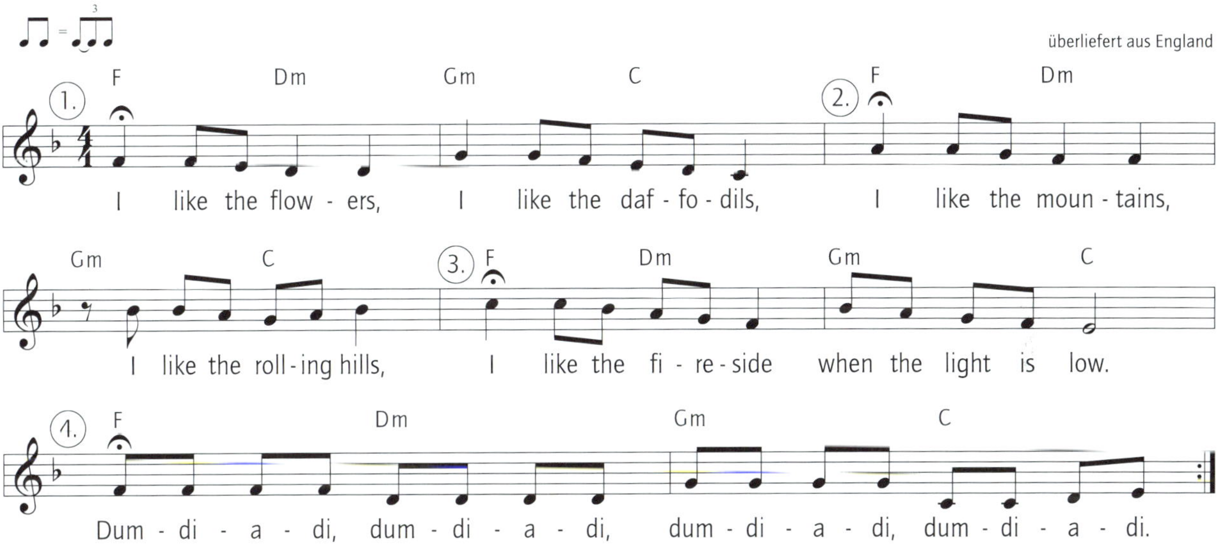


**1** a Wiederholt zunächst die Schlagfigur für den 4/4-Takt.
b Singt den Song „I Like the Flowers".

**2** Das Tempo fest im Griff: Dirigiert den Song
a zunächst langsam,
b dann schnell,
c allmählich schneller oder langsamer werdend.

**3** Mit Gesten Musik gestalten: Dirigiert den Song
a ganz leise und luftig,
b sehr laut und intensiv,
c allmählich leiser oder lauter werdend.

**4** Für Dirigierexperten: Wiederholt die Schlagfigur für den 3/4-Takt und dirigiert dann zu den Hörbeispielen aus Bernsteins Werken: (G 8–10)
a „Somewhere" (4/4-Takt, langsam)
b „One Hand, One Heart" (3/4-Takt, langsam)
c Für Profis: „I Feel Pretty" (3/4-Takt, schnell)

## [ Das habt ihr gelernt ]

+ einen Song mit Taktwechseln zu singen und zu spielen
+ Einblicke in Leben und Werk der vielseitigen Musikerpersönlichkeit Leonard Bernstein
+ was ein guter Dirigent können muss
+ im 3/4- und 4/4-Takt verschiedene Lieder zu dirigieren
+ die Parameter Tempo und Lautstärke als Dirigenten anzuzeigen

[Kapitel **18**]

# Notenbilder – Tonbilder

**Was zeichnet eine gute Geheimschrift aus?**

- ✓ Es darf nicht zu viele Zeichen geben.
- ✓ Man muss sich die Zeichen gut merken können.
- ✓ Die Zeichen müssen eindeutig sein, dürfen nicht zu Verwechslungen führen.

**Geheimschriften wurden oft verwendet, um wichtige Botschaften zu verschlüsseln, die nur der Empfänger lesen konnte. Fremde Schriften wie Chinesisch oder Hebräisch wirken auf uns wie Geheimschriften. Wenn man sich aber damit näher beschäftigt, eröffnet sich eine interessante Welt.**

**So geht es auch Menschen, die keine Noten lesen können, mit der Notation von Musik: Es gibt halbe Noten, Viertelnoten, Ganzton- und Halbtonschritte, Stammtöne ... Doch was bedeutet das bezogen auf den Klang der Musik? Das und wofür Noten sonst noch gut sind, erfahrt ihr in diesem Kapitel.**

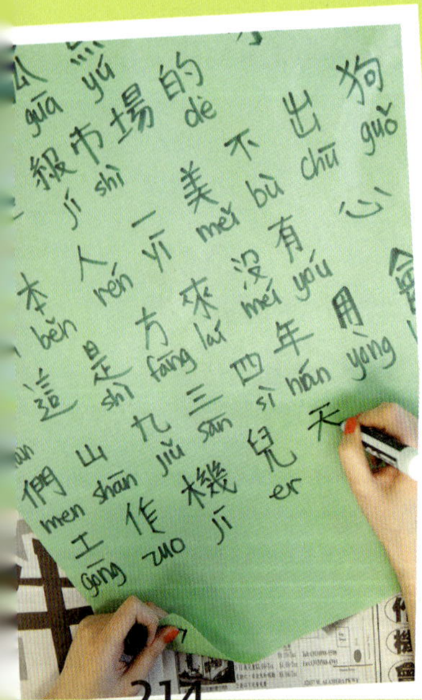

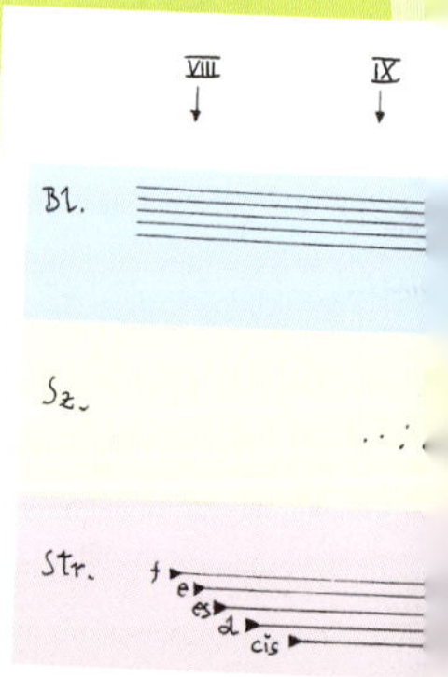

Stimme

## Glockenkanon

Text u. Musik: überliefert

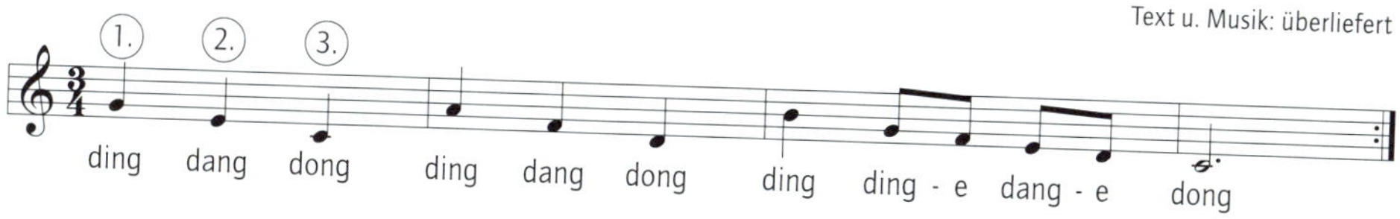


- Singt die Melodie langsam einstimmig und imitiert dabei den Klang von Glocken (schnell auf „-ng" wechseln).
- Wenn ihr die Melodie ganz sicher singen könnt, probiert den Kanon dreistimmig. Achtung: Die Einsätze folgen sehr schnell aufeinander.

Rhythmus/Körper und Bewegung

## Afrikanische Bodypercussion

Musik: überliefert aus Nigeria
Arr.: M. Detterbeck
© Helbling

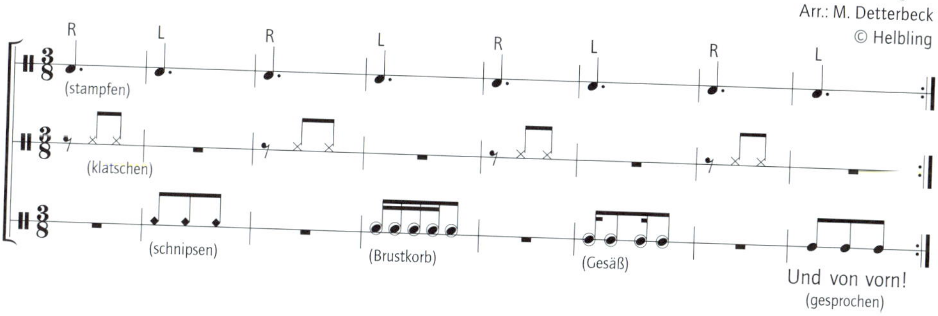


- Sucht euch ein gemeinsames Metrum (langsames „Gehen" am Platz).
- Klatscht und schnipst dazu (Takt 1 und 2).
- Erweitert dann jeweils um zwei weitere Takte, bis ihr das ganze Bodypattern beherrscht.

[ **Tipp** ] Stellt euch vor, einen Lehmboden auf einem afrikanischen Dorfplatz zu stampfen.

Rhythmus/Körper und Bewegung

## Slap and Clap

G 11

Text u. Musik: H. O. Millsby
© Helbling

- Führt die im Text genannten Body-Actions aus.

# Zu Papier gebracht: Notation von Musik

Es gibt unterschiedliche Gründe, sich etwas aufzuschreiben: damit man es nicht vergisst, damit man anderen etwas mitteilen kann … Auch in der Musik dienen „Notate“ beispielsweise als Merkhilfen oder dazu, sie weiter zu verbreiten. Im Laufe der Geschichte haben Musiker unterschiedliche Möglichkeiten entwickelt, ihre Musik aufzuschreiben.

**1** Vergleicht die abgebildeten Notationsformen. Überlegt, wie die notierte Musik klingen könnte.

**2** **a** Ordnet die Hörbeispiele den Notenausschnitten zu. In welchen Fällen traf eure Beschreibung zu? G 12–16

**b** Überlegt, welche Notation den Klang der Musik am besten in Zeichen umsetzt. Findet Gründe, warum einige Notenausschnitte schwierig zu lesen sind.

**3** Informiert euch über die Geschichte der Notation und bringt die Notenausschnitte in die richtige zeitliche Reihenfolge.

A

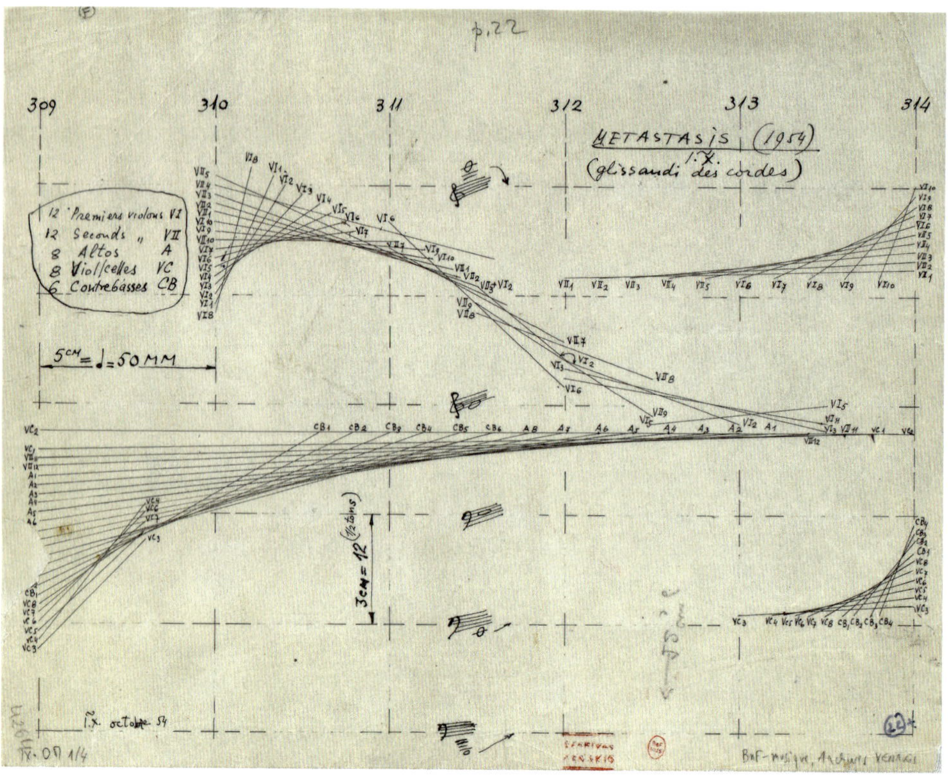




B

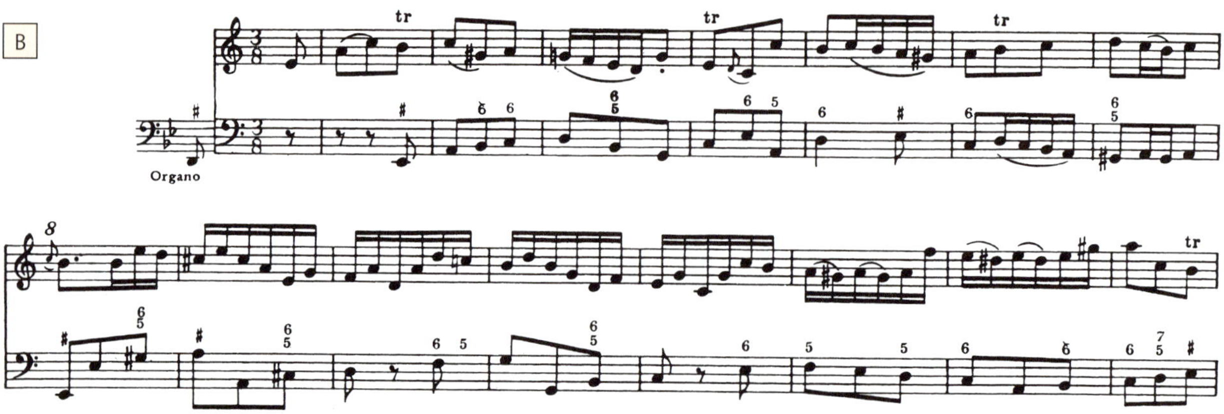

C

D

E

INFO

### Geschichte der Notation

Als im europäischen Mittelalter Mönche anfingen, ihre immer zahlreicher werdenden Klostergesänge aufzuschreiben, begann die Geschichte unserer Notation. Die ersten Notenzeichen hießen **Neumen** (griech., Wink, Handzeichen) und waren den Dirigiergesten der Mönche nachempfunden. Um Tonhöhen genauer wiederzugeben, entwickelte sich die **Notation im Liniensystem.** Ab dem 17. Jahrhundert wurden für die Begleitung in der Musik Akkordsymbole verwendet. Dazu notierte man unterhalb der Basslinie Zahlen für bestimmte Harmonien. Der Spieler des **Generalbasses** musizierte dann nach bestimmten Regeln eine zum Teil improvisierte Stimme. In einer **Partitur** sind alle beteiligten Stimmen abgedruckt. So kann sich beispielsweise ein Dirigent anhand einer **Orchesterpartitur** einen Überblick über alle beteiligten Instrumente verschaffen. Im 20. und 21. Jahrhundert arbeiteten die Komponisten zunehmend mit experimentellen Klängen, die nicht mehr in herkömmlicher Notation darzustellen waren. Daher erfanden sie neue Zeichen, die man als **grafische Notation** bezeichnet.

# Die Partitur: Herausforderung für Augen und Ohren

Die Sitzordnung in einem Orchester habt ihr bereits in Kapitel 14 kennengelernt (siehe S. 176/177).

Ein großes Sinfonieorchester besteht aus ca. 100 Musikern. Das ist eine Herausforderung für den Dirigenten: Er muss das Spiel aller Orchestermitglieder koordinieren und sie zu einem gemeinsamen Klangergebnis führen. Die Partitur hilft ihm dabei, denn so kann er genau sehen, was jedes Instrument zu spielen hat.
Der Komponist Joseph Haydn komponierte ein Lied, in dem die Orchesterinstrumente mit einem typischen Motiv „auftreten".

## Meine Herren, lasst uns jetzt eine Sinfonie aufführen

G 17

4. Die Flöte folge pünktlich mir:

9. Die Hörner folgen pünktlich mir:

5. Die Oboe folge pünktlich mir:

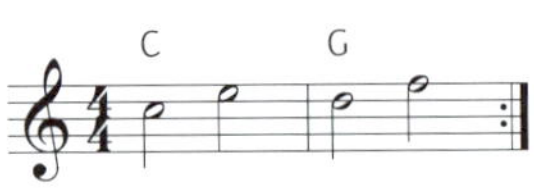


10. Die Pauken folgen pünktlich mir:

6. Die Trompeten folgen pünktlich mir:

7. Die Bässe folgen pünktlich mir:

8. Die Klarinette folge pünktlich mir:

**1**

**a** Singt die Instrumentenmotive einzeln. Erfindet zu jedem Instrument passende Silben.
**[Tipp]** Ein mitspielendes Instrument kann euch bei der Ausführung unterstützen.

**b** Führt das Instrumentenquodlibet auf. Stellt die Instrumente während des Singens auch pantomimisch dar.

**c** Für Profis: Singt und spielt die einzelnen Instrumentenmotive gleichzeitig.

## Ordnung in der Partitur

Die Partitur für ein Orchesterwerk ist immer nach dem gleichen Prinzip sortiert. So kann sich der Dirigent schnell zurechtfinden und die richtigen Einsätze geben. Hier sind die einzelnen Stimmen des Musikstücks „Meine Herren“ so untereinander aufgeschrieben, wie sie in der Partitur eines Dirigenten stehen würden.

### Kleine Sinfonie

**2** a Erläutert, wozu ein Dirigent eine Partitur braucht.
b Diskutiert Vor- und Nachteile einer solchen Partitur.

**3** Mit den Augen eines Dirigenten:
a Was kann uns eine Partitur mitteilen?
b Findet heraus, nach welchen Gesichtspunkten eine Partitur geordnet ist. Beachtet dabei auch die Anordnung der Instrumentengruppen (Streichinstrumente, Schlaginstrumente, Holzblasinstrumente, Blechblasinstrumente).

**4** Mit den Ohren eines Dirigenten:
G 18
a Welche Instrumentengruppen sind im Hörbeispiel der Reihe nach zu hören? Tragt die Ergebnisse in euer Arbeitsheft ein.
G 19
b Für Profis: Welches Instrument fehlt in der Aufnahme?

**5** In einer klingenden Partitur könnt ihr die einzelnen Stimmgruppen gut verfolgen.

**! WISSEN**

**Das Orchester**
Im Verlauf des 17. Jahrhunderts entstand mit der ersten selbstständigen Instrumentalmusik auch das, was man später Orchester nannte. Erst jetzt machten die Komponisten nähere Angaben zur Besetzung ihrer Werke. Der Begriff „Orchester“ entstand allerdings erst im 18. Jahrhundert; bis dahin sprach man z. B. in Italien von „Concerto“ (Zusammenklingen), bei stärkerer Besetzung von „Concerto grosso“. Die Grundlage des barocken Orchesters bildeten Generalbass (z. B. ein Tasteninstrument und Violoncello) und Streicher. Dazu wurden von den Komponisten weitere Instrumente (z. B. Oboe, Flöte und Horn) herangezogen.

# Musik für ein königliches Feuerwerk

## Feuerwerksmusik

G 20

Musik: G. Fr. Händel

Am 15. Mai 1749 sollte ein Feuerwerk auf der Themse anlässlich des Aachener Friedens stattfinden. Obwohl das Feuerwerk aufgrund der Witterung und technischer Probleme ein Reinfall war – ein hölzerner Pavillon geriet dabei in Brand –, konnte die Musik, die Georg Friedrich Händel für diesen Anlass komponiert hatte, den feierlichen Tag retten.

**1** Hört euch den Anfang des Allegro mehrmals an und lest dabei in der Partitur mit. G 20

a Welche Instrumente spielen in den Takten 1–4 die Hauptmelodie?

b Wie heißt der höchste Ton der Hauptmelodie?

c Untersucht, in welchem Takt sich das Motiv des ersten Taktes wiederholt. Wie nennt man diese Kompositionstechnik?

**2** Hört euch die Paukenstimme mehrmals an und versucht, sie zuerst langsam ohne Musik, dann zur Aufnahme auf den Oberschenkeln auszuführen.

G 21

**3** Hört euch den gesamten Satz an. Fertigt in eurem Arbeitsheft eine Verlaufsskizze der spielenden Instrumente bzw. Instrumentengruppen an.

**4** Mithilfe der animierten Partitur könnt ihr jedes Instrument und jeden Takt abspielen und mitlesen.

Die wichtigsten Kompositionstechniken habt ihr in Kapitel 15 kennengelernt (siehe S. 189).

## [ Das habt ihr gelernt ]

- wie Notation entstanden ist
- welche verschiedenen Formen von Notation es gibt
- wozu man eine Partitur braucht und wie sie aufgebaut ist
- welche musikalischen Details eine Partitur mitteilen kann
- eine Partitur mitzulesen

[Kapitel 19]

# Klänge im Aufbruch

Was sind wohl die wichtigsten Erfindungen der Menschheit? Der Computer, die Glühbirne, das Rad? Und was war überhaupt die erste Erfindung?
In einer Zeitleiste der Erfindungen von den Anfängen bis heute stehen im Internetlexikon Wikipedia an erster Stelle: Musik, Sprache, Kultur. Musik ist also viel, viel älter als z. B. Kleidung, das Kochen von Nahrung oder das Bauen von Unterkünften.
Allerdings: Wenn etwas erst einmal erfunden ist, kann es nur immer weiterentwickelt werden, bis es kaum noch Neues hinzuzufügen gibt. Was kann man z. B. am Rad noch verbessern? Es noch runder machen? Es gibt ja schon Autoräder, Zahnräder, Fahrräder ...

Und in der Musik? Sind nicht alle Melodien schon irgendwann einmal dagewesen? Gibt es überhaupt noch neue Musik?
Und was macht eigentlich ein Erfinder von Musik, ein Komponist? Diese und andere Fragen zum Erfinden von neuen Klängen werden in diesem Kapitel beantwortet.

Stimme/Rhythmus/Körper und Bewegung

## Lesen macht schlau – eine Performance für 2 Gruppen

Text u. Musik: M. Detterbeck


Ausgangsposition: sitzen, ein Buch auf Oberschenkel (Os), Blick starr geradeaus

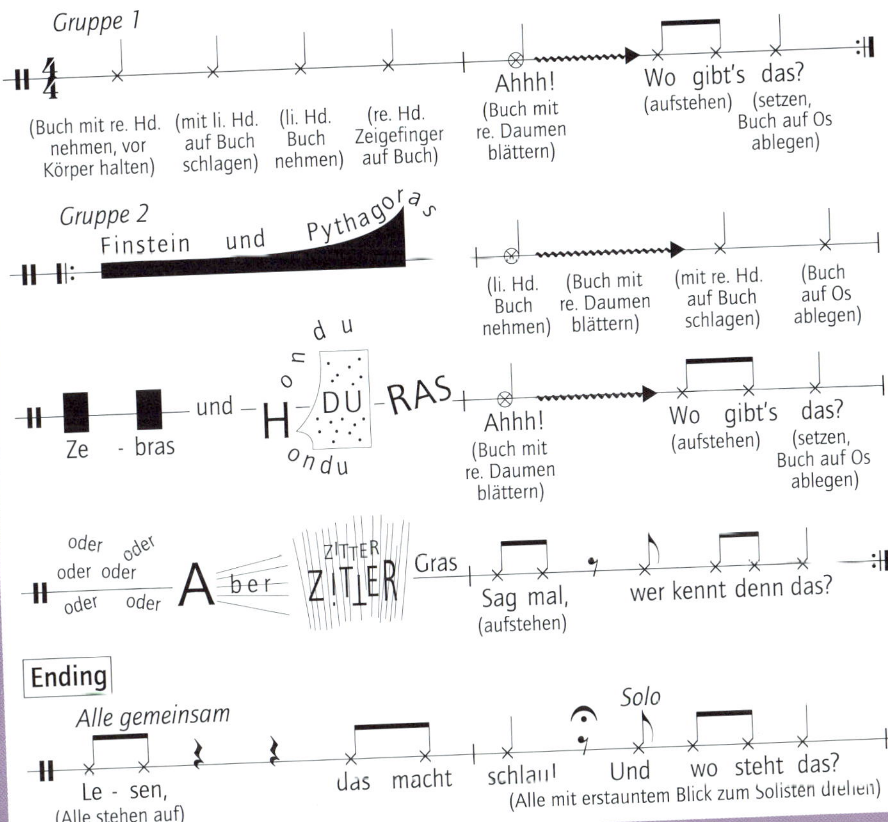


Stimme

## Ein Song von mir

G 22

Text u. Musik: M. Detterbeck

## Musik mit Alltagsgegenständen

In eurem Alltag umgeben euch Geräusche und Klänge auf vielfache Weise. Ihr müsst nur erfinderisch sein – und Plastikflaschen, Zeitungspapier, Plastiktüten, Becher oder Abfallkartons werden zu spannenden Percussioninstrumenten.

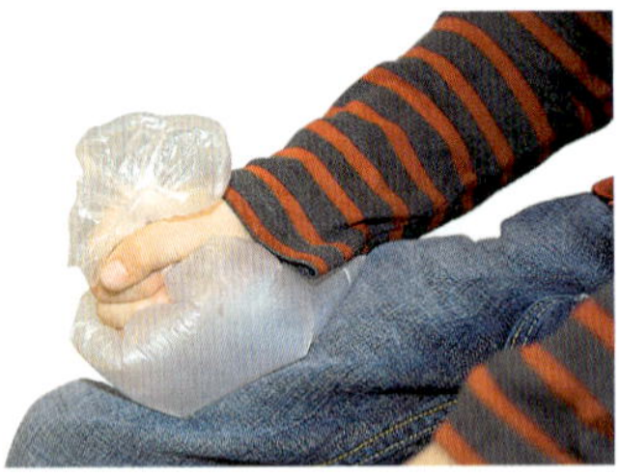

### Instrumente aus Recyclingmaterialien

- Plastikflaschen: mit Steinchen oder Reis füllen
- Plastikbeutel: leicht aufblasen und fest verschließen; gespielt wird mit beiden Händen auf den Oberschenkeln
- Zeitungspapier: ein großes Blatt Zeitungspapier auf den Oberschenkel legen; je nach Gestaltung mit der flachen Hand (laut) oder mit den Fingerspitzen (leise) spielen
- Papier-Sticks: einige Lagen Zeitungspapier eng zusammenrollen und mit Klebestreifen fixieren

### Warm-up

**1** **a Klangtest**
Macht euch zunächst mit den klanglichen Möglichkeiten der Materialien vertraut. Erforscht, ohne die Materialien zu zerstören, möglichst viele unterschiedliche Geräusche und Spielweisen.

**b Solo kreativ**
Erfindet ein Rhythmuspattern, das alle gemeinsam spielen. Auf ein Zeichen folgt ein Break. Ein vorher festgelegter Solist spielt dann auf seinem Instrument ein Solo mit möglichst kreativen Klängen.

**INFO**

**Stomp**

„Stomp" ist Rhythmus mit Gegenständen aus dem Alltag – Besen, Eimern, Bällen, Töpfen –, verbunden mit einer mitreißenden Tanzperformance. Die gleichnamige Gruppe trat erstmals 1991 in Großbritannien auf. Heute ist *Stomp* weltweit erfolgreich.

### Recyclical

Das Recyclical „Papercup" nutzt verschiedene Recyclingmaterialien, um daraus ein abwechslungsreiches Rhythmusstück zu gestalten.

**2** Übt das Papercup-Pattern in langsamem Tempo ein und begleitet es mit den Patterns für Plastikbeutel, Zeitungspapier und Papier-Sticks.

**3** Gestaltet nun einen interessanten Ablauf.

**[ Tipp ]** Lasst die einzelnen Patterns nacheinander einsetzen. Baut in eure Performance z. B. ein Solo für Pappbecher ein. Führt das Stück als Papercupcircle aus.

## Papercup – Spielstück für Pappbecher-Percussion

G 23

Musik: S. Trauner, O. Wallenta; Arr.: M. Detterbeck


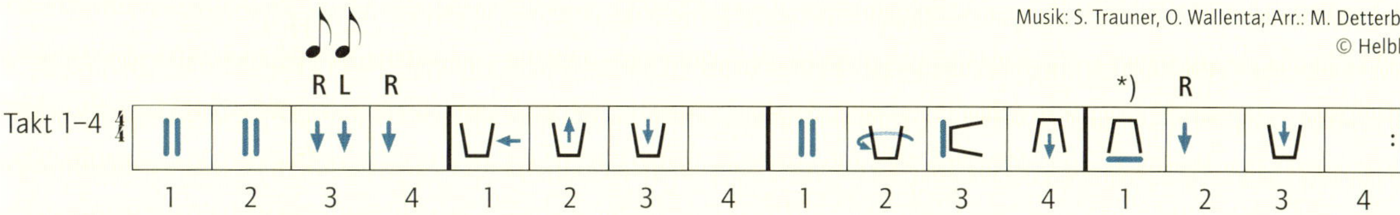


*) Becher an die linke Hand übergeben

**Ending (ad lib.)**

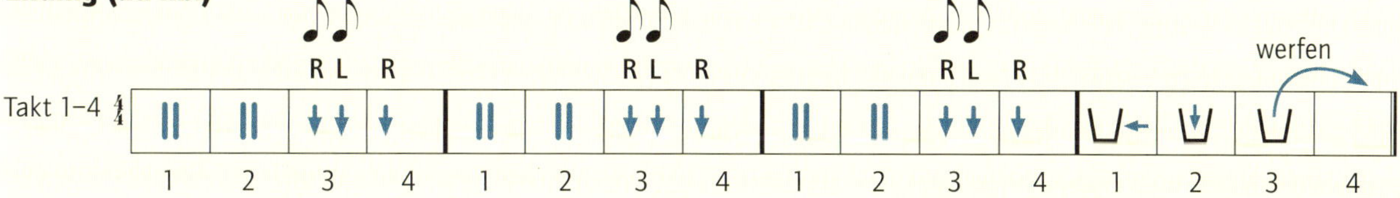


**Pattern Bodypercussion**

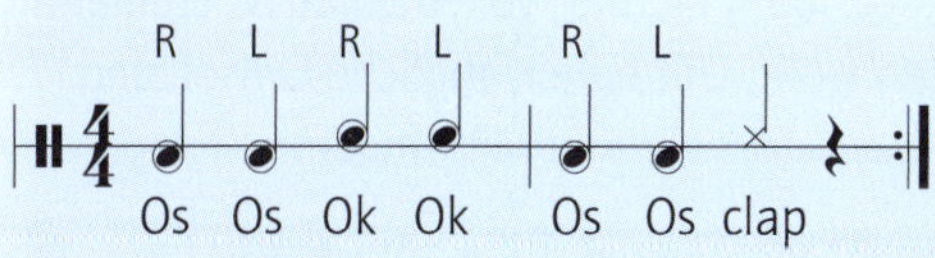


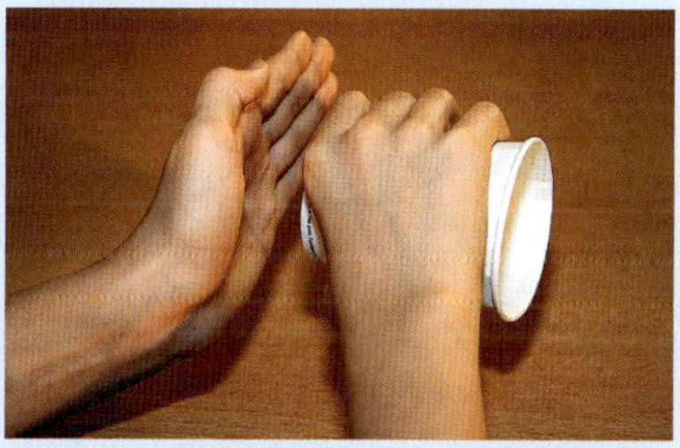

**Pattern Plastikbeutel**

**Pattern Zeitungspapier**

Zeitungsblatt liegt auf dem linken Oberschenkel

**Pattern Papier-Sticks**

mit linker/rechter Hand (R/L) auf den Tisch schlagen

**R L R L R L R L R L R L**
| 1 2 3 4 | 1 2 3 4 :||

**Zeichenerklärung**

- klatschen
- mit Hand auf auf den Tisch schlagen
- Becher mit r. Hand fassen
- Becher mit Öffnung nach oben hochheben
- Becher mit dem Boden/Bechermund abstellen
- Becher mit r. Hand verkehrt fassen
- Becherboden auf l. Handfläche schlagen
- Bechermund auf die Handflächen stellen, festhalten
- R: mit r. Hand auf r. Oberschenkel schlagen
- L: Plastikbeutel mit l. Hand auf l. Oberschenkel schlagen
- R: mit r. Hand auf r. Oberschenkel schlagen
- L, R: mit l./r. Hand auf das Zeitungspapier über dem l. Oberschenkel schlagen

# Klingende Umwelt – Klänge der Umwelt

Kennt ihr einen Ort, an dem völlige Stille herrscht? Falls es den tatsächlich geben sollte, ist die Suche danach in der heutigen Welt sicherlich besonders schwierig. Unterschiedlichste Klänge oder Geräusche umgeben uns in allen möglichen Situationen: auf dem Weg zur Schule, im Klassenzimmer, auf dem Fußballplatz, selbst nachts, wenn alle schlafen …

**1** Hört doch mal genau hin! Setzt euch dazu ruhig auf euren Stuhl und schließt zwei Minuten lang die Augen. Lauscht auf alle Geräusche, die euch umgeben. Tauscht euch anschließend über eure Erfahrungen aus.

## Ein Klassenzimmer voller Klänge und Geräusche

**2** **a** Sammelt möglichst viele Klänge und Geräusche, die ihr im Klassenzimmer erzeugen könnt (z. B. Klopfen an der Tür, Trommeln mit einem Bleistift, Rascheln mit Papier). Schreibt die Geräusche auf Zettel und legt sie in eine „Geräuschebox".
**b** Einer von euch zieht nun einen Zettel aus der Box und führt das Geräusch aus, während die anderen die Augen geschlossen halten. Könnt ihr erraten, um welches Geräusch es sich handelt? Probiert dies auch mit zwei oder mehreren Geräuschen gleichzeitig aus.

**3** Bildet vier Gruppen. Überlegt, wie und mit welchen Geräuschen aus der Geräuschebox ihr die Komposition „Sounding Picture" von Helmut W. Erdmann gestalten wollt. Übt eure klangliche Umsetzung und präsentiert sie euren Mitschülern.

**4** Komponiert ein eigenes Stück für Geräusche. Vermerkt in eurer Partitur möglichst genau den Ablauf der Komposition: legt z. B. fest, wer wann spielt und wie der Klang gespielt werden soll (laut/leise, hoch/tief, lang/kurz usw.)? Erfindet einen aussagekräftigen Titel für euer Stück.

**! WISSEN**

**Grafische Notation**
Komponisten ergänzen heute oft die uns vertraute traditionelle Notation um grafische Zeichen und Symbole. Die grafische Notation wird beispielsweise verwendet, um Inhalte und Kompositionsideen zu beschreiben, die den konzertierenden Künstlern Freiräume lassen und vom Augenblick der Aufführung geprägt sind.

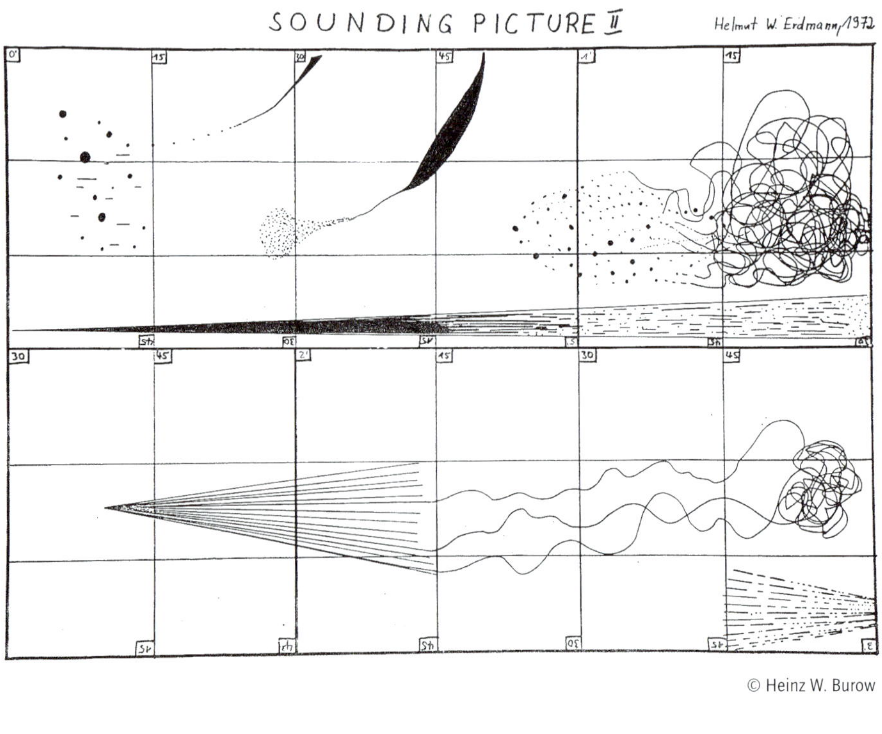

## Von der Natur der Klänge

»*Wo immer wir auch sein mögen, meistens hören wir Geräusche: Das Geräusch eines Lastkraftwagens bei 50 Stundenkilometern, Störungen im Radio, Regen … Wir wollen diese Klänge einfangen und beherrschen. Dies gelingt uns durch die Musik und ihre Instrumente: Ein Werk für einen Motor, Wind, Herzschlag und Erdrutsch zu komponieren und aufzuführen …*«
(JOHN CAGE)

»*… die traditionellen Instrumente reichen nicht mehr aus, es müssten neue erfunden werden, zumindest müssen alle Möglichkeiten ausgenutzt werden, die noch in den traditionellen Instrumenten schlummern.*«
(KRZYSZTOF PENDERECKI)

**INFO**

**Neue Klänge**
In den 1950er-Jahren fingen Komponisten und Musiker an, Klänge der Umwelt oder auch Klänge von Alltagsgegenständen in ihre Kompositionen einfließen zu lassen.

**5** a Fasst die Aussagen von Cage und Penderecki mit eigenen Worten zusammen.
b Erklärt, warum die traditionellen Instrumente heute nicht mehr ausreichen, und überlegt, wie neue Instrumente beschaffen sein könnten.
c Diskutiert, welche Folgen die Aussagen von Cage und Penderecki für Komponisten, deren Werke, aber auch für die Ausführung von Musik haben könnten.

## Klangarten

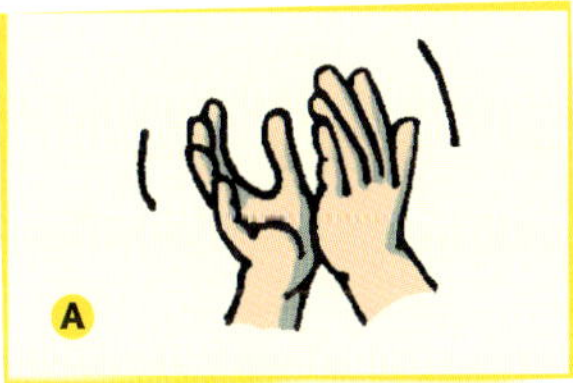

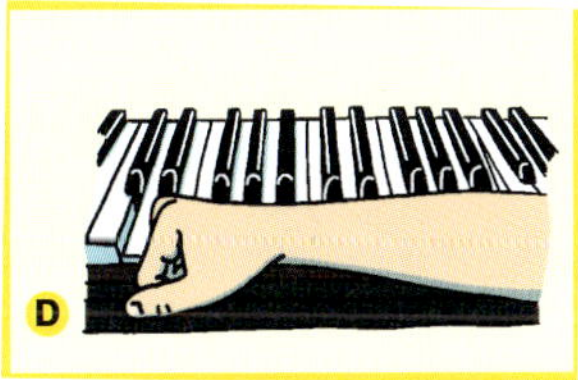


| Klangart | Klangeigenschaften | Aktionskarte |
|---|---|---|
| Schichtklänge | kleinste Intervalle werden übereinander geschichtet (Cluster oder „Tontrauben") | ? |
| Punktklänge | ? | ? |
| Schwebeklänge | ? | ? |
| Gleitklänge | ? | ? |

**6** Führt die auf den Aktionskarten abgebildeten Klangimpulse aus. Ordnet sie den Klangarten in der Tabelle zu und tragt in euer Arbeitsheft jeweils die wichtigsten Klangeigenschaften ein.

**7** Hört euch einen Ausschnitt aus der Komposition „De natura sonoris" von Penderecki an. (G 24)
a Fertigt in eurem Arbeitsheft eine Hörpartitur des Ausschnittes an: Benutzt eine Zeitleiste (Länge: 60 Sekunden) und tragt den Verlauf der Klangarten grafisch ein. Überlegt euch dazu passende Symbole (z. B. Punkte, Striche).
b Vergleicht eure Ergebnisse.

# Auf der Suche nach neuen Stimmklängen

Wenn Komponisten Neuer Musik ihre Klangvorstellungen aufschreiben wollen, stoßen sie oft an die Grenzen herkömmlicher Notation. Sie müssen dann sehr erfinderisch sein und die Möglichkeiten der traditionellen Notenschrift erweitern. Zusätzlich zur „grafischen Notation" erklären die Komponisten oft in einer Art „Gebrauchsanweisung" ihre genauen Absichten. Mit den beiden folgenden Kompositionen begeben wir uns auf die Suche nach neuen Stimmklängen.

## Wassermusik

Musik u. Gestaltung: G. Amann

**A** **ca. 30 Sekunden**
Immer mehr Einzelstimmen beginnen zu blubbern (hoch – tief!). Das vollständige Blubbern hält an.

**B** **ca. 30 Sekunden**
Immer mehr Einzelstimmen gehen auf Zungenschnalzen (hoch – tief!) über. Das Zungenschnalzen hält an.

**C** **ca. 20 Sekunden**
||: Das Schnalzen wird sehr dicht und verebbt wieder. :||

**D** **ca. 30 Sekunden**
Immer mehr Einzelstimmen gehen auf Händeklatschen (hell – dumpf!) über. Das Händeklatschen hält an.

**E** **ca. 20 Sekunden**
Das Händeklatschen wird sehr dicht und laut; dazu Zischlaute.

**F** **ca. 20 Sekunden**
Während Zischen und Klatschen nach und nach aussetzen, beginnt Gruppe 1 (Sopran) die Lautfolge „i-ü-i-ü-i-..." zu singen. Es folgen Gruppe 2 (Alt) mit „e-ä-e-ä-e-..." und Gruppe 3 (tiefe Stimmen) mit „o-ö-o-ö-o-...". Gruppe 3 wechselt am langsamsten (3 Sek.), Gruppe 1 am schnellsten (1 Sek.). Die Übergänge von Vokal zu Vokal sind fließend.

**G** **ca. 60 Sekunden**
Der Gesang hält an. Dann setzen immer mehr Stimmen aus, der Gesang verebbt.

**H** **ca. 20 Sekunden**
Während der Gesang verebbt, beginnen immer mehr Einzelstimmen zu blubbern. Das Blubbern verebbt wieder. Zum Schluss blubbern alle gemeinsam einmal.

## Künstlerpech

G 26

Text: J. R. Köhler; Musik: K. Stahmer


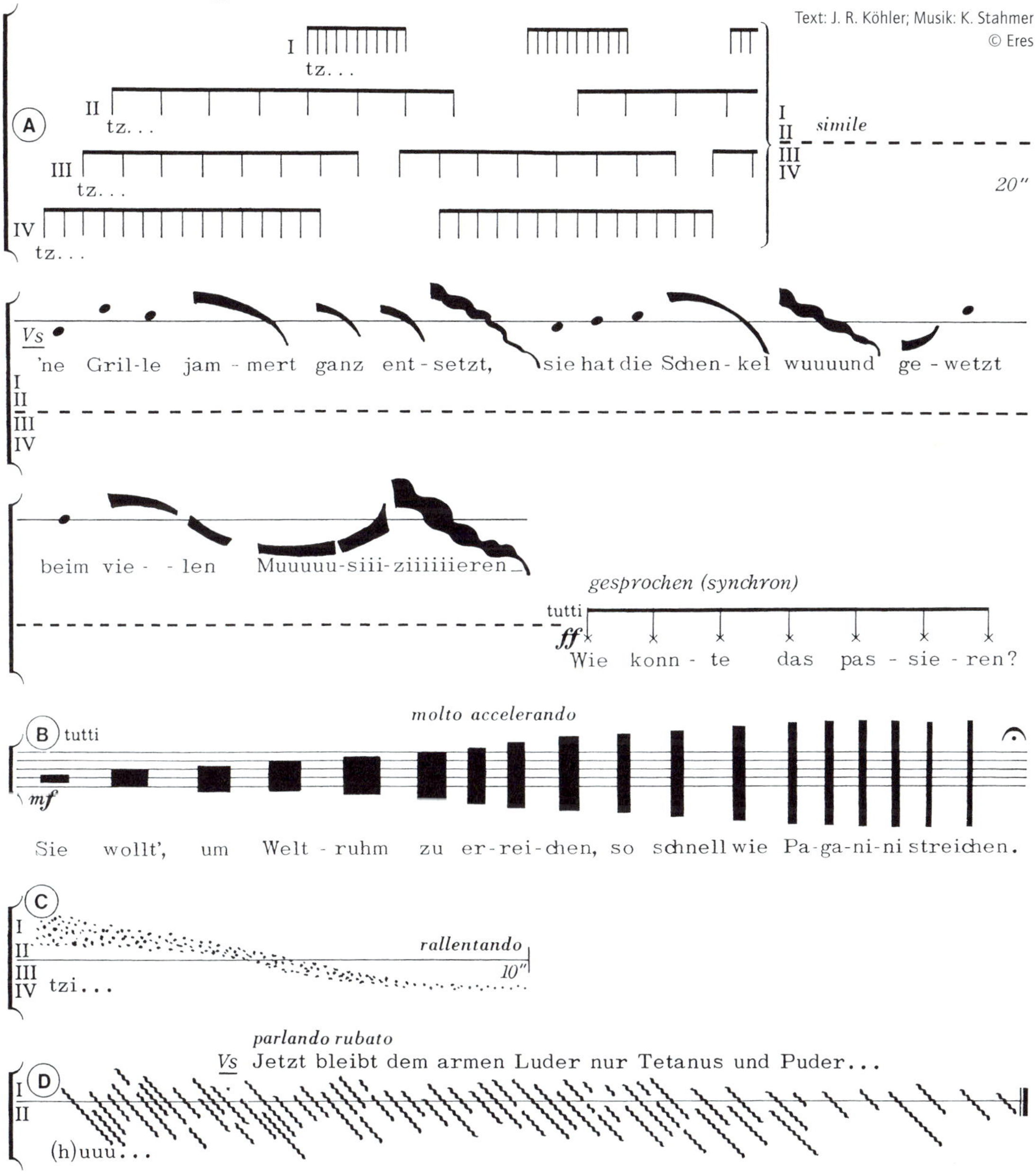


**A**=Stimmlos; jede Stimmgruppe nach Möglichkeit im gleichen Tempo. Der Dirigent regelt die Einsätze der Stimmgruppen.
**B**=Ein Stimmführer (in der Mitte des Chores) beginnt in Mittellage, seine Nachbarn setzen höher bzw. tiefer ein, bis der Cluster über den ganzen Chor verteilt ist.
**C**=Stimmhaft hoch beginnen, allmählich tiefer werden, nach und nach aussetzen, bis nur noch einzelne übrigbleiben.
**D**=Klangvoll geschluchzte Glissandi in der Art von Klageweibern.

**1** Setzt einzelne kurze Abschnitte der Komposition mit der Stimme um.

**2** Hört eine Aufnahme des Stückes an und verfolgt die Partitur. Wie unterscheiden sich eure Versuche vom Hörbeispiel?

## Zu Besuch beim Komponisten Dieter Mack

Bach, Mozart, Bernstein und viele andere Komponisten kann man leider nicht mehr fragen, wie sie denn eigentlich komponiert haben. Aber zum Glück gibt es auch heute noch kreative Musiker, deren Hauptberuf Komponieren ist. Wir haben Dieter Mack, einen zeitgenössischen Komponisten, an der Lübecker Musikhochschule besucht, wo er Komposition unterrichtet.

### Wie wird man Komponist?

»*Um Kompositionsstudent zu werden, muss man schon vorher einiges können, vor allem aber muss man etwas Eigenes, Neues aussagen wollen. Ganz klar: Lernen kann man das nicht und lehren letztlich auch nicht. Man kann Handwerkliches lernen, aber das freie künstlerische Komponieren, die nötigen Visionen und Fantasien, das ist nicht erlernbar. Zum Komponieren gehört eine Portion Utopie, weil man das Unerhörte, Ungehörte hörbar machen will.*«

### Was ist für einen Komponisten heute wichtig?

»*Komponisten sind immer auf der Suche nach neuen Klängen. Sie müssen so viel Musik wie möglich kennen, um nicht etwas zu komponieren, was es so oder ähnlich bereits gibt. Zu komponieren wie Mozart oder Bach wäre nur eine schlechte Imitation, weil auch mein Umfeld heute völlig anders ist. Oder fahre ich noch mit Pferdekutschen durch die Gegend? Ein richtiger Komponist ist immer ein zeitgenössischer Komponist, der auf der Suche nach seiner eigenen Sprache, seiner eigenen Kultur sein muss.*«

Prof. Dieter Mack (geboren 1954) studierte an der Musikhochschule Freiburg Komposition, Musiktheorie und Klavier. Ab 1978 lebte er mehrmals – insgesamt 9 Jahre – auf Bali, Indonesien, um die dortige Gamelan-Musik zu studieren.

### Kann man vom Komponieren leben?

Ein einziger erfolgreicher Popsong – richtig vermarktet – kann einen Komponisten reich machen. Die Werke von Komponisten Neuer Musik werden aber nicht in den Charts gespielt. Dieter Mack hat deswegen, wie die meisten anderen Komponisten, noch eine andere berufliche Tätigkeit zur finanziellen Absicherung.

**1** Notiert in Stichpunkten, in welchen Schritten Dieter Mack beim Komponieren vorgeht.

**2** Hört euch die Ausschnitte aus zwei Kompositionen von Dieter Mack an. (CD 27, 28)
**a** Beschreibt eure Eindrücke. Was ist an dieser Musik für euch neu, was klingt bekannt?
**b** Die erste Komposition ist für einen Jugendchor geschrieben. Was waren wohl die besonderen Herausforderungen für den Chor *Die Zauberlehrlinge*?

**3** Wie hat sich das Berufsbild des Komponisten im Lauf der Geschichte verändert?

**4** Inszeniert eine Podiumsdiskussion mit folgenden Teilnehmern: zwei Komponisten (Neue Musik, Popmusik), Rundfunkchef, Moderator. Diskutiert unter anderem folgende Fragen: Warum muss Neue Musik immer so anders klingen? Wird es nicht auf Dauer langweilig, nur Popmusik zu hören? Soll Musik nur nach ihren Verkaufszahlen bewertet werden?

Lest auch noch mal nach, was ihr über Mozart, Bach und Bernstein erfahren habt (siehe Kap. 4, 15, 17).

*»Um aufgeführt zu werden, muss man seine Arbeiten publik machen. Dazu helfen letztlich am meisten die Musiker selbst, die die neuen Werke spielen sollen. Am effizientesten ist immer noch der persönliche Kontakt, und das ist auch gut so. Und vieles, das sollte man auch sagen, ist eben Zufall.«*

## Wie geht das eigentlich, das Komponieren?

Es gibt sehr romantische Vorstellungen davon, wie ein Komponist arbeitet: Er wacht morgens auf und der erste Sonnenstrahl (oder Regentropfen) inspiriert ihn zu seinem neuesten Werk. Tatsächlich aber gehört viel Disziplin dazu und eine gute Zeiteinteilung. Dieter Mack reserviert sich bestimmte Zeiträume ausschließlich zum Komponieren. Wenn ihm zu anderer Zeit, z.B. beim Autofahren, etwas einfällt, schreibt er die Ideen in ein kleines Büchlein, das er immer dabei hat. Der Kompositionsprozess jedoch ist echte Arbeit.

*»Zu Beginn steht immer eine Idee, unabhängig davon, woher diese stammt und worauf sie sich bezieht (ein Motiv, ein Klang, eine Struktur, ein Ausdruck etc.). Der nächste Schritt ist, dass ich darüber nachdenke, bis ich mir einen ungefähren Verlauf eines Stücks vorstellen kann. Meist beginnt jeder Kompositionsprozess mit einer Textskizze und einer groben formalen und zeitlichen Einteilung. Darin stehen oft ganz merkwürdige Anweisungen, die nur ich selbst verstehen muss: ‚... scharfe Brüche, abfallend ...' oder ‚... kontrolliertes Chaos auf der Basis von Splitterklängen ...'. Im nächsten Schritt versuche ich, mein musikalisches Material zu definieren und auszuarbeiten. Auf diese Art und Weise entsteht eine grobe Partitur, die für die meisten wahrscheinlich eher wie ein abstraktes Bild aussieht. Für mich jedoch ist das die wichtigste Arbeit, denn damit ist alles definiert, und es geht nur noch um eine detaillierte Ausarbeitung. Wichtig ist, dass bis an diese Stelle alles per Hand notiert wird. Das ist mir außerordentlich wichtig, denn die modernen Computernotationsprogramme sind sehr gefährlich. Sie gaukeln eine Perfektion vor, die aber die Maschine herstellt und nicht der Mensch.«*

## [ Das habt ihr gelernt ]

- die vielseitige Klanglichkeit von Alltagsgegenständen zu erforschen
- wie man mit Alltagsgegenständen spannende Rhythmen spielt
- wie man Klänge und Geräusche der Umwelt in einer grafischen Partitur umsetzt
- welche Klangarten Komponisten für ihre Werke nutzen
- mit der Stimme eine ungewöhnliche Stimmkomposition auszuführen
- welche Möglichkeiten und Herausforderungen den Beruf des Komponisten heute auszeichnen
- wie ein Komponist beim Komponieren vorgeht

[Kapitel **20**]

# Fremd und vertraut

Ein Spiegelei hat sicher jeder von euch schon mal gegessen. Will man es etwas „exotischer" zubereiten, so nimmt man möglicherweise spezielle Gewürze wie Koriander oder Curry und serviert es mit Mango oder Ananas. Aber es bleibt immer noch ein Spiegelei, wenn auch ein eher ungewohntes. Aber stellt euch vor, jemand würde euch ein Vogelnest servieren ...
Chinesische Schwalbennester bestehen aus einer weiß durchscheinenden, gelatineartigen Masse. Sie sind reich an Proteinen, an Kalzium und Eisen, die verschiedene Schwalbenvögel beim Nestbau absondern. So etwas auf dem Teller zu finden, würde uns wahrscheinlich sehr befremden.

Wenn wir uns unbekannte Musik hören, versuchen wir, sie unwillkürlich einzuordnen in:

✓ „Kenne ich." (→ Spiegelei)
✓ „Ist mir zwar vertraut, hat aber fremde Zutaten." (→ Spiegelei mit Curry und Litschie)
✓ „Ist mir völlig fremd." (→ Schwalbennest)

Um vertraute und fremde Musik geht es in diesem Kapitel.

Rhythmus

## Europa lacht

G 29

Text u. Musik: M. Detterbeck, G. Schmidt-Oberländer

- ❖ Achtet darauf, in jeder Zeile die führenden Vokale überdeutlich zu sprechen.
- ❖ Sprecht den Text leise, nur das Lachen laut.
- ❖ Für Profis: Führt das Sprechstück als Kanon aus. Werdet allmählich leiser, bis man nur noch hört: Hoho haha huhu hihi hehehe.

Stimme/Rhythmus/Körper und Bewegung

## Sponono

G 30

Text u. Musik: überliefert aus Südafrika; Arr. und B-Teil: M. Detterbeck

**Bewegungsgestaltung:**

**A-Teil:**

- ❖ Kreisaufstellung: Seitschritte auf halbe Noten
- ❖ Klatschen auf Zz. 1 und 3: erst Hand des Nachbarn, dann eigene Hand

**B-Teil:**

- ❖ Takt 1/2: vier Schritte in Richtung Kreismitte, Klatschen wie im Arrangement
- ❖ Takt 3/4: vier Schritte zurück
- ❖ Takt 5–8: wie zuvor

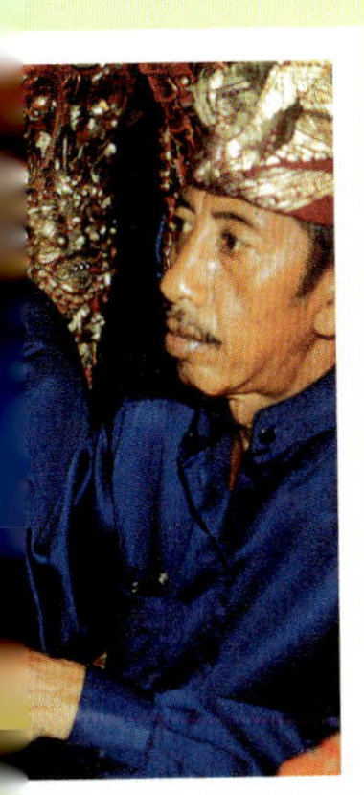

## Heimat und Ferne

Humorvoll bemerkt der Komiker Karl Valentin: „Fremd ist der Fremde nur in der Fremde" – und er hat recht. Sobald wir uns aus unserer vertrauten Umgebung entfernen, fühlen wir uns zunehmend fremd, und je weiter wir von der Heimat entfernt sind, umso fremder kann es werden: andere Landschaft, andere Pflanzen, andere Häuser, anderes Essen, fremde Sprache, fremdartige Musik ... Im Urlaub suchen wir die Fremde allerdings bewusst, denn das Andere ist immer auch spannend, faszinierend und weckt unsere Neugier.

### Ein Lied der Sehnsucht

Samiotissa – ein Mädchen von der griechischen Insel Samos – wartet auf die Heimkehr ihres Geliebten, der fern von ihr auf einem Schiff arbeitet. Ihr Lied wird in Griechenland nicht nur gerne gesungen, sondern auch getanzt. Dieser Tanz heißt Kalamatianos.

**Samiotissa** G 31, 32

Text u. Musik: überliefert aus Griechenland; dt. Text: S. Unterberger



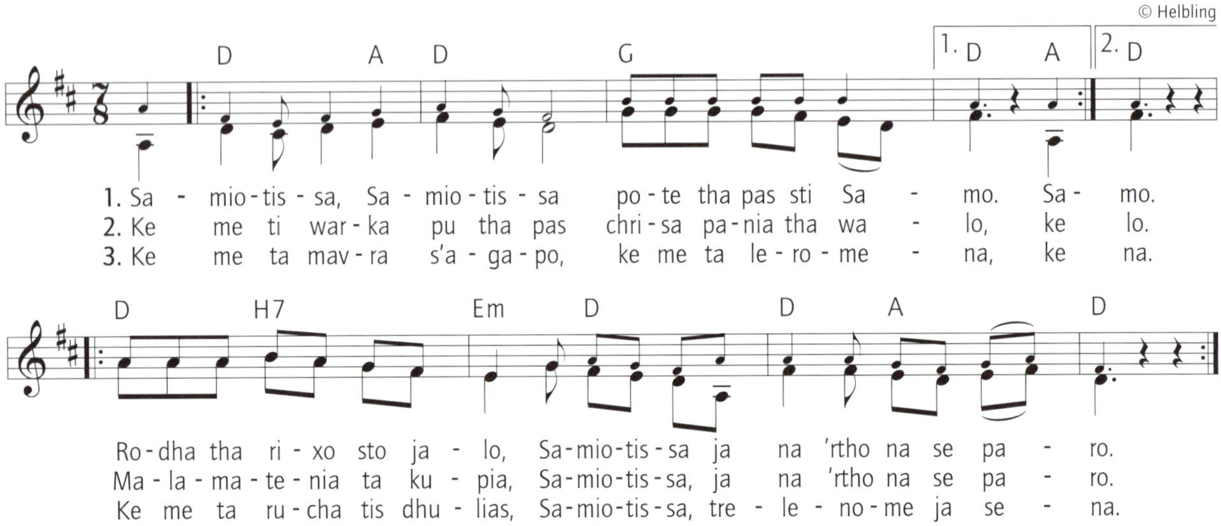


1. Samiotissa, Samiotissa, kommst du nach Samos zum Strand?
   Rosen, die streu ich dir im Sand, Samiotissa, ich streu dir Rosen im Sand.

2. Samiotissa, Samiotissa, ist denn dein Herz für mich frei?
   Oh, deine schwarzen Augen, sieh, Samiotissa, die brachen meines entzwei.

3. Samiotissa, Samiotissa, treib mit der Liebe kein Spiel.
   Denn auch auf andren Bäumen, sieh, Samiotissa, da gibt's Orangen so viel.

Aussprache:
dh = wie engl. **th**e; th = wie engl. **th**ink; s = stimmlos

**1** **a** Sprecht den folgenden Rhythmus mit den angegebenen Silben:

**b** Führt die Bodypercussion aus. Beschreibt den Charakter des 7/8-Taktes.

**c** Bildet zwei Gruppen: Eine Gruppe spielt die Bodypercussion, die andere singt dazu das Lied „Samiotissa". Beachtet den Auftakt des Liedes.

## Der Kalamatianos

„Der Kalamatianos darf auf keinem Fest fehlen!", so ein griechischer Musiker. Der Standardtanz, der im Halbkreis getanzt wird, wird in Griechenland sogar in der Schule unterrichtet.

**2** **a** Erarbeitet euch die Tanzschritte.
**b** Tanzt nun zur Musik in einem oder mehreren Halbkreisen. G 31

**3** Überlegt gemeinsam, was euch an Lied und Tanz eher fremd und was euch vertraut vorkam. Wo lagen die Herausforderungen bei der Umsetzung?

**! WISSEN**

**Zusammengesetzte Taktarten**

Der 7/8-Takt besteht aus einer Dreier- und zwei Zweierunterteilungen.

In Mitteleuropa sind wir gewohnt, dass Lieder und Tänze entweder durch Zweier- oder durch Dreierunterteilung gekennzeichnet sind und in einer Taktart verlaufen. In vielen Kulturen gibt es dagegen Wechsel zwischen Unterteilungen (wie in „Samiotissa") oder Taktarten (Taktwechsel wie z. B. im „Turkey Trot" S. 208). Oft haben diese Wechsel ihren Ursprung in mehr oder weniger betonten Tanzschritten. Beim Kalamatianos ist die Schrittfolge: schwer – leicht – leicht.

### Tanzschritte des Kalamatianos

*Aufstellung:* in einer Reihe, eventuell Halbkreis bilden; Hand- oder Schulterfassung

| 7/8 | 1 | 2 | 3 | 4 | 5 | 6 | 7 | 1 | 2 | 3 | 4 | 5 | 6 | 7 |
|---|---|---|---|---|---|---|---|---|---|---|---|---|---|---|
| | rechts | | | hinten | | rechts | | vorn | | | rechts | | vorn | |

| 7/8 | 1 | 2 | 3 | 4 | 5 | 6 | 7 | 1 | 2 | 3 | 4 | 5 | 6 | 7 |
|---|---|---|---|---|---|---|---|---|---|---|---|---|---|---|
| | rechts | | | vor | | rück | | links | | | vor | | rück | |

## Weltmusikforscher – auf der Suche nach fremden Klängen

Auf der Welt gibt es unzählige verschiedene Musikkulturen. Während einige dieser Musiken für unsere Ohren sehr ungewohnt sind, greifen andere auf uns bekannte musikalische Strukturen zurück. Als „Weltmusikdetektive“ wollen wir uns auf die Spuren von Musikforschern begeben und der Frage nachgehen: Kann man der Musik anhören, woher sie kommt?

G 33–38

**1** Notiert in eurem Arbeitsheft die Merkmale der Musikbeispiele (typische Instrumente, rhythmische Eigenheiten, besondere Spielweisen, Art des Gesangs/Sprache).

**A**
Die Mbira ist ein heiliges Instrument für die Shona. Die sich wiederholenden Melodien und Rhythmen der Mbira sollen zusammen mit Rasseln und Gesang die Ahnen um Rat bitten.

**B**
Viele Melodien kommen mit fünf Tönen als Tonvorrat aus und wirken durch die Vermeidung von Tonsprüngen wellenförmig. Früher bestanden die Saiten der Zupfinstrumente oft aus Seide, was einen besonders weichen Klang zur Folge hatte. Bis heute werden die Instrumente unter anderem aus Bambus gefertigt.

**C**
Musik und Tänze der Navajo-Indianer durchdringen alle Bereiche des Lebens. Die solistisch oder chorisch ausgeführten Gesänge ahmen mit kraftvoller und rhythmischer Stimme Tierrufe nach. Sie sind Teil der „Squaw-Tänze“, die vier Tage und Nächte dauern.

**2** Ordnet als „Weltmusikdetektive" die Hörbeispiele jeweils
- **a** den in der Karte markierten Ländern,
- **b** den Bildern der Musiker und
- **c** den Infotexten über die jeweilige Musik zu.

G 33–38

**3** Hört euch die Beispiele noch einmal an. Wählt nun in Kleingruppen eure drei Toptitel aus und bereitet eine Moderation für die Weltmusik-Charts vor. Notiert dazu in Stichpunkten Gründe für eure Auswahl im Arbeitsheft. Geht dabei auf musikalische Merkmale, eure Höreindrücke und persönliche Vorlieben ein.

G 33–38

**D**

Das Didgeridoo ist ein obertonreiches Blasinstrument. Es wird meistens aus einem von Termiten ausgehöhlten Baumstamm gefertigt. Es dient als überwiegend rhythmisch eingesetztes Begleitinstrument für Gesänge und Tänze.

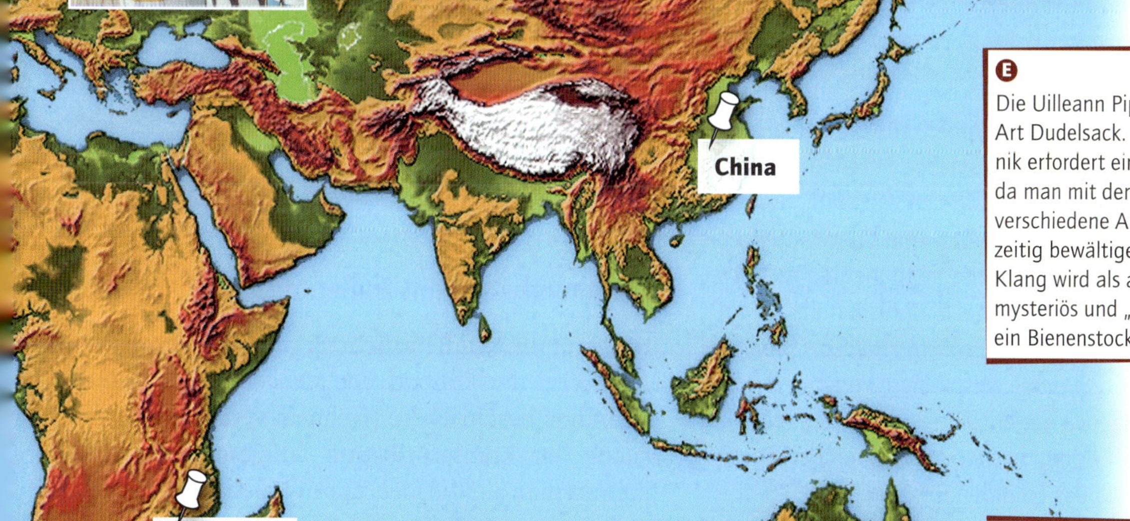


**E**

Die Uilleann Pipes sind eine Art Dudelsack. Die Spieltechnik erfordert einiges Geschick, da man mit der rechten Hand verschiedene Aufgaben gleichzeitig bewältigen muss. Der Klang wird als altertümlich, mysteriös und „klingend wie ein Bienenstock" beschrieben.

**F**

Samba entstand aus den Rhythmen westafrikanischer Sklaven sowie indianischer und portugiesischer Musik. Starke Synkopierung sowie etliche Schlaginstrumente prägen die Musik. Besondere Tradition hat das jährlich stattfindende Sambafestival (Carnaval), das hunderttausende Besucher aus aller Welt anzieht.

# Alien-Songs: Musik als universelle Sprache?

Musik – so behaupten viele – sei eine allen vertraute, also universelle Sprache, die von jedem Menschen gleichermaßen verstanden wird. Musikforscher stellten bei der Beschäftigung mit ganz unterschiedlichen Musikkulturen fest, dass Musik tatsächlich einige Merkmale einer universellen Sprache aufweist. Doch zeigt sich, dass wir schnell an die Grenzen unseres Verständnisses kommen, wenn wir uns nicht näher mit der jeweiligen Kultur auseinandersetzen.

## Was ist eigentlich fremd? – Ein Experiment

Auf dem fernen Planeten Aisthesia lebt ein seltsames Volk, die Percepis. Die Percepis haben drei Arme, zwei normale und einen dritten langen, mit dem sie sich am Rücken kratzen können. Vor allem aber spielen sie damit auf ihren Xenias wundersame Musik. Die Percepis leben tagsüber im Wald, wo sie zwischen Bäumen klebrig-leuchtende Wandnetze gewebt haben. Bei Dunkelheit gehen sie auf die angrenzenden Wiesen, um Monno zu essen, zu singen und zur Musik der Xenias zu tanzen …

**1** **a** Überlegt euch in Gruppen, wie die Percepis gekleidet sein könnten, welche Sitten und Gebräuche sie haben und wie sie sich verständigen.
**b** Entwerft Musik für einen Film über die Percepis und probiert sie auf euren Instrumenten aus. Wie kann man erreichen, dass die Musik fremd klingt und gleichzeitig zu den sanften Percepis passt?
**c** Erzählt nun euren Mitschülern von den Percepis und spielt euch gegenseitig eure Percepis-Musik vor. Wie ist es den einzelnen Gruppen gelungen, die Wirkung des Fremden umzusetzen?

## Kommunikation mit Außerirdischen

In dem Film „Unheimliche Begegnung der dritten Art“ wird der Kontakt der Menschheit zu Außerirdischen beschrieben. Nachdem verschiedene Versuche der Kommunikation fehlgeschlagen sind, kommt man auf die Idee, es mit Musik zu probieren.

Ein einfaches musikalisches Motiv, unterstützt durch eine Farbtafel, wird von den Erdbewohnern als Verständigungszeichen genutzt. Das Raumschiff der Außerirdischen greift das Motiv auf. Nach einigem Hin und Her entsteht plötzlich eine seltsame und kunstvolle Musik. Überraschenderweise übernehmen im Verlauf der Kommunikation die „Aliens" sogar die Kontrolle über das Keyboard der Menschen.

**2** **a** Hört euch den Soundtrack des Filmausschnitts an. Beschreibt, mit welchen musikalischen Mitteln die Außerirdischen auf das Motiv der Menschen antworten. Wie entwickelt sich das „Gespräch" im weiteren Verlauf? (G 39)

**b** Der Filmstrip zeigt den Verlauf der Kommunikation. Welche Mittel setzt der Regisseur zusätzlich zur Musik ein?

**3** Bildet zwei Gruppen (Außerirdische, Erdbewohner) und spielt eine solche „Unterhaltung" nach. Nutzt Stabspiele, Keyboards und andere Melodieinstrumente.

**a** Die Erdbewohner beginnen mit dem Motiv, die Außerirdischen antworten und verändern es.

**b** Nun sind die Außerirdischen dran: Erfindet ein Motiv mit der Aussage „Wir kommen mit friedlichen Absichten!". Die Erdbewohner antworten auf dieses Motiv: „Wir heißen euch willkommen auf der Erde!"

**c** Diskutiert, welche Schwierigkeiten bei dieser Art der Kommunikation auftreten. Kann man sich mit Musik tatsächlich wie mit Sprache klar verständlich machen?

**4** Nehmt Stellung zur Aussage, dass Musik eine universelle Sprache ist, die alle verstehen und mit der sich alle Menschen unabhängig von ihrer Kultur unterhalten können.

# Musikwelten: meine Musik – deine Musik

In Kapitel 1 habt ihr in eurem Arbeitsheft schon eure musikalische Welt dokumentiert. Hat sich inzwischen etwas geändert?

Musik hat in unserem Leben eine zentrale Bedeutung und prägt uns und unseren Alltag. Ständig sind wir von Musik umgeben: auf Partys, im Supermarkt, im Restaurant. Dabei entwickelt jeder von uns eine eigene musikalische Welt mit besonderen Vorlieben. Ihr werdet staunen, wie bunt und unterschiedlich diese Welten sind.

## Meine Musik – deine Musik

**1** **a** Notiert in einer Tabelle, wann und wo ihr eine bestimmte Musik in der letzten Woche gehört oder vielleicht sogar selbst gespielt habt.

| Tag | Ort/Situation | Art der Musik | Wirkung |
|---|---|---|---|
| Montag | Frühstück | Jamie Cullum | Macht mich wach |
| | im Bus zur Schule | ... | ... |

**b** Überlegt, welche Wirkung die Musik in den jeweiligen Situationen auf euch hatte.

**c** Berichtet eurem Banknachbarn von eurer musikalischen Welt.

**d** Erstellt gemeinsam Plakate, auf denen die Vielseitigkeit der Musikwelt eurer Klasse deutlich wird. Nutzt dazu Bilder, Texte, Zeichnungen.

## Musik zeigt Wirkung

Musik kann unsere Gefühle verstärken und beispielsweise Erinnerungen wachrufen. Vielleicht habt ihr das schon selbst erlebt: Beim Hören eines bestimmten Songs bekommt ihr Fernweh, weil er euch an den Urlaub erinnert ...

**2** **a** Bildet zwei Gruppen. Jede Gruppe betrachtet eines der beiden Bilder und hört dazu einen Musikausschnitt. Notiert während des Hörens in eurem Arbeitsheft eine kurze Beschreibung des Bildes (Situation, Stimmung, Aussage ...).

**b** Betrachtet nun das jeweils andere Bild. Notiert wieder eure Beobachtungen, während ihr einen anderen Musikausschnitt hört.

**c** Tauscht euch aus, wie die Bilder jeweils auf eure Gruppe gewirkt haben. Gibt es Gemeinsamkeiten mit der anderen Gruppe? Überlegt, was die Ursache für die unter Umständen sehr verschiedene Wahrnehmung der Bilder sein könnte.

## Musik beeinflusst uns – bewusst und unbewusst

Musik wird an vielen Orten bewusst eingesetzt, um die Stimmung oder Gefühle von Personen zu beeinflussen. So berieselt im Supermarkt sanfte Hintergrundmusik mit Wohlfühlfaktor die Käufer, um sie zu entspannen und in Kauflaune zu versetzen. Auch in der Werbung wird das Verhalten der Kunden oft ganz bewusst durch Musik gesteuert.

**3** **a** Stellt euch vor, ihr seid Einkaufsleiter, Restaurantchef oder Zahnarzt. Wählt aus den Hörbeispielen Musik für den Supermarkt, das Lokal und das Wartezimmer aus und notiert das Ergebnis in eurem Arbeitsheft. (CD 42–46)

**b** Begründet eure Auswahl. Diskutiert, ob und wie Musik eingesetzt wird, um bestimmte Stimmungen hervorzurufen.

**! WISSEN**

**Musik und Wirkung**

Musik kann Gefühlen besonderen Ausdruck verleihen, in vielen Fällen unmittelbarer und umfassender als Worte es könnten. Es ist wissenschaftlich erwiesen, dass Musik einen großen Einfluss auf die körperliche Befindlichkeit hat: Herzfrequenz und Pulsschlag werden durch bestimmte Musik beeinflusst, ebenso reagieren Atemrhythmus oder Schmerzempfinden auf musikalische Reize. Deshalb wird Musik auch oft gezielt eingesetzt:

| | |
|---|---|
| Musik kann **heilen.** | → Musiktherapie ist ein Zweig der Medizin |
| Musik kann **beruhigen.** | → es gibt eine Fülle von Meditationsmusik |
| Musik kann **stimulieren.** | → Feste und Partys werden durch Musik fröhlicher |
| Musik kann **manipulieren.** | → das Konsumverhalten wird durch Musik beeinflusst (z. B. in der Werbung) |

# Eyvallah, auf Wiedersehen!

## Sommer, Sonne – und endlich Ferien!

Die Ferien stehen vor der Türe und nun heißt es Abschied nehmen, von manchen Freunden und Lehrern, vom alten Klassenzimmer und auch von MusiX 1. Doch wir sehen uns wieder – spätestens in MusiX 2!

Das Sprechstück soll euch einen Vorgeschmack auf die Urlaubsspeisekarte geben. Begleitet es mit rhythmischem Schmatzen, Besteckklappern und Gläserklirren. Alle Gäste werden sich freuen …

### Ristorante Ritmicale

G 47

Text u. Musik: M. Detterbeck, G. Schmidt-Oberländer



Handflächen reiben (Bewegung: wie beim Ausrollen von Pizzateig)

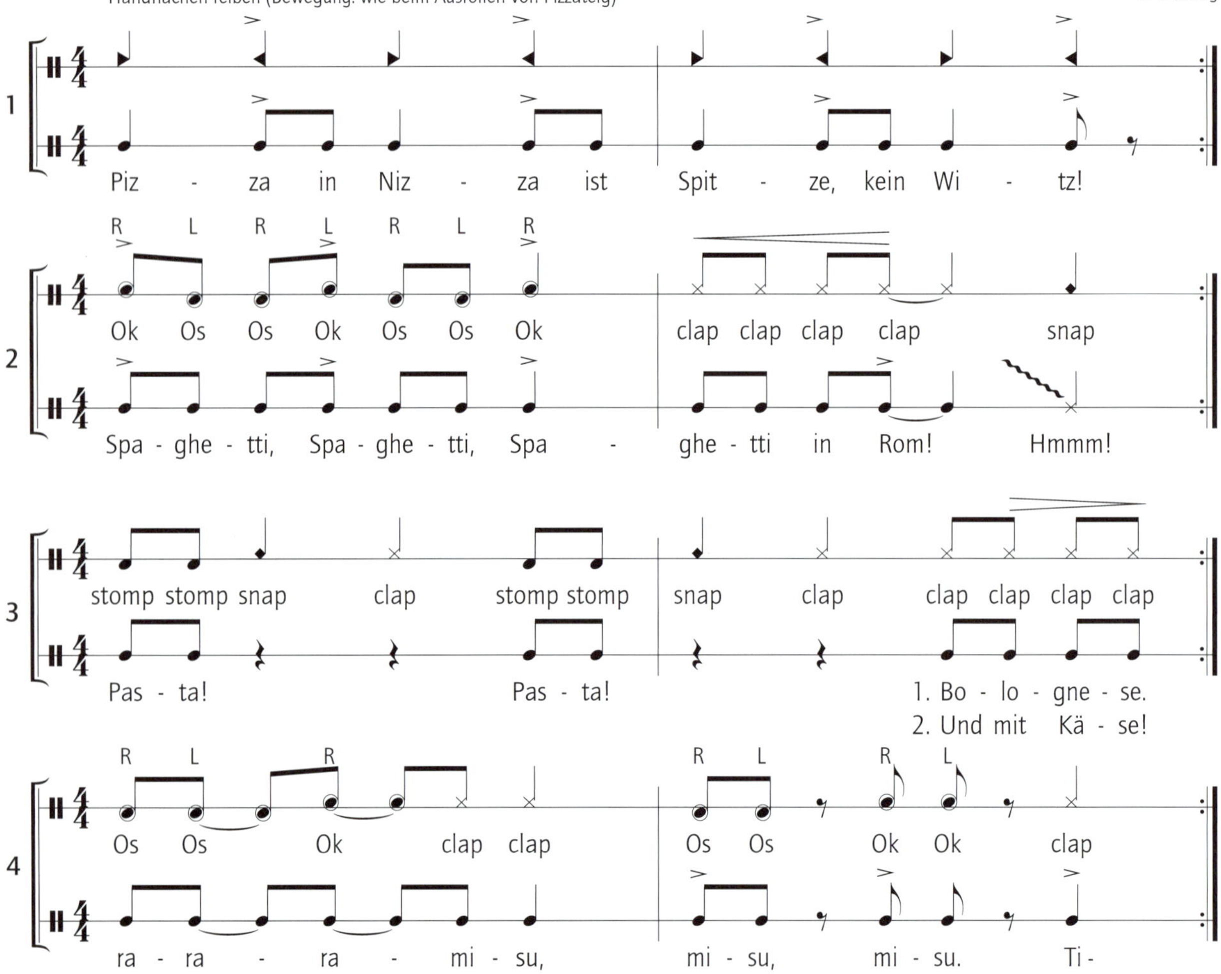


## [ Das habt ihr gelernt ]

- ein Lied und einen Tanz aus Griechenland
- was zusammengesetzte Taktarten sind
- als Weltmusikforscher verschiedene Musikarten aus der ganzen Welt zu unterscheiden
- euch selbst „fremdartige" Musik auszudenken
- mithilfe eines musikalischen Motivs zu kommunizieren
- etwas über die Wirkung und die Funktion von Musik im Alltag

## Eyvallah

G 48

Text u. Musik: G. Schmidt-Oberländer

### Begleitostinato

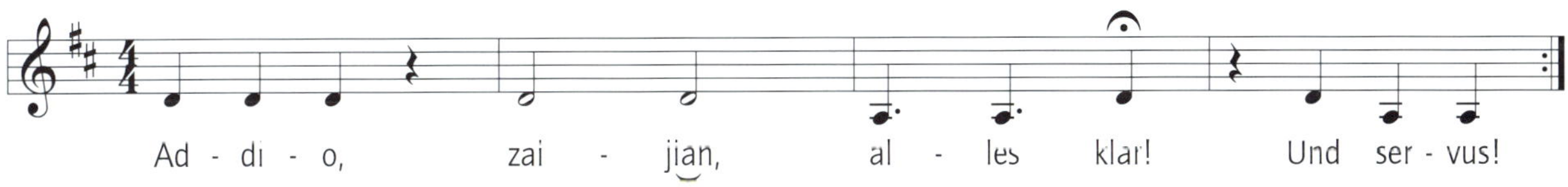


Aussprachehilfen:

eyvallah = ejvalla
hejdå = hejdoh
dowidzenia = dowidsenja
zaijian = saidschehn

# Quellenverzeichnis

## Bilder

**action press:** S. 14 (l.); **Archiv:** S. 55 (u.r.), 97, 151, 186, 188, 208, 217, 220; **Arman © VG Bild-Kunst, Bonn 2010:** S. 184 (r.); **Artothek:** S. 152 (m.r. & o.); **Bibliothèque nationale de France:** S. 216; **Michael Bondroit:** S. 86 (u.r.); **Bpk – Bildarchiv Preußischer Kulturbesitz:** S. 55 (u.l.), 193, 212 (u.r.), 214 (2.v.r.); **Bridgemanart:** S. 152 (m.l.); **Bundesministerium für Finanzen / Museumsstiftung Post und Kommunikation / Prof. Ernst Kößlinger:** S. 66 (m.l.); **Heinz W. Burow Musikverlag:** S. 226; **Catprint Media / Uli Stein:** S. 84 (r.); **Pete Checchias:** S. 14 (o.r.) (Tokyo String Quartet); **Cinetext:** S. 44 (2.v.r. & l.), 164; **Joan Maria Ciolacu:** S. 86 (o.r.); **Corbis:** S. 16 (r.), 26 (2.v.l.), 28, 55 (o.l.), 56 (l. & r.), 98 (m. & r.), 106, 124 (m. & l.), 132 (l.), 144 (3x), 158 (3x), 174 (m. & r.), 178 (m.r.), 194 (2.v.l. & r.), 211 (r.), 212 (o.l.), 222 (l.), 232 (r.), 234, 236 (m.l. & o.r.), 237 (o.r.), 240 (l.); **culture images:** S. 68, 178 (o.r.), 184 (l.), 214 (2.v.l.); **Markus Detterbeck:** S. 73 (3.v.o.), 87 (u.); **Deutsche Orchestervereinigung e.V. / Uwe Stanzl, aus www.abenteuer-klassik.de:** S. 176f.; **dpa Picture Alliance:** S. 4 (l. & m.), 9 (r. & l.), 14 (u.l.), 15 (u.r.), 16 (2.v.l. & 2.v.r.), 18 (o.), 26 (l.), 43, 44 (r.) (AP picture desk), 47, 55 (m. & m.r.), 58 (o.l. & o.r.), 72, 91 (2.v.r.), 95 (o. & u.r.) (Jamie Cullum), 98 (l.), 124 (r.), 132 (2.v.l. & 2.v.r.), 153 (o.), 174 (l.), 178 (o.l.), 181 (o.r.), 190, 194 (l. & 2.v.r.), 211 (u.), 214 (l.), 222 (m. & r.), 232 (m.), 235, 236 (u.l.), 237f., 240 (r.), 241 (u. & o.r.); **dpp images:** S. 67; **Richard Dünser:** S. 214; **Düsseldorfer Marionettentheater / Anton Bachleitner:** S. 64; **flickr:** S. 206 (r. & l.) **Fotoarchiv:** S. 241 (o.l.); **Fotofinder:** S. 84 (l.) (Iris Leier); **German Brass Productions GmbH:** S. 179 (m.); **Getty images:** S. 55 (o.r.) (Brigitte Rieser), 56 (m.), 199 (u.), 201 (3x), 206 (m.), 210 (3x), 211 (o.l.), 212 (u.l.), 224 (u.); **Matthias Engel:** S. 95 (u.l.) (Olivia Trummer); **Jannis Focke:** S. 15 (u.l.) (Bundesjazzorchester, Leitung: Niels Klein); **Helbling Verlag GmbH:** S. 10 (4x), 32, 42, 92, 93, 97, 140, 141, 143, 169, 173, 178 (u.), 180 (o.r. & u.), 181 (o.l.), 183, 184 (m.), 192, 199 (2.v.u. & 3.v.u.), 205, 214 (r.), 224 (o. & m.); **The Hoffnung Partnership, www.hoffnung.co.uk, von Gerard Hoffnung (1925–59):** S. 84 (m.) (Prehistoric Hornist), 87 (o.) (Vacuum Quartet in A Flat), aus: „Das große Hoffnung Buch", Verlag Langen Müller; **Esbjörn Hogmark:** S. 86 (u.m.); **Interfoto:** S. 16 (l.), 95 (m.), 120, 191; **Instrumenten-DVD:** S. 91 (1., 2.v.l. & r.), 154, 179 (u.), 180 (o.l.), 181 (m.l. & u.l.), 204 (l. & 2.v.r. & r.); **The Kobal:** S. 212 (o.r.); **Jens Kommnick, Deutsche Uilleann Pipes Gesellschaft:** S. 37 (u.); **Topkapi Museum, Istanbul:** S. 54; **Laif:** S. 44 (2.v.l.), 199 (o.); **Prof. Dieter Mack:** S. 230, 231; **Uwe Meier:** S. 86 (l.); **Orff-Zentrum München, Fred Lindinger, © Waltraud Lindinger, Eichenau:** S. 62, 66 (o.r. & u.r.); **picture press:** S. 112; **Brigitte Rieser, www.klasse-im-garten.at:** S. 55 (o.r.); **Gero Schmidt-Oberländer:** S. 110; **Arnold Stölzel GmbH – Wiesbaden:** S. 152 (u.), 153 (u.), 204 (2.v.l. & 3.v.l.); **Südverlag GmbH, Konstanz, 2000:** S. 60; **Charles H. Templeton, Sr. sheet music collection:** S. 208 (o.); **ullstein:** S. 4 (r.), 26 (r. & 2.v.r.), 58 (u.l. & u.r.), 181 (m.r.), 232 (l.); **Anna van Kooij:** S. 132 (r.); **Westdeutscher Rundfunk:** S. 15 (o.) (wdr Sinfonieorchester); **Wikipedia:** S. 73 (4.v.o.), 86 (o.m.), 180 (o.r.), 188; **Alwin Wollinger:** S. 237 (o.l.)

## Noten

**S. 20:** Wenn Wörter klingen © Deutsche Version 1972 by Universal Edition A.G., Wien/UE 20037; **S. 25:** Herbstlied © JINGO b.v. Niederlande; **S. 32:** Hallo Leute, aufgewacht! © Uli Moritz, Berlin; **S. 40:** Come On, Give Me One © Meinhard Ansohn, Berlin; **S. 43:** Mai Nozipo, Composed by Dumisani A. Maraire, Published by Owl's Head Music (BMI), U.S.A.; **S. 57:** Kleine Mücke © Uli Moritz, Berlin; **S. 61:** Stripsody © C.F. Peters Musikverlag, Frankfurt/M.; **S. 62:** Der Mond ist fort © Schott Music GmbH & Co. KG, Mainz; **S. 67:** Hexen-Einmaleins © Schott Music GmbH & Co. KG, Mainz; **S. 118:** Sing, Sing, Sing © EMI Partnership Musikverlag GmbH, Hamburg; **S. 122:** Manamana © Greenhorn Musikverlag GmbH, Hamburg; **S. 134:** Three Little Fishies © Musikverlag Intersong GmbH & Co. KG, Hamburg; **S. 138:** Y.M.C.A. Scorpio Music Ste. Arl, Roba Music Verlag GmbH, Hamburg; **S. 164:** Conquest of Paradise © EMI Music Publishing Germany GmbH, Hamburg; **S. 202:** Love Is All Around ©Universal Music Publ. GmbH, Berlin; **S. 208:** Turkey Trot Divertimento for Orchestra © Boosey & Hawkes. Bote & Bock, Berlin **S. 216:** Glissandi-Studie zu Metastasis © Archives Xenakis, Paris; **S. 226:** Sounding picture II © Heinz W. Burow Musikverlag, Adendorf; **S. 229:** Künstlerpech © Eres Edition Musikverlag Horst Schubert, Lilienthal/Bremen

## Texte

**S. 157:** „Ein welkes Blatt", aus: Mascha Kaléko: Die paar leuchtenden Jahre, hrsg. von Gisela Zoch-Westphal, dtv 2003, mit freundlicher Genehmigung von dtv Verlagsgesellschaft mbH & Co. KG

# Verzeichnis der Hörbeispiele


| CD, Track | Titel (A = Ausschnitt[e]; OA = Originalaufnahme; PB = Playback) | Buchseite |
|---|---|---|
| A, 1, 2 | **Einen Groove versenden** (OA/PB) | 5 |
| A, 3, 4 | **Shalala** (OA/PB) | 6 |
| A, 5 | **Ich und du** (PB) | 8 |
| A, 6 | **Klangquiz** | 10 |
| A, 7–9 | **Stop and go** | 11 |
| A, 10, 11 | **Auf der Suche nach dem goldenen Notenschlüssel** (Hörgeschichte/musikalische Stationen) | 12 f. |
| A, 12–17 | **Ensembleklänge** (A) | 14 f. |
| A, 18 | **Smiling Faces 2** (PB) | 17 |
| A, 19 | **Wenn Wörter klingen** (OA) (A) | 20 |
| A, 20 | **Ein Schwein** (PB; Begleitgroove) | 21 |
| A, 21 | **Finster, finster** (PB) | 22 |
| A, 22, 23 | **Warum kleiden die Bäume sich wohl aus** (OA/PB) | 25 |
| A, 24 | **The Beat Is Hot** (PB) | 27 |
| A, 25 | **Geschüttelt und gereimt** (PB) | 27 |
| A, 26, 27 | **Let's Meet the Beat!** (OA/PB) | 28 |
| A, 28–32 | **Zweier oder Dreier?** | 30 |
| A, 33–42 | **Auf Schatzsuche: Fluch der Karhythmik** | 31 |
| A, 43–45 | **Klänge des Drumsets** | 32 |
| A, 46 | **Hallo Leute, aufgewacht!** (PB) | 32 |
| B, 1, 2 | **Samba** (OA/PB) | 34 |
| B, 3–6 | **Taktarten erkennen** | 35 |
| B, 7, 8 | **Hier kommt die Klasse** (OA/PB) | 36 |
| B, 9 | **Ayelevi** (PB) | 37 |
| B, 10–13 | **J. Strauß: Tritsch-Tratsch-Polka** | 38 f. |
| B, 14, 15 | **Point of view** | 40 |
| B, 16 | **Mai Nozipo** (A) | 43 |
| B, 17, 18 | **Listen! Listen!** (OA/PB) | 45 |
| B, 19 | **Stampf-Kanon** (PB) | 45 |
| B, 20 | **Bodydrum** (PB) | 45 |
| B, 21, 22 | **Ich bin Wolfgang Amadeus** (OA/PB) | 46 |
| B, 23 | **W. A. Mozart: Sinfonie Nr. 1, 2. Satz** (A) | 51 |
| B, 24–30 | **Die Entführung aus dem Serail** (Hörgeschichte) | 52 |
| B, 31–34 | **W. A. Mozart: Ha, wie will ich triumphieren** (Arie des Osmin aus: Die Entführung aus dem Serail) | 52 f. |
| B, 35–38 | **W. A. Mozart: Ha, wie will ich triumphieren** (Arie des Osmin aus: Die Entführung aus dem Serail) (A) | 53 |
| B, 39 | **Janitscharen-Marsch** (A) | 54 |
| B, 40 | **W. A. Mozart: Ouvertüre** (aus: Die Entführung aus dem Serail) (A) | 54 |
| B, 41 | **Mozarts Leben** (Hörgeschichte) | 55 |
| B, 42, 43 | **Kleine Mücke** (OA/PB) | 57 |
| B, 44 | **Fly Like an Eagle** (PB) | 35, 57 |
| B, 45, 46 | **Stripsody** (A) | 61 |
| B, 47 | **Spread Your Wings** (PB) | 35 |
| C, 1 | **C. Orff: Der Mond ist fort** | 62 f. |
| C, 2 | **C. Orff: Wenn ihr nachts aus der Taberne** | 64 |
| C, 3 | **C. Orff: Feiern des Festes** | 65 |
| C, 4 | **C. Orff: Schlaflied für die Toten** | 65 |
| C, 5 | **C. Orff: O Fortuna** (aus: Carmina Burana) | 67 |
| C, 6 | **Haiku: Mondlicht auf dem Teich** (PB) | 69 |
| C, 7 | **Ich, du, er, sie, es** (PB) | 69 |
| C, 8, 9 | **Early-Morning-Reggae** (OA/PB) | 70 |
| C, 10 | **Arirang** (PB) | 72 |
| C, 11 | **Intervall-Song** (PB) | 76 |
| C, 12–17 | **Intervallquiz** | 77 |
| C, 18 | **L. v. Beethoven: 5. Sinfonie, 1. Satz** (A) | 80 |
| C, 19 | **L. v. Beethoven: 5. Sinfonie, 1. Satz** (Beginn ohne Pausen) | 80 |
| C, 20 | **Pausenquiz** | 80 |
| C, 21 | **Hajd' Povedi** (OA, instrumental) | 82 |
| C, 22 | **Tropical Fruit Market** (PB) | 85 |
| C, 23, 24 | **Kuckuck und Hai** (OA/PB) | 85 |
| C, 25–40 | **Besuch vom Planeten Kisum** (Hörgeschichte) | 88 f. |
| C, 41 | **E. Grieg: Rigaudon** (aus: Holbergs Zeit, op. 40) (A) | 90 f. |
| C, 42–46 | **Hörpanorama Streichinstrumente** (A) | 91 |
| C, 47 | **Hörquiz Spielvarianten der Geige** | 93 |
| C, 48, 49 | **Instrumenten-Rap** (OA/PB) | 94 |
| C, 50 | **Hörpanorama Klavier** (A) | 95 |
| C, 51 | **L. v. Beethoven: Sonate op. 31, Nr. 2, d-Moll** („Sturmsonate") (A) | 95 |

C, 52, 53 **Katzen-Rock-'n'-Roll** (OA/PB) 99
C, 54, 55 **Dreiklangs-Calypso** (OA/PB) 104
C, 56 **J. Offenbach: Cancan** (aus: Orpheus in der Unterwelt) (A) 106 f.
C, 57 **C. Saint-Saëns: Die Schildkröte** (aus: Karneval der Tiere) 107
D, 1 **Wenn du einmal traurig bist** (PB) 111
D, 2 **Tisch-Percussion 1** (PB) 111
D, 3–5 **Wiederholung – Veränderung – Kontrast** (A) 112
D, 5 **L. v. Beethoven: 5. Sinfonie, 1. Satz, Beginn** (A) 112, 114
D, 6 **Sound & Light** (Vorübung: Motiv 1 langsam) 115
D, 7 **Sound & Light** (L. v. Beethoven: 5. Sinfonie, 1. Satz, T. 1–20 langsam) (A) 115
D, 8 **Now Is the Month of Maying** (OA) 117
D, 9 **Sing, Sing, Sing** (OA) (A) 118
D, 10 **J. S. Bach: Menuett und Trio** (aus: Orchestersuite Nr. 1, C-Dur) 120 f.
D, 11 **W. A. Mozart: Menuett** (aus: Don Giovanni) 121
D, 12, 13 **Manamana** (OA/PB) 122
D, 14 **J. Haydn: Divertimento B-Dur, Rondo Allegro** 123
D, 15, 16 **My Dancing Queen** (OA/PB) 125
D, 17, 18 **Summer Holiday** (OA/PB) 126, 128
D, 19, 20 **Pass It On** (OA/PB) 133
D, 21 **Schlagzeug-Rap** (PB) 133
D, 22, 23 **Three Little Fishies** (OA/PB) 134
D, 24, 25 **Three Little Fishies** (Zweier- und Dreierunterteilung) 135
D, 26 **C. Ph. E. Bach: Marsch** (aus: Klavierbüchlein für Anna Magdalena Bach) 136
D, 27 **Neulich in Rio** (PB) 136
D, 28 **Synkopen-Song** (PB) 137
D, 29 **Ohne-Synkopen-Song** (PB) 137
D, 30–32 **Y. M. C. A.** (OA/PB) 138 f.
D, 33–35 **Drumset-Sounds** 141
D, 36 **Leise pfeift der Wind** (PB) 145
D, 37 **Klapper-Groove** (PB) 145
D, 38–40 **Filmmusik-Soundtracks** (A) 146
D, 41–44 **Programmmusik Zuordnungsaufgabe** (A) 147
D, 45 **L. v. Beethoven: Sinfonie Nr. 6, Allegro** (Gewitter und Sturm) 149
D, 46 **Africa** (Gewitterklänge) (A) 149
E, 1 **Eine Nacht auf dem kahlen Berge** (Hörgeschichte) 150
E, 2–6 **M. Mussorgski: Eine Nacht auf dem kahlen Berge** 151
E, 7–9 **Klangassoziationen** (A) 152
E, 10–15 **Signale** 153
E, 16, 17 **Signalprüfung A u. B** 153
E, 18 **B. Smetana: Im Wald** (aus: Die Moldau) (A) 154
E, 19 **B. Smetana: Die Moldau** (Thema) (A) 155
E, 20 **Die Wirkung des 6/8-Taktes** (A) 155
E, 21, 22 **Tassen-Tango** (OA/PB) 159
E, 23, 24 **Samba-Quartett** (PB; Tempo 72 und 90) 159
E, 25, 26 **Colour Your Life** (OA/PB) 160
E, 27 **Improvisation in Moll** (PB) 161
E, 28, 29 **Sascha geizte mit den Worten** (Moll u. Dur) (PB) 162
E, 30, 31 **Bruder Jakob** (Dur u. Moll) (PB) 162
E, 32–36 **Hörquiz Tongeschlecht** (A) 163
E, 37–39 **Conquest of Paradise** (OA/PB) 164 f.
E, 40 **What Shall We Do with the Drunken Sailor** (PB) 167
E, 41, 42 **Hewenu shalom alechem** (OA/PB) 168 f.
E, 43, 44 **Dur oder Moll?** 171
E, 45 **Summertime Blues** (Line Dance) 172
E, 46 **Don daya** (PB) 175
E, 47 **Tomatensalat** (PB) 175
F, 1–6 **B. Britten: The Young Person's Guide to the Orchestra** (A) 177
F, 7–10 **Höraufgabe Instrumentengruppen** (A) 177
F, 11–14 **Hörpanorama Trompete** (A) 178
F, 15–18 **Blechblasinstrumente** 179
F, 19, 20 **Hörquiz 1 u. 2** 179
F, 21 **Orchester mit Soloinstrument** (A) 179
F, 22–25 **Hörpanorama Holzblasinstrumente** (A) 180
F, 26–29 **Rohrblattinstrumente im Ensemble** (A) 180
F, 30–34 **Hörpanorama Klarinette** (A) 181
F, 35, 36 **Ein Song für uns** (OA/PB) 182
F, 37 **Ghost of John** (PB) 185
F, 38 **Bach geht stiften** (PB) 185
F, 39 **Was ist ein Kanon?** (PB) 186
F, 40 **Swinging Bach** (PB) 187
F, 41 **J. S. Bach: Invention Nr. 1, C-Dur** 188 f.
F, 42 **Bach-Hitparade** (A) 191
F, 43–45 **J. Haydn: Sinfonie Nr. 94, G-Dur** („Paukenschlag") (A) 192 f.

| | | |
|---|---|---|
| F, 46 | G. Hoffnung: Parodistische Fassung von: J. Haydn, Sinfonie Nr. 94, 2. Satz | 193 |
| F, 47 | Lazy and Low (PB) | 195 |
| F, 48 | Trommelklang (PB) | 195 |
| F, 49, 50 | Shoobeedoowah (OA/PB) | 196 |
| F, 51–53 | Bassfiguren (A) | 199 |
| F, 54 | J. Pachelbel: Canon per 3 Violini e Basso | 200 |
| F, 55 | Pachelbel-Begleitmodell (PB) | 200 |
| F, 56 | R. McTell: Streets of London (A) | 201 |
| F, 57 | Pet Shop Boys: Go West (A) | 201 |
| F, 58 | Coolio: C U When U Get There (A) | 201 |
| F, 59–61 | Love Is All Around (OA/PB) | 202 |
| G, 1 | Le o la! (PB) | 204 |
| G, 2 | Spread Your Wings (PB) | 207 |
| G, 3 | L. Bernstein: Turkey Trot (PB) | 208 |
| G, 4 | L. Bernstein: Turkey Trot (aus: Divertimento for Orchestra) | 209 |
| G, 5–7 | Höraufgabe Aufführungsorte (A) | 211 |
| G, 8 | L. Bernstein: Somewhere (aus: West Side Story) (A) | 213 |
| G, 9 | L. Bernstein: One Hand, One Heart (aus: West Side Story) (A) | 213 |
| G, 10 | L. Bernstein: I Feel Pretty (aus: West Side Story) (A) | 213 |
| G, 11 | Slap and Clap (PB) | 215 |
| G, 12–16 | Notation von Musik (A) | 216 f. |
| G, 17 | J. Haydn: Meine Herren, lasst uns jetzt eine Sinfonie aufführen | 218 |
| G, 18, 19 | Kleine Sinfonie | 219 |
| G, 20, 21 | G. Fr. Händel: Feuerwerksmusik | 220 f. |
| G, 22 | Ein Song von mir (PB) | 223 |
| G, 23 | Papercup (PB) | 225 |
| G, 24 | K. Penderecki: De natura sonoris (A) | 227 |
| G, 25 | G. Amann: Wassermusik | 228 |
| G, 26 | K. Stahmer: Künstlerpech | 229 |
| G, 27 | D. Mack: Voice & Percussion | 230 |
| G, 28 | D. Mack: Kammermusik IV | 230 |
| G, 29 | Europa lacht (PB) | 233 |
| G, 30 | Sponono (PB) | 233 |
| G, 31, 32 | Samiotissa (OA/PB) | 234 |
| G, 33–38 | Weltmusikforscher (A) | 236 f. |
| G, 39 | Unheimliche Begegnung der dritten Art: The Conversation (A) | 239 |
| G, 40, 41 | Musik und Wirkung (A) | 240 |
| G, 42–46 | Musik beeinflusst uns (A) | 241 |
| G, 47 | Ristorante Ritmicale (PB) | 242 |
| G, 48 | Eyvallah (PB) | 243 |


# Verzeichnis zur Multimedia-CD-ROM


| | Buchseite |
|---|---|
| **Stop and go** (interaktives Notenbild) | 11 |
| **Auf der Suche nach dem goldenen Notenschlüssel** (interaktive Präsentation/Spiel) | 12 f. |
| **Wie unsere Stimme funktioniert – der Stimmapparat** (interaktive Präsentation) | 18 |
| **Merkmale-Mischmaschine** (interaktives Notenbild) | 21 |
| **Auf Schatzsuche: Fluch der Karhythmik** (interaktive Präsentation/Spiel) | 31 |
| **Vom Grundschlag zum Rhythmus** (interaktive Präsentation) | 33 |
| **Rhythmusbaukasten** (interaktives Notenbild) | 34 |
| **Taktarten erkennen** (interaktives Notenbild/Spiel) | 35 |
| **J. Strauß: Tritsch-Tratsch-Polka** (Mitlaufpartitur) | 38 f. |
| **Point of view** (interaktives Notenbild/Spiel) | 40 |
| **Rhythmusuhr** (interaktives Notenbild/Spiel) | 41 |
| **Mozarts Reisen** (interaktive Präsentation) | 48 |
| **W. A. Mozart: Ouvertüre aus der „Entführung aus dem Serail"** (Mitlaufpartitur) | 54 |
| **Melodiebaukasten** (interaktives Notenbild) | 71 |
| **Chinesische Flusslandschaft – Improvisation mit fünf Tönen** (Präsentation) | 72 |
| **Notation von Musik I** (interaktive Präsentation) | 73 |
| **Tonleitern** (interaktives Notenbild) | 74 |
| **Intervalle bilden und bestimmen** (interaktives Notenbild) | 77 |
| **Notation von Musik II** (interaktive Präsentation) | 81 |

**E. Grieg: Rigaudon** (Mitlaufpartitur) ... 90
**Die Klaviermechanik** (interaktive Präsentation) ... 97
**Dreiklänge bilden** (interaktives Notenbild) ... 101
**Akkordbaumaschine** (interaktives Notenbild/Spiel) ... 102
**Vom Motiv zur Liedmelodie** (interaktive Präsentation) ... 113
**Melodien vervollständigen** (interaktives Notenbild) ... 116
**Zweiteilige Liedform** (interaktive Präsentation) ... 117
**L. v. Beethoven: 6. Sinfonie, Gewitter** (Mitlaufpartitur) 148
**Fünftonraum** (interaktive Präsentation) ... 162
**Bruder Jakob** (interaktives Notenbild) ... 163
**Dur-Moll-Bestimmungsmaschine** (interaktives Notenbild/Spiel) ... 171
**Instrumentengruppen im Orchester** (interaktive Präsentation) ... 177
**Die Trompete** (Funktion der Ventile) (interaktive Präsentation/Spiel) ... 179
**Die Band** (interaktive Präsentation) ... 183
**Was ist ein Kanon?** (interaktives Notenbild) ... 186
**In Bachs Kompositionswerkstatt** (interaktive Präsentation) ... 188
**Bachs Siegel** (interaktive Präsentation) ... 189
**Bach-Hitparade** (Spiel) ... 191
**Bachs Wohnorte und Wirkungsstätten** (interaktive Präsentation) ... 191
**J. Haydn: Sinfonie mit dem Paukenschlag** (Mitlaufpartitur) ... 192
**Violin- und Bass-Schlüssel-Memory** (Spiel) ... 199
**Zu Papier gebracht: Notation von Musik** (interaktive Präsentation) ... 216 f.
**J. Haydn: Kleine Sinfonie** (Mitlaufpartitur) ... 219
**G. Fr. Händel: Feuerwerksmusik** (Mitlaufpartitur) ... 221
**Weltmusikforscher – auf der Suche nach fremden Klängen** (interaktive Präsentation) ... 236 f.
**Musik und Wirkung** (Präsentation) ... 240

# Verzeichnis zur DVD

Buchseite

**Ensembles** (Jazz-Trio, Streichquartett, Band, Orchester, Big Band, Chor) ... 14 f.
**Stampf-Kanon** (Gesamtchoreografie) ... 45
**Bodydrum** (Bewegungsanleitung) ... 45
**Ha, wie will ich triumphieren** (Arie des Osmin aus: Die Entführung aus dem Serail von W. A. Mozart) ... 52
**Ausschnitt aus Carl Orffs „Der Mond"** ... 65
**Die Familie der Streichinstrumente** (Violine, Bratsche, Cello, Kontrabass) ... 91
**Die Violine** (Bauteile und Vorbereitungen zum Spiel; Grundlagen des Spiels; Entstehung einer Violine; Spieltechniken) ... 92 f.
**In der Klavierfabrik** ... 96
**Menuett** (Gesamtchoreografie u. Tanzbausteine) ... 121
**Summer Holiday** (Gesamtchoreografie u. Tanzbausteine) 129
**Y. M. C. A** (Gesamtchoreografie u. Tanzbausteine) ... 139
**Das Drumset** ... 140
**Gewitter im Chor** ... 149
**Line Dance** (Gesamtchoreografie u. Tanzbausteine) ... 172
**Die Instrumentengruppen im Orchester** ... 177

Buchseite

**Die Tonerzeugung bei Blechblasinstrumenten** ... 178
**Die Familie der Holzblasinstrumente** ... 180
**Die Tonerzeugung bei Holzblasinstrumenten** ... 180 f.
**Besuch beim Klarinettenbauer** ... 181
**Bau einer Papierklarinette** ... 181
**Kreisspiel zu J. Haydns Sinfonie mit dem Paukenschlag** 192
**Shoobeedoowah** (Gesamtchoreografie u. Tanzbausteine) 196
**Workshop Latin: Spieltechniken der Instrumente** (Cowbell, Maracas, Guiro, Conga) ... 204
**Tisch-Percussion 2** ... 207
**Leonard Bernstein als Dirigent** ... 212
**Ein Dirigent bei der Arbeit** (1) ... 213
**Ein Dirigent bei der Arbeit** (2) ... 213
**Küchen-Stomp** ... 224
**Papercup** (Gesamtablauf u. Einzelfiguren) ... 225
**Dieter Mack und seine Kammermusik IV** ... 230
**Neue Musik in der Schule** ... 230
**Samiotissa** (Gesamtchoreografie u. Tanzschritte im Detail) ... 235

## Personenverzeichnis


**A**mann, Gerold 228

**B**ach, Carl Philipp Emanuel 136
Bach, Johann Sebastian 120, 185, 186, 188–191, 211, 230
*The Beatles* 194
Beethoven, Ludwig van 9, 50, 80, 114–116, 148 f., 190, 191, 193
Berberian, Cathy 61
Bernstein, Leonard 206, 208–213, 230
Britten, Benjamin 177

**C**age, John 132, 227
Coolio 201
Cullum, Jamie 95, 240

***D**eep Purple* 199
Douglas, Dave 178

**E**rdmann, Helmut W. 226

**G**rieg, Edvard 90 f.

**H**ändel, Georg Friedrich 220 f.
Haydn, Joseph 50, 115, 123, 192 f., 218
Hoffnung, Gerard 84, 87 (Karikatur), 193

**J**ackson, Michael 9, 47
JerryC. 201

**K**aléko, Mascha 157
Knowles, Beyoncé 47

**L**ully, Jean-Baptiste 35

**M**ack, Dieter 230 f.
Maraire, Dumisani A. 43
McCartney, Paul 194
McTell, Ralph 201
Mendelssohn Bartholdy, Felix 190
Mercury, Freddie 47
Mozart, Leopold 47–50, 55
Mozart, Maria Anna („Nannerl") 47 f., 55
Mozart, Wolfgang Amadeus 9, 44, 46–55, 115, 121, 181, 186, 191, 193, 201, 211, 230
Mussorgski, Modest 150 f.

**O**ffenbach, Jacques 106 f.
Orff, Carl 62–67

**P**achelbel, Johann 200 f.
Papathanassiu, Vangelis 164
Penderecki, Krzysztof 227
*Pet Shop Boys* 201
*The Police* 194
Prima, Louis 118
Purcell, Henry 186

***Q**ueen* 47, 199

***R**olling Stones* 199

**S**aint-Saëns, Camille 107
Sax, Adolphe 180
Schafer, Raymond Murray 20
Smetana, Bedřich 154 f.
Spears, Britney 47
Stahmer, Klaus 229
Sting 194
*Stomp* 224
Strauß, Johann 38 f.

***V**illage People* 201


## Sachverzeichnis


**A**bspaltung 143, 189
Achtelnote 34, 53, 63, 81, 187
Akkord 102
Akzent (Betonung) 59, 81
Alltagsinstrumente 10 f., 224, 227
Arie 52 f.
Arrangement 43, 83, 167, 204
Artikulation 59
Auflösungszeichen 81, 163
Auftakt 37, 39

**B** 163
Band 14, 140, 182 f., 203
Barock 91, 154, 200, 219
Bass 82, 91, 180, 183, 194–205
Bass-Drum 32, 140 f.
Bassfigur 199 f.
Bass-Schlüssel 198 f.
Bearbeitung 200
Becken 140, 176
Begleitung 23, 43, 82 f., 105, 142, 166 f., 203–205
Besetzung 14 f., 109, 148, 219
Betonung 33, 37, 136–138
Big Band 15
Blasmusik 181
Blechblasinstrumente 88 f., 152–154, 176–179, 219
Bodypercussion 50
Bordun 82 f.
Bratsche (s. Viola)

**C**all and response 27, 142
Cancan 106 f.
Cello (s. Violoncello)
Cembalo 96 f.
Chor 15, 128
Choreografie 128
Cluster 227

Concerto grosso 219
Conga 204 f.
Couplet 123
Coverversion 200–202
crescendo 59, 81, 97

**d**ecrescendo 59, 81, 97
Didgeridoo 237
Dirigent 148, 210–212, 217–219
Dirigieren 17, 20 f., 35, 42, 59, 63, 99, 106, 137, 165, 186, 212 f.
Dissonanz 100
Dreiklang 101–105, 166 f., 171
Dreivierteltakt 35, 120, 165, 209, 213
Dreierunterteilung 30 f., 50, 135, 155, 235
Drumset 32, 140 f.
Dudelsack 237
Dur 75, 97, 142, 158–171

**E**-Bass 183, 194, 198, 203
E-Gitarre 183
Ensemble 14

**F**agott 177, 180, 198
Fermate 81
Filmmusik 67, 146, 164, 238 f.
Flöte 86, 176, 180
Folk (s. auch Volksmusik) 91
Form 109, 110–123, 184–193
forte 59, 81
fortissimo 59, 81, 149
Frontmann 183
F-Schlüssel 198
Fuge 190

**G**anze Note 34, 81
Ganztonschritt 74 f., 163
Geige (s. Violine)
Generalbass 217, 219
Generalpause 80
Geräusch 59, 87, 224, 226 f.
Gleitklang 227
Glissando 19, 93
Glockenspiel 42 f.
Grafische Notation 58, 216 f., 226, 228

Groove 138, 141, 204
Grundbeat, Grundschlag 11, 30 f., 33, 35, 135
Grundton 102, 163
G-Schlüssel 73, 198

**H**albe Note 34, 36, 81
Halbtonschritt 74 f., 162 f., 166
Heavy Metal 91
Hi-Hat 32, 140 f.
Hilfslinie 81
Holzblasinstrumente 88 f., 176 f., 180 f.
Horn 152–154, 176, 179

**I**mprovisation 72, 142 f., 161
Instrumentenbau 92 f., 96 f., 181
Intervall 76–78, 81, 102 f., 162
Invention 188 f.

**J**agdhorn 152, 154
Janitscharen 54
Jazz 14 f., 91, 140, 178, 180 f.

**K**anon 186, 190, 200 f.
Keyboard 96, 183
Klang 10, 87, 100, 224, 226–228
Klangerzeugung 86 f., 203
Klangfarbe 10, 20, 109, 147
Klarinette 180 f., 176
Klassik 91, 181, 193
Klavier 74 f., 95–97, 188 f.
Komponieren, Komponist 114, 210 f., 226–228, 230 f.
Konsonanz 100
Kontrabass 90 f., 93, 177, 198
Kontrast 60, 112–114, 147
Krebs 188 f.
Kreuz 163

**L**atin 138, 204 f.
Lautstärke 20, 59, 97, 108, 147
legato 59, 81, 93
Leitton 75
Liedform 116–121
Line Dance 172 f.

**M**bira 236
Menuett 120 f.
Metallofon 42 f., 66
Metrum 26, 33
mezzoforte 59, 81
mezzopiano 59
Moll 158–171
Motiv 53, 60, 113 f., 119, 143, 188 f.
Musical 210 f.
Musikschule 88 f.
Musiktheater 52–54, 65

**N**achsatz 116, 119
Naturtöne 154, 179
Notation 73, 75, 81, 128, 141, 214–221, 226, 228, 231
Notenhals 81
Notenschlüssel 73, 81, 141, 163, 198 f.
Notensystem 73, 141, 163, 189, 198, 217
Notenwerte 34–37, 53, 63, 73, 81, 187

**O**boe 177, 180
Oktave 77, 198
Oper 44, 52, 107 f., 121, 151
Operette 107
Orchester 15, 176 f., 218 f.
Orgel 96, 132, 190
Ouvertüre 54

**P**arameter (Merkmale in der Musik) 10, 20 f., 108 f., 147
Partitur 148, 189, 216–221, 226 f.
Pattern 83
Pauke 176, 192, 198
Pause, Pausenwerte 79–81
Pentatonik 72, 74
Percussioninstrumente 204 f., 224
Periode 116, 119
Phrase 116–120
pianissimo 59, 81
Pianist 95, 206, 210
piano 59, 81
Pizzicato 92 f.
Polka 38 f.
Popmusik 14, 138 f., 199, 202, 230

Poptanz 124–131
portato 59
Posaune 177, 179
Posthorn 153
Prime 77
Programmmusik 144–157
Puls 11, 30, 33, 135
Punktierung 53, 81, 164
Punktklang 227

**Q**uarte 77, 81
Quinte 77, 82, 102 f.
Quodlibet 218

**R**ap 36, 94, 132, 182, 201
Reggae 70 f.
Repetitionsmechanik 97
Resonanzrohr 18
Rhythmus 33 f., 53, 63, 79 f., 108, 136–138, 140 f., 155, 205
Rhythmusgruppe 15, 140, 183
Riff 183, 199
Ritornell 123
Rockmusik 14, 138, 140, 203
Rondo 122 f.

**S**aite 82, 92 f., 86, 96 f., 140 f., 203
Sänger, Sängerin 52 f., 61, 183
Samba 34, 237
(musikalischer) Satz 116–119
Saxofon 180, 183
Schall 86, 154, 179 f.
Schalmei 180
Schichtklang 227
Schlagfigur 35, 137, 165, 213
Schlaginstrumente 88 f., 176 f., 192, 219, 237
Schlagzeug 32, 132, 140 f., 183
Schlagzeugnotation 141
Schlagzeugschlüssel 141
Schlagfigur (Dirigieren) 35, 106, 137, 165, 213
Schluss-Strich 81
Schwebeklang 227
Sechsachteltakt 155 f.
Sechzehntelnote 63, 81, 187

Sekunde 77
Septime 77
Sequenzierung 189
Sexte 77
Silbensprache 30, 33 f., 50, 63
Sinfonie 50 f., 80, 114 f., 148, 192 f., 218 f.
Singspiel 52–54
Snare-Drum 32, 140 f.
Sound 32, 68, 141, 204 f.
Soundtrack 146, 202, 239
Spannungsverlauf 112, 117
Spieltechnik 93, 178 f., 237
Stabspiel 42 f.
staccato 59, 81, 149
Stammton, Stammtöne 75–77, 163 f.
Stimme 16–25, 228
Stimmübungen 4, 18 f., 24
Stomp 224 f.
Streichinstrumente 88 f., 90–93, 176 f., 219
Streichquartett 14
Suite 120
Swing 135, 138
Synkope 136–138

**T**akt, Taktart 33, 35, 37 f., 54, 81, 106, 120, 136 f., 155 f., 165, 209, 213, 235
Taktangabe 35, 54, 73
Taktstrich 37, 81
Taktwechsel 209, 213, 235
Tanz 38, 106 f., 120 f., 124–131, 168 f., 172 f., 208, 234–237
Tempo 11, 20 f., 35, 63, 108, 138, 147, 155, 213
tenuto 81
Terz 77, 100–103, 162 f., 166
Thema 119, 155, 177, 193
Tomtom 140
Tondauer 10, 153
Tonerzeugung 18, 93, 97, 180 f., 183
Tongeschlecht 161–163
Tonhöhe 10, 20 f., 73, 87, 93, 109, 114, 147, 154, 163, 178, 192, 198
Tonleiter 72, 74 f., 81, 142, 161–163, 166

Tonschritt 74–76, 81, 162 f., 166
Tonsprung 53, 76 f., 81, 153
Tonvorrat 72–74, 154, 161, 166
Tonwiederholung 74, 76, 81, 113
Tremolo 93
Triangel 54, 86
Trio 14, 120 f.
Triole 50, 53, 135, 155
Trommeltechnik 205
Trompete 152 f., 177–179
Trommel 86, 140 f., 176, 192, 205
Tuba 177, 179, 198

**U**illeann Pipes 237
Umkehrung 189

**V**ariation 193, 200
Ventil 154, 179
Veränderung 60, 112–114, 147
Versetzungszeichen 81, 163, 170 f.
Viertelnote 34–36, 53, 81, 155
Viervierteltakt 35 f., 54, 136 f., 172, 213
Viola 90 f., 93, 177
Violine 90–93, 176
Violinschlüssel 73, 81, 198 f.
Violoncello 82, 90 f., 93, 198, 219
Vocussion 21, 32, 118, 140 f., 196
Volksmusik (s. auch Folk) 82 f., 91, 120, 234 f.
Volltakt 37, 39
Vordersatz 116, 119
Vorzeichen 81, 163

**W**eltmusik 42 f., 54, 66, 72, 82 f., 86, 204 f., 236 f.
Wiederholung 60, 112–114, 147
Wiener Klassik 193

**X**ylofon 42 f., 66, 83, 161

**Z**ählzeit 30, 37, 41, 136 f.
Zweierunterteilung 30 f., 50, 63, 135, 235
Zweihalbetakt 54
Zweivierteltakt 35, 38, 106

# Verzeichnis der Lieder, Songs und Spielstücke

## Start-ups

(K) = Kanon


Afrikanische Bodypercussion 215
Auf der Pferderennbahn 57
Bach geht stiften 185
Baum-Stand 17
Bewegungsspiegel 125
Bodydrum („O-e-o o-e-o, let us sing ...") 45
Der verbotene Rhythmus 1 27
Der verbotene Rhythmus 2 145
Don daya 175
Ein Song von mir („Hallo, hallo, ich schenke dir ...") (K) 223
Einen Groove versenden („Hey, hör mal her ...") 5
Europa lacht (K) 233
Fly Like an Eagle 57
Freeze-Spiel 125
Geschüttelt und gereimt („Es klapperten die Klapperschlangen ...") 27
Ghost of John (K) 185
Glockenkanon (K) 215
Haiku: Mondlicht auf dem Teich 69
Ich, du, er, sie, es 69
Katzen-Rock-'n'-Roll („Probier's mal mit 'nem neuen Klang") 99
Klapper-Groove 145
Kleine Mücke (K) 57
Kuckuck und Hai (K) 85
Lazy and Low (K) 195
Leise pfeift der Wind 145
Lesen macht schlau – eine Performance für 2 Gruppen 223
Listen! Listen! (K) 45
My Dancing Queen („Tonight it is the night ...") 125
Pass It On 133
Rhythm Walk („Langsam gehen ...") (K) 5
Samba-Quartett 159
Schlagzeug-Rap („Kommt und hört euch alle an ...") 133
Slap and Clap (K) 215
Smiling Faces 1 5
Smiling Faces 2 17
Sponono 233
Spread Your Wings 207
Stampf-Kanon (K) 45
Tassen-Tango („Früh am Morgen ...") 159
The Beat Is Hot („Listen to the beat ...") 27
Tisch-Percussion 1 111
Tisch-Percussion 2 207
Tomatensalat 175
Töne auf Wanderschaft 1 17
Töne auf Wanderschaft 2 99
Trommelklang (K) 195
Tropical Fruit Market („Mango, Mango ...") (K) 85
Wenn du einmal traurig bist 111


## Lieder, Songs und Sprechstücke

(K) = Kanon, (S) = Sprechstück


Arirang 72
Autumn Comes 156
Ayelevi 37
Bruder Jakob (K) 163
Colour Your Life („Look at the sun ...") 160
Come On, Give Me One (K) (S) 40
Conquest of Paradise 164
Coole Instrumente (S) 94
Der Mond ist fort 62
Dreiklangs-Calypso („Hört diese Töne an ...") 104
Early-Morning-Reggae („Ev'ry morning ...") 70
Ein Schwein (K) (S) 21
Ein Song für uns 182
Eyvallah (K) 243
Finster, finster (K) 22
Hajd' Povedi 82
Hallo Leute, aufgewacht! (S) 32
Hewenu shalom alechem 168
Hexen-Einmaleins (S) 67
Hier kommt die Klasse (S) 36
I Like the Flowers (K) 213
Ich bin Wolfgang Amadeus 46
Ich und du (S) 8
Intervall-Song („One and two and three ...") 76

Kumbaya ..... 113
Künstlerpech ..... 229
Le o la! ..... 204
Let's Meet the Beat! („Das Motto heißt nun ...") ..... 28
Love Is All Around („I feel it in my fingers ...") ..... 202
Mai Nozipo ..... 43
Manamana ..... 122
Meine Herren, lasst uns jetzt eine Sinfonie aufführen ..... 218
Morgengruß (K) ..... 37
Neulich in Rio ... (S) ..... 136
Now Is the Month of Maying ..... 117
Ohne-Synkopen-Song (K) ..... 137
Ristorante Ritmicale (S) ..... 242
Samiotissa ..... 234
Sascha ..... 162
Shalala ..... 6
Shoobeedoowah („Hey, come on and join us ...") (K) ..... 196
Sing, Sing, Sing ..... 118
Summer Holiday ..... 126
Swinging Bach (K) ..... 187
Synkopen-Song (K) ..... 137
Three Little Fishies ..... 134
Turkey Trot ..... 208
Warum kleiden die Bäume sich wohl aus ..... 25
Was ist ein Kanon? (K) ..... 186
Wassermusik ..... 228
Wenn Wörter klingen (S) ..... 20
What Shall We Do with the Drunken Sailor ..... 167
Y. M. C. A. ..... 138

## Klassenarrangements, Spielstücke und Spiel-mit-Sätze

Autumn Comes ..... 156
Cancan (J. Offenbach) (Spiel-mit-Satz) ..... 106
Colour Your Life ..... 161
Conquest of Paradise ..... 165
Der Mond ist fort (C. Orff) ..... 62
Der selbstgebaute Schlitten (e. o. plauen) (Vertonung einer Bildergeschichte) ..... 60
Divertimento B-Dur, Rondo Allegro (J. Haydn) ..... 123
Dreiklangs-Calypso ..... 105
Early-Morning-Reggae ..... 70
Ein welkes Blatt ... (M. Kaléko) (Herbstgedicht in Musik umsetzen) ..... 157
Finster, finster ..... 23
Hajd' Povedi ..... 83
Hewenu shalom alechem ..... 168
Le o la! ..... 204
Let's Meet the Beat! ..... 29
Love Is All Around ..... 203
Mai Nozipo ..... 43
Ouvertüre, aus: „Die Entführung aus dem Serail" (W. A. Mozart) (Spiel-mit-Satz) ..... 54
Pachelbel-Kanon ..... 200
Papercup – Spielstück für Pappbecher-Percussion ..... 225
Rigaudon (E. Grieg) (Spiel-mit-Satz) ..... 90
Shalala ..... 7
Sinfonie mit dem Paukenschlag (J. Haydn) (Spiel-mit-Satz) ..... 192
Sinfonie Nr. 1, 2. Satz (W. A. Mozart) (Spiel-mit-Satz) ..... 51
Sinfonie Nr. 5, 1. Satz (L. v. Beethoven) (Spiel-mit-Satz) ..... 115
Sing, Sing, Sing ..... 118
Sounding Picture II (H. W. Erdmann) ..... 226
Stripsody (C. Berberian) ..... 61
Summer Holiday ..... 127
Tritsch-Tratsch-Polka (J. Strauß) (Spiel-mit-Satz) ..... 38
Turkey Trot (L. Bernstein) (Spiel-mit-Satz) ..... 209

# Musiklehre kurz gefasst

## Notenwerte und Pausen

(→ SB, S. 34, 63, 80)

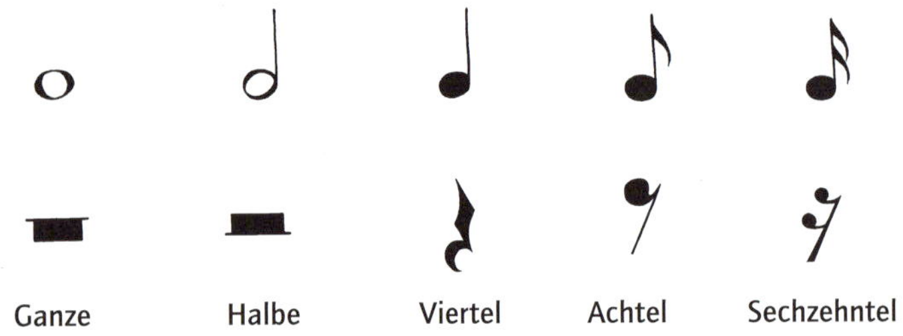

## Tonbezeichnungen und Notensystem

(→ SB, S. 198)

Die sieben **Stammtöne** entsprechen den weißen Tasten auf dem Klavier. Um diese Töne aufzuschreiben, verwenden wir ein **Notensystem,** in dem sowohl **Tonhöhen** als auch **Tonlängen** notiert werden können. Jeder **Oktavraum** hat eine eigene Bezeichnung, damit die Töne eindeutig benannt werden können.

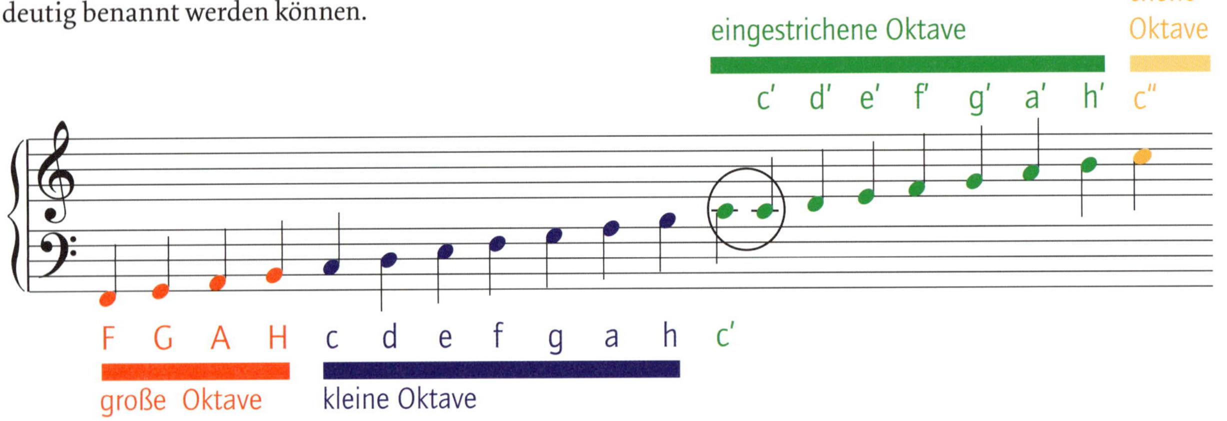


## Notenschlüssel

(→ SB, S. 73, 198)

Ein Notenschlüssel weist in einem Notensystem jeder Note eine bestimmte Tonhöhe zu. Der **Violinschlüssel** umschließt die Linie auf der der Ton *g* notiert ist.
Für tiefe Töne wird ein spezieller Notenschlüssel verwendet: der **Bass-Schlüssel.** Er heißt auch F-Schlüssel, da er die Linie markiert, auf der das kleine *f* sitzt.

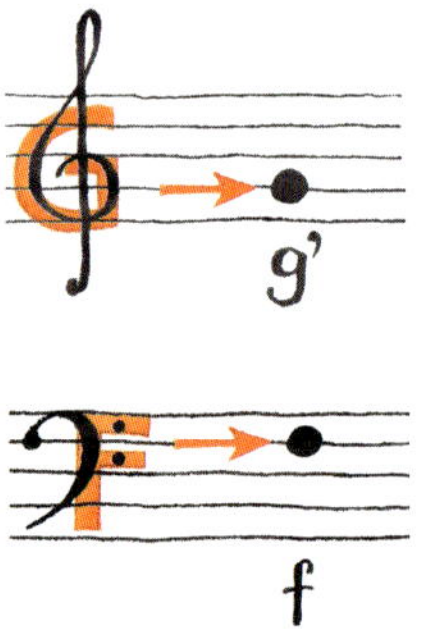


## Intervalle

(→ SB, S. 76 f.)

Ein Intervall gibt den **Abstand zwischen zwei Tönen** an. Die beiden Töne können nacheinander oder gleichzeitig erklingen; der zweite Ton kann höher oder tiefer sein als der erste.

## Dur- und Moll-Tonleiter

(→ SB, S. 74 f., 161–163)

Der Name der Tonleiter wird durch den Ton auf der ersten Stufe bestimmt. Spielt man z. B. die sieben Stammtöne beginnend mit *c*, so erklingt die C-Dur-Tonleiter.
Die **Dur-Tonleiter** ist nach einem bestimmten **Muster** aufgebaut: Sie besteht aus acht Tönen. Teilt man sie in zwei Hälften, so ergeben sich von der Abfolge der Ganztonschritte und Halbtonschritte her zwei identische Bausteine. Die beiden Bausteine werden durch einen Ganztonschritt verbunden.

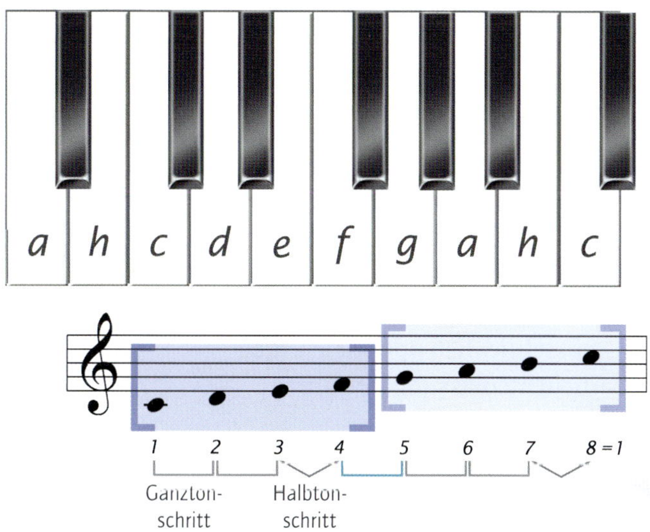


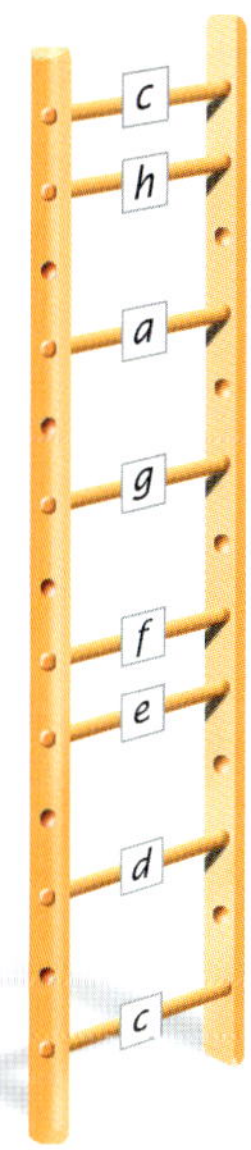

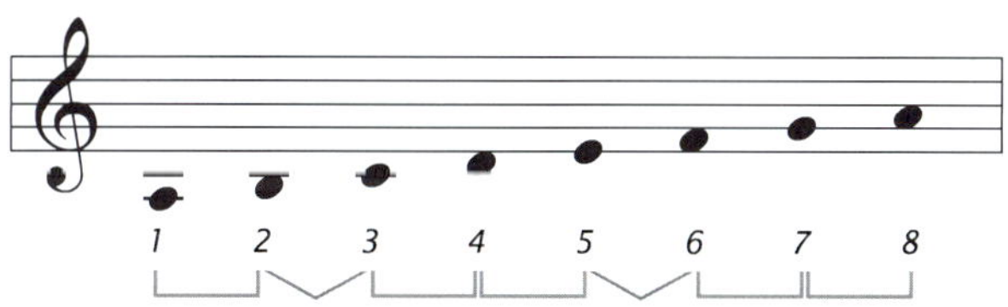


Spielt oder singt man die Stammtonreihe dagegen beginnend mit dem Ton *a*, so erklingt eine Tonleiter mit einer anderen Klanglichkeit als die oben gezeigte Dur-Tonleiter. Diese Tonleiter bezeichnen wir als **Moll-Tonleiter.** Da sie hier mit dem Ton *a* beginnt, heißt sie a-Moll-Tonleiter.
Die Moll-Tonleiter hat die charakteristischen Halbtonschritte an anderer Stelle, nämlich zwischen dem 2. und 3. sowie zwischen dem 5. und 6. Ton.

## Dur- und Moll-Dreiklänge

(→ SB, S. 101, 166)

Schichtet man drei Töne in Terzen übereinander **(Terzenschichtung),** bezeichnet man dies in der Musik als **Dreiklang.** Benannt ist der Dreiklang nach dem tiefsten Ton, dem **Grundton.**
Dur- und Moll-Dreiklang unterscheiden sich durch die unterschiedliche Schichtung von kleiner und großer Terz. Beim Dur-Dreiklang (z. B. *d* – ***fis*** – *a*) liegt die großе Terz (4 Halbtonschritte) unten und die kleine Terz (3 Halbtonschritte) oben, beim Moll-Dreiklang ist es umgekehrt (z. B. *d* – ***f*** – *a*).

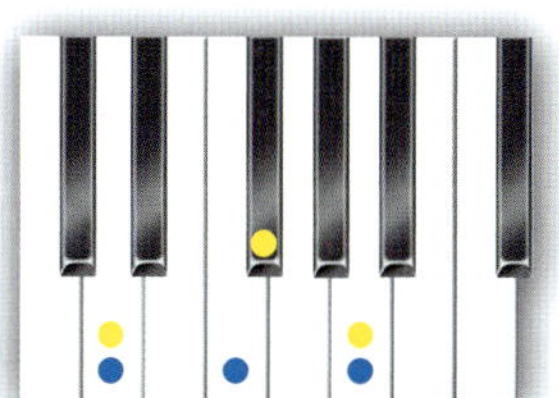

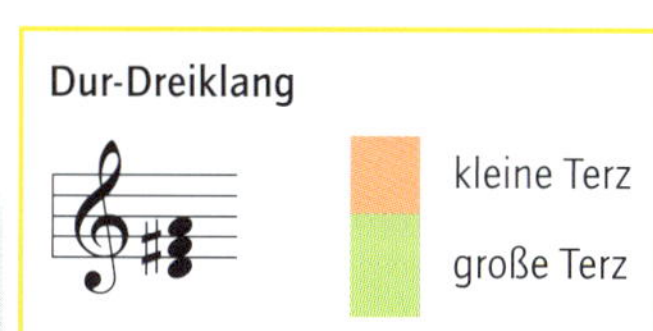


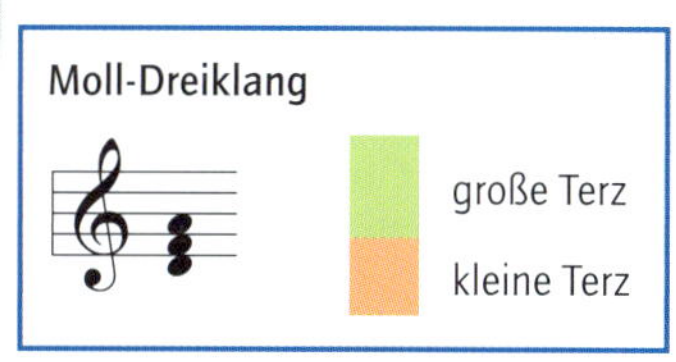

Zu diesem Werk sind erhältlich:

**MusiX 1, Lehrerband**
S6564, ISBN 978-3-86227-064-4

**MusiX 1, Audio-CDs**
S6563CD, ISBN 978-3-86227-063-7

**MusiX 1, Schülerarbeitsheft 1A**
S6561, ISBN 978-3-86227-061-3

**MusiX 1, Schülerarbeitsheft 1B**
S6562, ISBN 978-3-86227-062-0

**MusiX 1, Video-DVD**
S6981DVD, ISBN 978-3-86227-118-4

**MusiX 1, Multimedia-CD-ROM (Einzelplatz-version)**
S6983CR, ISBN 978-3-86227-120-7

**MusiX 1, Multimedia-CD-ROM (Netzwerk-version)**
S6980CR, ISBN 978-3-86227-117-7

**MusiX 1, Testgenerator**
S6714CR, ISBN 978-3-86227-079-8

**MusiX 1, Digitales Schulbuch**
S7226 DSB, ISBN 978-3-86227-153-5

Im Lernmittel wird auf Audio-CDs, eine DVD und eine CD-ROM verwiesen. Diese enthalten – bis auf die Hörverstehensübungen – ausschließlich optionale Unterrichtsmaterialien; sie unterliegen nicht dem staatlichen Zulassungsverfahren.

Redaktion: Dr. Daniela Galle, Alwin Wollinger
Mitarbeit und Beratung: Stefan Bauer, Mike Rumpeltes, Wieland Schmid, Andrea Spengler, Stephan Unterberger
Illustrationen: Jan Buckard (Bonn), Fides Friedeberg (Erpel am Rhein), Achim Schulte (Dortmund), Inkje Dagny von Wurmb (Stuttgart), Oscar Celestini (Viterbo), Stefano Fabbri (Mailand), Gianluca Garofolo (Rom)
Umschlag: Marinas Werbegrafik, Innsbruck
Umschlagmotive: Vorderseite (v. l. n. r.): © ullstein, © Kasseler Musiktage (Pete Checchia, www.petesart.com), © dpa Picture-Alliance, © getty-images
Satz: Schwabenverlag Media der Schwabenverlag AG, Ostfildern
Notensatz: Susanne Höppner, Neukloster
Layout: Katrin Kleinschrot und Marion Köster, Stuttgart
Druck und Bindung: Athesia Druck, Bozen

S6560
ISBN 978-3-86227-060-6

1. Auflage A1 11/2020

Alle Drucke dieser Auflage können im Unterricht nebeneinander benutzt werden; sie sind untereinander unverändert.